嘉田由紀子
Yukiko Kada

命をつなぐ政治を求めて

人口減少・災害多発時代に対する〈新しい答え〉

風媒社

命をつなぐ政治を求めて――人口減少・災害多発時代に対する〈新しい答え〉 目次

序章　「現象後追い型」ではなく「事前対応型」政策を！

日本の命の未来を守るために――地方創生・滋賀モデルからの提案

二〇一七年の衆議院議員選挙で、安倍晋三総理大臣は「少子高齢化は国難」と言い切った。二〇〇九年に民主党政権が発足し、「チルドレンファースト」や「コンクリートから人へ」という政策を出したときに強烈な批判をした自民党政権が、今は手のひらがえしの方向転換をして、子どもや若者に向けての投資に動き出した。遅きに失した感は否めないが、問題解決に気づいたことは歓迎したい。しかし、人口構造というような複雑な背景のある政策の成果はなかなか出にくい。本質的な手を打たなければならない。

日本の現在の出生率のままでいくと、二〇一〇年の一億二八〇六万人から、二〇三〇年の一億一六六二万人を経て、二〇四八年には一億人を割って九九一三万人となり、五十年後の二〇六〇年には八六七四万人になることが見込まれている。人口の絶対数だけでなく、若年人口の比率が下がり、高齢化率が高くなるので、社会保障政策の持続性も大問題である。とくに大都会に若い男女が集まり、低い出生率の大きな塊となっている。それに比べ、地方では若者一人あたりの出生率は比較的高く保たれている。人口問題は、絶対数が減ることによる経済規模の縮小などと同時に、高齢化による消費構造の変化や社会福祉を支える政策実現にも大きな影響があらわれる。それゆえ国は「地方創生」を掲げ、地方での人口政策の支援をおこないつつあるが、特効薬はなかなか見つからない。

そもそも労働力不足ということで、二〇一八年十二月に「海外からの労働者を受け入れ」(「移民政策ではない」と自民党は言うが説得力に欠ける)をめぐる立法強化をおこなったが、今の人口減少問題を導いたのは、戦後のほとんどの時代を政権与党として日本国の舵をとってきた自民党政権の家族政策が無策だったからともいえる。

一方、地球温暖化の影響などもあって、地震や津波、風水害などの災害がもともと多い日本列島でさらに増えていることは、多くの国民が実感していることだ。私は今、二〇一八年七月に西日本を襲った大水害の被災地で調査を進めているが、水害で多くの死者を出し、数千戸もの水没住宅を出してしまった地域では、被災地に人びとが戻れず人口減少や過疎化も進みつつある。ともすればハード整備で災害対策を進めてきた自民党政権に対して、ソフト事業重視で人の命を守り、コミュニティを守ろうという思想が「コンクリートから人へ」という政策であった。今、求められているのは、国や自治体を問わず、ハード・ソフト両方の手段を駆使し、「自助」「共助」「公助」というバランスのとれた防災・減災対策をとることではないだろうか。

新しい命が生まれ、生まれた命を災害などで失うことなく、人生が全うできるような政策こそが、今の日本に最も求められていることであろう。本書はそのような政策を実行する思想を、「命をつなぐ政治」と名づけた。

「現象後追い型」ではなく「事前対応型」政策を

この本は、過去二十年近くにわたる滋賀県の地方自治政策を振り返り、その成果と課題を紹介することで、人口減少問題や災害対策問題にひとつのヒントを提示することを目的に、前知事という経験から執筆を決意したものである。

政策づくりの原理は二点ある。一点目は、「現象後追い型」ではなく「事前対応型」とすることである。たとえば前述のような日本の少子高齢化も、比較家族社会学的にみると、なるべくしてなった現象だ。すでに一九七〇年代から学者たちが警鐘をならしていた社会現象でもある。社会現象の背景には「なぜ」という理論が隠れている。都市化、近代化の中で、日本社会の家族意識が追いついていけず、「女は家庭に！」と一方的な役割に女性を押し込めてきた明治民法的な家族意識が背景にある。そのような意識が強い男性が、圧倒的な数で日本の政治を先導してきたのである。その結果、「仕事か、子産みか？」という二者択一を迫られた多くの女性は、子どもを産むことをあきらめ仕事を選ばざるをえなかった。仕事と子育ての両立を、社会としても政治としても支えてこなかった。ここに現在の人口減少問題のひとつの大きな構造的要因がある。

一九七〇年代の同じ頃、たとえば北欧のノルウェーでは、女性政治家の割合を一定程度法的に決める「クォータ制度」を取り入れ、女性の立場から子産み・子育てと仕事の両立が可能となるような家族政策を進めてきた。私は社会学者として、また海外事例に詳しい人類学者として世界各地の家族や子育てのありさまを見てきた。自らもアメリカ留学中に第一子を授かり、その後、子産み・子育てと仕事の両立をはかるために苦労をしてきたので、日本社会に不足する構造はみえていた。

二〇〇六年の滋賀県知事選挙では「子どもや若者が生まれ育たないのはもったいない」として、家族意識の変革や、女性・若者の雇用政策まで含めて、総合的な子育て支援政策を訴えた。知事に就任してから、県庁組織の中に「子ども・青少年局」という担当部局をつくった。子育てを福祉政策に閉じ込めることなくポジティブな「子育て三方よし」を横串の政策で実現するためである。また、人口減少問題に対応するため、仕事と子育ての両立支援をトータルで扱える政策を生み出してきた。詳しくは本書を読んでいただきたい。

災害対策についても、「現象後追い型」ではなく「事前対応型」とすることを、知事選挙で提案した。たとえば「ダムだけに頼らない流域治水政策」である。ダムなどの「手段」ばかりに巨額の税金投資をした結果、「命を守る」「暮らしを守る」という本来の目的が政治や行政の中で忘れられがちだった。私はこれまで研究者として、日本の各地の昔の水害被害構造を調べており、伝統的な「災害文化」を発掘してきた。その中で、洪水は多いが意外と死亡被害が少ない、という地域住民主体の水害対策がみえてきた。これを「近い水」と名づけた。

しかし近代化が進む中で、また高度経済成長期には巨額の公共投資が可能となり、大型ダム建設や大型の治水事業などのハード対策が先行されることで、「ダムさえできたらどんな大雨でも枕を高くして眠れる」という大型施設依存型の意識が広まってきた。河川管理の主体も、小さなコミュニティから県や国などの大きな行政体に移っていった。これを私は「遠い水」と名づけた。

近年の洪水多発時代に必要なのは、近代技術を活用しながら国や県などの上位の行政体の責任を実現する「遠い水」に加えて、伝統的な災害文化を活かし続ける「近い水」政策の両方である。構造的転換が求められているのだ。それが「現象後追い」ではなく「事前対応」とする滋賀県の「流域治水条例」である。そして地震や原子力災害対策も含めて、県庁組織の中に「防災危機管理局」という担当組織をつくり、「命を守る」ことを最大目的とする場づくりとして危機管理センターを整備してきた。詳しくは本書で展開していきたい。

「政策供給側視点」ではなく「政策需要側視点」

もう一点は、「政策供給側」の方針ではなく、「政策需要側」の願いが込められている政策であるかどうかということだ。

たとえば子育て支援にしても、最近ようやく保育園不足問題が国政で取り上げられるようになっているが、一九七〇年代から保育園不足で苦労をしてきた私たちの世代からすると、四十年待たされたという思いだ。もちろん保育サポートを必要としているのは、就業中の女性ばかりではない。都市化が進み、他地域から移住してきた若い母親は、専業主婦であっても孤立する子育て、つまり「孤育て」になりがちだ。滋賀県が二〇一二年にとったデータでは、子どもの虐待問題の加害者の七割近くが実母というデータがある。専業主婦であっても保育相談なども含めた保育サポート、保育園需要がある。これが子育て政策をめぐる「政策需要側」の要求と願いだ。

しかし、日本の子育て支援政策は、保育が欠けた家族への「措置」、福祉政策と考えられてきたので、専業主婦の願いと思いが通じなかった。知事時代に専業主婦層も利用できる「一時預かり制度」を保育園の中につくろうとしたが、県内の市長会や県議会などから大反対を受けた。「専業主婦には保育支援は必要ない」という主張だった。ここには男性中心政治、男性中心政策に隠された「供給側」の論理が隠されているように思えてならなかった。そこで二〇一一年、滋賀県は専業主婦層を対象にした子どもの「一時預かり制度」を、「ほっと安心子育て支援事業」としてはじめた。これは全国で初めての試みだった。当初参加した市町は三市町しかなかった。二〇一六年度からは国が「子ども・子育て支援新制度」を発足させ、二〇一八年十一月時点で、「一時預かり事業」は滋賀県内十九市町に拡大し、一八三カ所でサービスを受けることができるようになった。

そして、「子によし」「親によし」結果として「世間によし」の需要側目線を子育て政策に取り入れることで、滋賀県の人口あたり出生率は、一貫して全国の最上位を維持しており、二〇一七年現在、沖縄県に次いで全国二位という成果を出した。もともと京都や大阪などへの通勤需要が高い滋賀県では、持ち家比率も高く、子育て需要が高い地域だった。そのような背景の中で、私は二〇〇六年の知事就任後、子産み・子育て支援を強化してきた。そこでは、保育園整備などの直接の子育て支援にプラスして、出生率に影響を及ぼしている若者の雇用確保や所得向上、女性の子育てと仕事の両立支援なども進めてきた。その具体的な政策も本書では詳しく紹介したい。

もうひとつ、「政策需要側」の視点が不足しているわかりやすい例としては、農林水産業などの一次産業政策がある。もともと自然の仕組みに根ざした農林水産業などは、水路や耕地整備、林地の道路づくり、港湾の整備など、インフラ整備による生産者支援から始まってきた面が強い。

一方で、今の農林水産業の課題は、生産物の販売ルートが生産者に不利で、売り込み先も広がらないことにある。マーケット調査なども十分とは言えなかった。昭和三十年代以降の農業の主産地形成政策の中で、遠隔地での単一生産方式などが国でも奨励されていた。いわば「遠い食」だ。滋賀県では米や牛肉など一部の食材以外の主産地形成が弱く、農業政策も出口が限られていた。

そこで、二〇〇八年から、地元の農水産物のマーケット価値を高め、販路を拡大し、生産者の所得を増やすために、食を介したコミュニケーションを埋め込んだ「おいしが うれしが」政策をはじめた。「食べた人がおいしい、といえば食材を提供した人もうれしい」。まさに食を介したコミュニケーションであり、そこに地元の食材品の価値を高める動きを埋め込んできた。いわば「近い食」の政策だ。とくに、最終需要者としてのホテルや料亭などでのレシピ開発も含めて、一貫した食のブランド化を進めてきた。結果として、それまで「京野菜」「京漬物」として加工されてきた滋賀県産野菜が、「近江野菜」「近江漬物」として次第にブランド価値を高めつつある。

政治は未来をつくるもの——財政競合の中での税金配分は、未来型を第一原理に！

「政策需要側」の視点を強めると、まさに全県民、全国民、すべての人びと、すべての分野の需要側目線に配慮をする必要が出てくる。たとえば農水産物の需要側目線の満足度を高める政策に対して、林産物の分野での需要側目線も拡大されることになるだろう。また、先にあげた子育て支援の増大に対しては、高齢者からの需要も高まってくるだろう。政策現場では、限られた財源の中で、費用対効果をはかるモノサシはひとつの軸にはならない。多様な軸がある。母親支援や家族支援で子どもの虐待を減らすための投資と、認知症予防のために財源配分と競合しないとは限らない。

政治とは、強制的に国民から集めた税金を分野ごとに配分する「税の配分システム」でもある。私は、「政治の基本は未来をつくること」と考えてきた。とくに、これまでの政治構造は、投票率の高い高齢者向けの政策を中心に組み上がっていた傾向がある。投票権のない子どもたちにも未来を決める意思を表面してもらうために、「ゼロ歳からの選挙権」という考え方を私は支持してきた。というのも、今の日本の少子化や財政難など、日本の国難は、一九七〇年代以来の政治の未整備に根があると考えるからだ。当時、三十~四十年後を考えて、子育て支援や財政再建をおこなってきたら、今ほど困難な日本にはならなかったはずだ。その点についても本書で詳しく展開したい。

地方自治はないものねだりではなく、あるものさがし、あるもの活かしで

地方自治の原点は、自分たちの地域にある自然や文化、歴史に自信をもち、「ないものねだり」ではなく、誇りをもって「あるものさがし」「あるもの活かし」ができる地域意識を育てることである。とくに滋賀県のように、近隣に京都や大阪など強烈なブランド発信地をもっているところでは、自らの足元を見つめながらのアイデンティティづくりになる。そのことは、若者の地域定着など、人口構造政策の基盤づくりにもつながるのではないかと考えている。

今年で知事退任後まる四年がたった。私が土壌をつくり、種をまき、肥料をあげて育てはじめた政策の数多くは、三日月大造県政で受け継がれて成果となっているものも多い。もちろん昭和五十年代の武村正義知事、平成にはいっての稲葉稔知事、そして二十一世紀にはいってか

らの國松義次知事時代の政策を受け継いでいるものや、三日月県政で新たにはじまった政策もある。そのような時代の流れの中で、滋賀県職員、市町行政、地域住民の皆さんと展開してきたのが滋賀県政である。その経過についてもできるだけ詳しく触れながら、県政を紹介し、日本の未来を見据えたい。

それぞれの都道府県にはそれぞれの強みがあり、弱みもある。本書の記述にあたっては、滋賀県の強みとともに弱みも含めて、できるだけ客観的な記述を心がけたが、もとより政策づくりの当事者としての偏見、自己満足も多いかもしれない。皆さんからのご批判をいただけたら幸いです。

嘉田由紀子

二〇一九年五月　琵琶湖辺、新緑美しい比良浜の自宅にて

なお本書の内容については一部左記の書物と重なるところもあることを了解いただきたい。

（1）嘉田由紀子語り／古谷桂信構成『生活環境主義でいこう！――琵琶湖に恋した知事』岩波店、二〇〇八年

（2）嘉田由紀子『知事は何ができるのか――「日本病」の治療は地域から』風媒社、二〇一二年

第1章　人口減少に対する〈新しい答え〉

出生率全国二位の滋賀県から発信できること

本章では、今、日本全国で問題となっている「少子高齢化」という社会現象に対して、「現象後追い型政策」ではなく、どのような「事前対応型政策」が可能であるのか、国際的な比較を織り込みながら、家族社会学理論と私自身の子育ての経験もふまえて、対応策を提案していきたい。ポイントは、実効性ある政策づくりと、男女の平等性と相互の助け合いを担保する価値観の浸透である。

とはいえ、個別の地域政策が人口構造や出生率のような社会的課題にどのように効果があるのか、その因果関係を厳密に証明することは難しい。しかし、滋賀県は一貫して子どもの出生率を高く保ち、また人口構造をみると子ども人口が多くなっている。人口一〇〇〇人あたりの出生数を粗出生率というが、二〇一七年のデータによると、全国一位は沖縄県で一一・八二人であり、滋賀県は八・九三人で二位、次いで福岡県、愛知県と続いている。全国最下位は秋田県で五・七三人、青森県六・五九人となっている。過去の経過をみてみると、一九九〇年代から滋賀県の粗出生率は九・〇前後を維持しており、全国と比べると高い水準を保ってきた。九〇年代は一貫して全国三位を維持していたが、二〇〇五年以降、二〇一五年まで全国二位をキープしてきた。全国的傾向をみると、東京のような大都市中心部と東北地方などでは低く、大都市近郊で高い。滋賀県も大都市近郊の住宅開発地域で、子育てしやすいという住宅・生活環境が大きな背景といえるだろう。

近畿圏で滋賀県に隣接する京都府と大阪府との出生率を一九九〇年代以降で比較してみると、いずれの府県も出生率は下がっているが、滋賀県は京都府や大阪府と比べて下がり方が低く、なだらかになっている。人口移動データでみても、子育て若年世代が住宅を求めて京都府や大阪府から滋賀県に移動してきていることもわかる。

出生率が高いということは、生まれた子どもが流出しない限り総人口に占める年少人口割合(十五歳未満)も大きく、二〇一七年のデータでは、沖縄県が一位で滋賀県は二位となっている。具体的には総人口に対して十五歳未満人口数は滋賀県では一四・五人であり、沖縄県の一七・四人についで二位である。三位は佐賀県の一四人、四位は愛知県で一三・八人となってい

合計特殊出生率は2.07には、まだまだ届かない

- 全国では1975年、滋賀県では1977年に合計特殊出生率が2.0を下回った。
- 2005年まで下がり続け、近年持ち直しているが人口が維持できる水準の2.07※にまだ届かない状況　※（国立社会保障・人口問題研究所人口置換水準）
- 子育て世代の所得増加や女性が働きながら子育てできる環境整備などをおこない、若者の結婚や子育てに対する不安の解消が急務

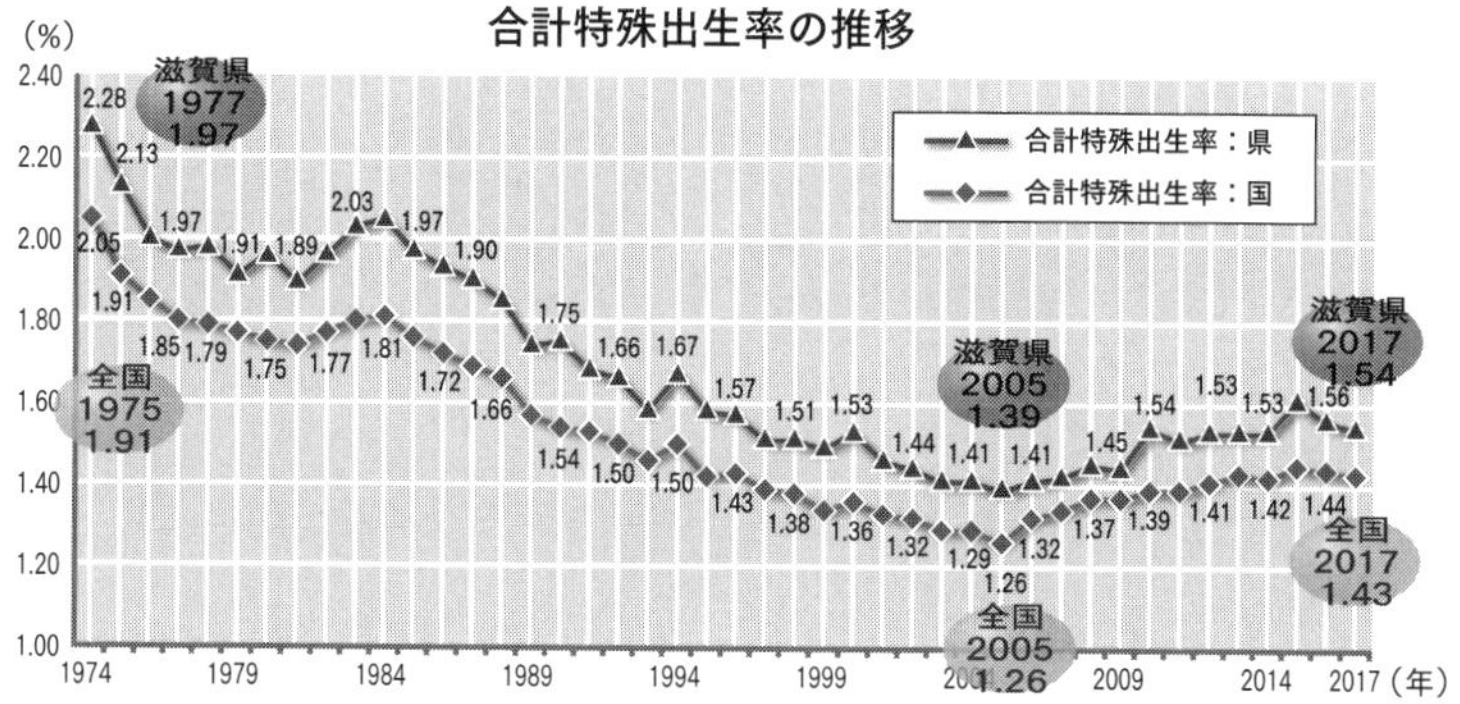

厚生労働省　人口動態調査により作成

図1　出生率の長期趨勢からみると少子化はすでに1970年代に始まっていた

る。全国最下位は秋田県で一〇・五人である。

図1には戦後の出生率の変化を示してある。今、日本社会で問題となっている少子高齢化は、実は、一九七〇年代から始まっていた。一人の女性が一生に産む子どもの数を「合計特殊出生率」というが、人口を維持できる水準は二・〇七と言われ、全国レベルでは一九七五年に、滋賀県でも一九七七年に合計特殊出生率は二・〇を下回っていた。ベビーブーム世代が子どもを産んだ一九八〇年前後をのぞいて、あとは一貫して下がり続けてきた。

なぜ少子高齢化問題に日本政府は手を打たなかったのか？　原因は長い間

の政策の無策と政治家の価値観にあると私は考えている。一九九〇年代以前、一貫して政権をとっていた自民党の家族政策の根底にあったのは「男は外、女は内」という「男女役割分担意識」の価値観である。一九六〇年代以来の高度経済成長期の「安定正規雇用の夫と専業主婦の妻、子ども二人」というモデル家族を想定し、税制も年金制度も一貫してこのモデルに従った。家族支援は大企業の福利厚生に任せ、政府としては基本的な税制度などをつくる以上のことをやらなかった。つまり、基本的な制度が硬直化した片働き世帯をモデルにしたものであったのである。具体的には一九六一年にそのモデル家族を想定して「専業主婦優遇税制」を生み出し、「男性が仕事、女性は家事専業」という理想をすべての家族に押しつけようとした。

一九七九年に自民党が制定した「日本型福祉社会制度」では、「女性が働くと温かい家庭が破壊される」と、性別分業を強調した。一九八五年に「男女雇用機会均等法」を制定するが、女性が一人前に働くことを想定していない。同じく一九八五年には専業主婦の年金を配偶者に持たせる「三号年金制度」が追加され、一九八七年には専業主婦優遇税制に上乗せ制度さえつくった。このときすでに合計特殊出生率は一・六〇近くまで下がっていた。とくに一九九〇年には、「一・五七ショック」が起きた。一九八九年の出生率がひのえうまの年（一九六六年）の出生率一・五八を下回り、あわてて一九九四年に「エンゼルプラン」をつくり保育対策をおこなうが、兼務の少子化担当大臣を指名するだけで実効性はあがっていない。一九九九年の小渕内閣のときに「少子化対策推進基本方針」をつくり、二〇〇三年には「少子化社会対策基本法」が制定され、少子化社会対策担当大臣が新たに任命された。二〇〇四年には「少子化社会対策大綱」がまとめられた。このあと二〇〇五年の出生率を底に、第二次ベビーブーマーが出産期にはいり、出生率は一部回復しはじめるが、一・四三以上には上がらず、出生率は低迷している。

私が二〇〇六年に知事選挙で子ども・子育て政策を打ち出したのは、以上のように、「なぜ日本では働きづらく、子どもを産みにくいのか」という根本の構造がみえていないと感じたからだ。子どもを産み育てる若い男性や女性、当事者の気持ちや意識に寄り添った政策ができていない。わかりやすくいえば、女性に仕事か家庭か、二者択一を迫る雇用・家族制度が根強く、若い男性に家族をもてるだけの安定した雇用が提供できていないという、この二点である。

繰り返しになるが、この根本には、「女性は家で子育て、男性は企業社会で過剰労働」という働き方が、一九六〇年代以降、六十年以上たっても未だに改善されていないということがある。基本的にはこの価値観が日本の国政、そして地方政治全体もつらぬいている。なぜか。ひとつの理由として、政治の世界に家族や子育てに関心をもち、その仕組みがわかる女性政治家があまりに少ないことがあげられるだろう。

では、滋賀県としてどのような手を打ってきたのか。まさに一九七五年に専業主婦政策真っ盛りの時代に、仕事と子育ての両立に乗り出した私自身の経験も含めて、たどっていきたい。

子産み・子育て経験が滋賀県知事の仕事を支えてくれた

二〇一八年の夏、高校一年の孫（男子）から夏休みの宿題相談があった。次の五点について、母親か祖母から聞き出してレポートせよ、というものだ。いわば「子育て経験の聞き取り調査」である。彼は母親（私の長男の妻）に相談をして、「おばぁちゃんにきいて」ということになったようだ。

（1）妊娠を知ったとき、感じたことは？
（2）子育てして困ったことは？　子育てしてうれしかったこと・楽しかったことは？
（3）子どもを持って、自分の生活習慣や考え方が変わりましたか？
（4）わが子にどのような人になってほしいと願ってい（た）るか？
（5）これから子育てをしていく人へのアドバイスは？

男女にかかわらず、将来の職業だけでなく、子産み・子育てや家族の持ち方について中学生や高校生に考えてもらう機会をもつことは、個人的にも社会的にも大変重要なライフデザイン教育である。振り返ってみると、そもそも昭和三十年代から四十年代に中学生や高校生であった私たち団塊の世代では、「家庭科」は女子だけの必修で男子は「技術」だった。教科としての家庭科が男子にも広げられたのは、一九九三年に中学校で、九四年に高校で男女必修化が実施された後だ。一九七九年に国連が女性差別撤廃条約を採択し、その後日本政府が同条約を批准し、「家庭科教育に関する検討会議」において、家庭科を男女同一課程に改めることで政治的に合意するという経過を経ての政策だった。私は息子が二人いるが、七九年生まれの次男が中学校に入ったときにようやく男子が家庭科を学ぶようになった。しかし、そのときは今回、孫が私に求めたように子育て経験の聞き取りなどまでは踏み込んでいなかった。そのような意味から、まさに団塊世代、その子ども、その孫たちと、三世代にわたり、大きく子育てや家族に対する社会的意識が変わりつつあるといえるだろう。

のっけから個人的な話題で恐縮だが、個人は社会的存在と考える社会学者としての私の経験をここでは紹介したいと思う。孫からの上の五つの質問に私は以下のように答えた。

（1）妊娠を知ったとき、感じたことは？

①最初の子ども（一九七五年生まれ）は夫も私もアメリカ留学中で、子どもが生まれても自分がやりたい研究が続けられるのか、両立できるのかとっても不安だった。でも、わが体にもうひとつの命、子どもを授かったことは、理屈ぬきに感動だった。

②二人目の妊娠のとき（一九七九年生まれ）は、日本に帰国後で夫の就職も決まり、研究と

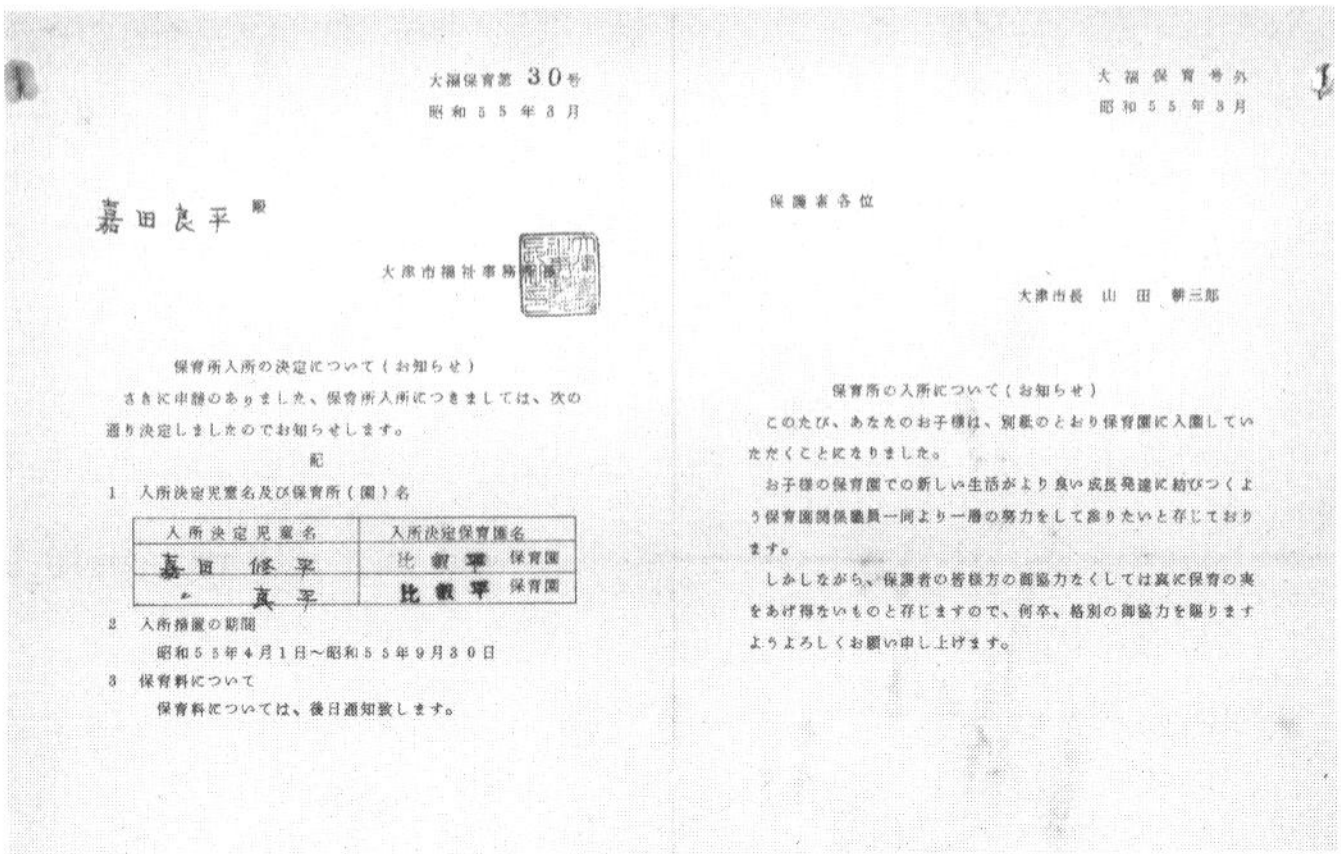

大福保育第 30号
昭和55年3月

嘉田良平 殿

大津市福祉事務所長

保育所入所の決定について（お知らせ）

さきに申請のありました、保育所入所につきましては、次の通り決定しましたのでお知らせします。

記

1　入所決定児童名及び保育所（園）名

入所決定児童名	入所決定保育園名
嘉田　修平	比叡平　保育園
〃　真平	比叡平　保育園

2　入所措置の期間
昭和55年4月1日～昭和55年9月30日

3　保育料について
保育料については、後日通知致します。

大福保育号外
昭和55年3月

保護者各位

大津市長　山田　耕三郎

保育所の入所について（お知らせ）

このたび、あなたのお子様は、別紙のとおり保育園に入園していただくことになりました。

お子様の保育園での新しい生活がより良い成長発達に結びつくよう保育園関係職員一同より一層の努力をして参りたいと存じております。

しかしながら、保護者の皆様方の御協力なくしては真に保育の実をあげ得ないものと存じますので、何卒、格別の御協力を賜りますようよろしくお願い申し上げます。

図２　1980年３月、大津市長からの保育園入園許可の手紙と保育園入園直後の息子たちと

子育てを両立できる見通しがたち、不安は少なくなった。

（2）子育てして困ったことは？　子育てしてうれしかったこと・楽しかったことは？

①大学院生の時代に子どもを産んだので、いわゆる待機児童だった子どもを抱えて大変だった。子どもは大阪市内に住む夫の親に預け別居せざるをえなかった。京都市内の福祉事務所では「大学院生のくせに子どもを産むの

は生意気だ。保育園などない」と大変冷たい反応だった。そのとき、大津市に相談をしたら「大学院生でも空きがあれば入れますよ」と言われ、空がある「比叡平」保育園を探し、そこに土地を求め、住宅を建てて京都市内から引っ越しをした。大津市で子ども二人を同時に保育園に入れてくれて今でも大変感謝している。（そのときの大津市長山田耕三郎からの手紙は今も育児日記に大事にはりつけてあります）。

②「はえば立て、立てば歩めの親心」と昔からいいますが、子どもの日々の成長を感じることがうれしかった。

③二人の子どもたちはとくに生き物が大好きで、びわ湖辺の川や田んぼに出かけてコイやフナや時にはヘビなどをおいかける、その子どもたちの眼差しに親も一緒に飛び込んで楽しめたことは何よりかけがえのない思い出です。

（3）子どもを持って、自分の生活習慣や考え方が変わりましたか？

①人間観・世界観が変わりました。オギャーと生まれてから一人の人間が育つ背景に隠された膨大な日々の衣食住のエネルギーと、そこに投じるべき愛情の意味と意義を知ると、街角で出会う人、一人ひとりが同じような膨大なエネルギーを注いだ親ごさんがいて今がある、と思うと一人ひとりの存在がいとおしく、愛着がもてるようになりました。

②琵琶湖辺の人びとの暮らしの起源をたどり、琵琶湖博物館を計画・建設し、また滋賀県知事として、未来世代の命にこだわる政治をしようと決意したのは、子育て経験があったからと思います。

(4) わが子にどのような人になってほしいと願ってい(た)るか?

①自分で好きなことを探しだし、自分で満足できる人生を追求し続けてほしいと願いました。

②周囲の人たちと仲良く、やさしく配慮できる、そのような人間になってほしいと願いました。

③社会全体のことを考えることができる視野の広い人間に育ってほしいと願いました。

(5) これから子育てをしていく人へのアドバイスは?

①子どもは親を選べません。逆に親は子どもに絶対的な力をもっています。それゆえ、子ども目線にたって、子どもの幸せ、子どもの最善の利益を生み出せるような親になってほしい。

②ただし、「親」という文字は「木の上に立って見る」という漢字で組み合わさっています。干渉しすぎず、少し遠まわりに、子ども自身が自律的で主体的な育つ力を高める経過を支える親になってほしい。母親としての経験からのアドバイスです。

③同時に、子どもは「社会の宝」です。親だけで、家族だけで抱えこまず、経済的・社会

的・心理的に子育てに疲れたときは「SOS」の声をあげ、行政や政治の支援を求めてほしい。知事、二期八年の経験からのアドバイスです。

諸外国との比較からみえてくること――近代化の中でも出生率の高い国がある

第二次世界大戦までの日本は「たくさん産んでたくさん死ぬ」という「多産多死」の途上国型だったが、戦後の国民皆保険・皆年金などによる社会保障の充実や医療技術の向上、所得向上等により一九六〇年頃からは「少なく産んで死亡数を減らす」という人口転換が進んだ。一九七五年前後までの合計特殊出生率は人口が置き換わることができる「置換水準」前後の二・一前後で推移してきた。しかし一九七五年に合計特殊出生率は二・〇を割り込む一・九一にまで低下。その後も低下し続け、総人口が維持できる水準からの乖離も大きくなってきた。図3には戦後の日本の出生率の変化を示してあるが、かつて一年間に二五〇万人以上生まれていた子どもの数は二〇一〇年代には一〇〇万人を割るほどの人数となっている。

社会の近代化が進めば子どもの数が減ると一般には言われてきたが、図4をみてみると、近代化が進む中でも出生率が回復している国がある。スウェーデンやフランスそしてイギリスの三国はいったん人口減少が起きているが、二〇〇〇年代になって急速に回復し、二・〇に近づ

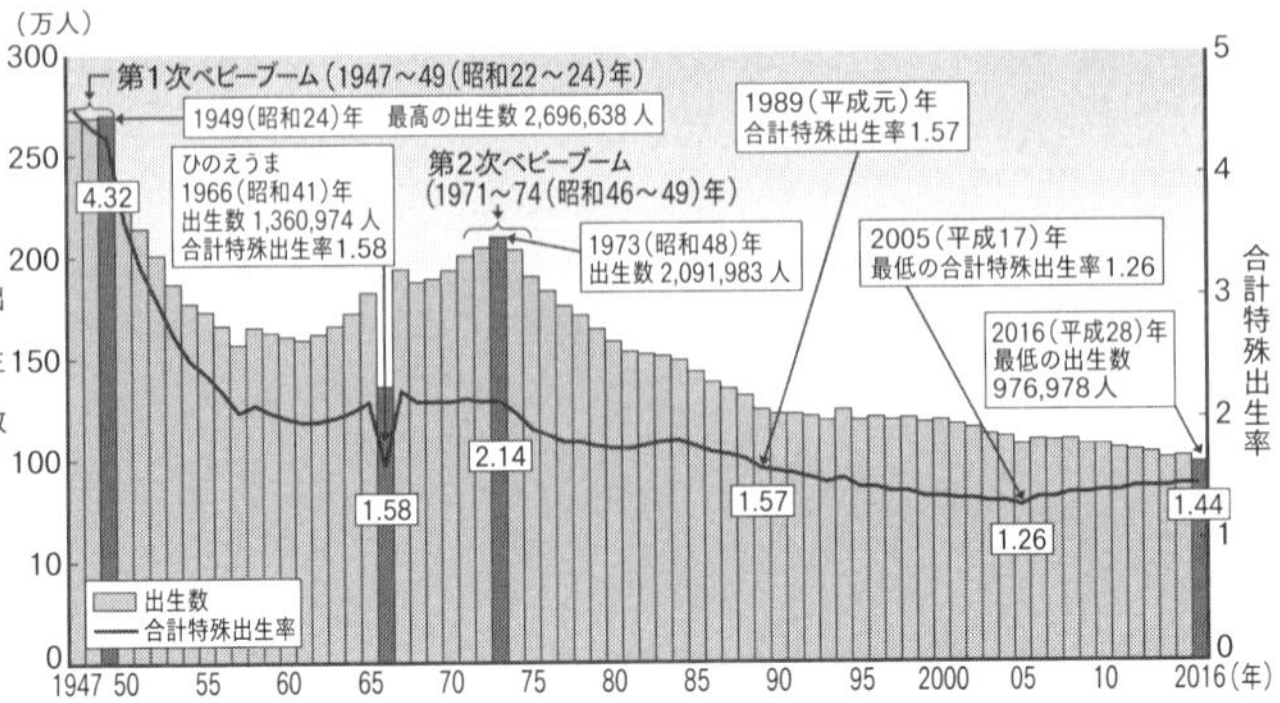

図３　日本の戦後の出生率の変化（厚生労働省「人工動態統計」）

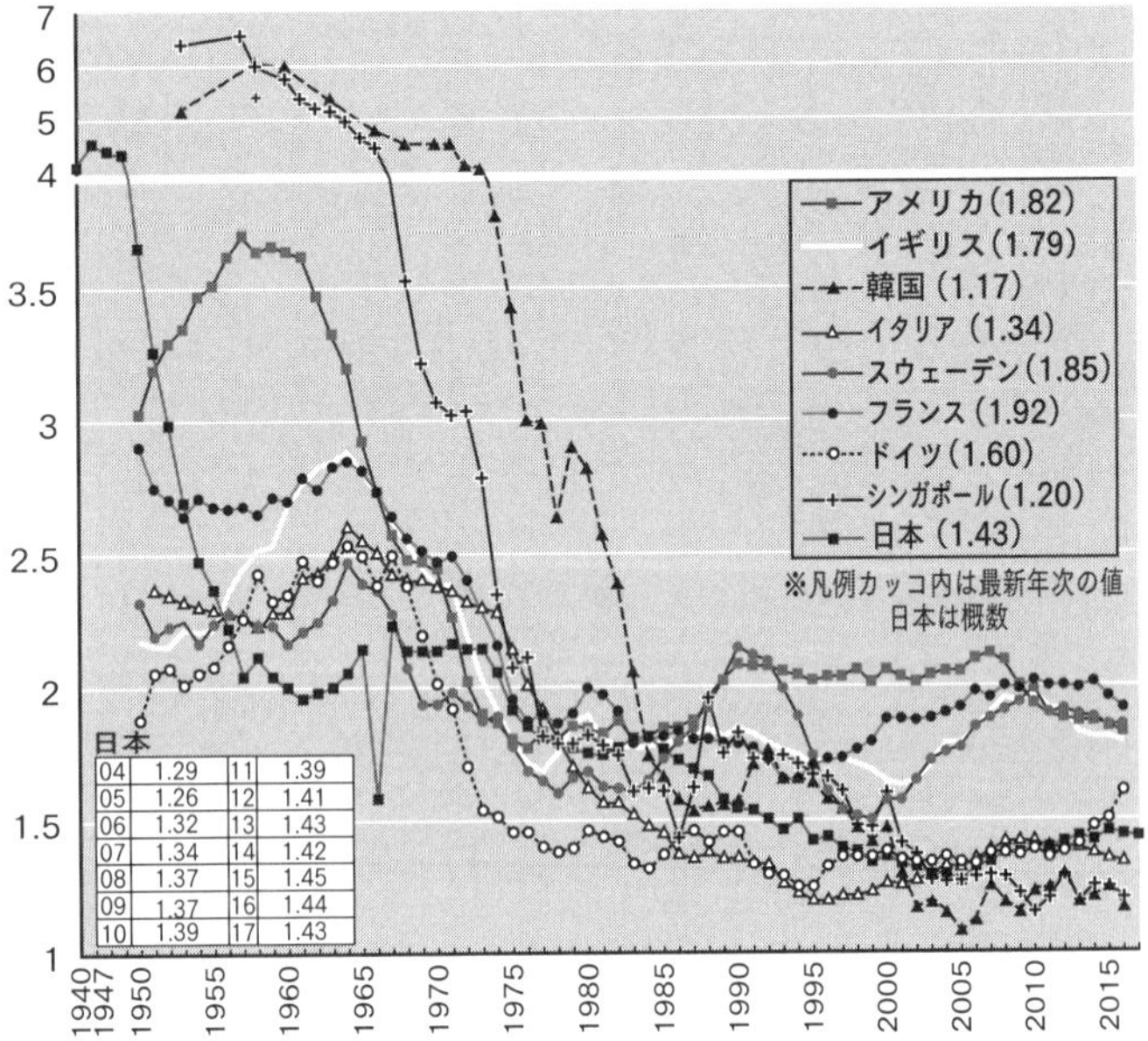

図４　諸外国の出生率の変化
＊ドイツの 1990 年までは西ドイツの値、英国の 1981 年までの値はイングランド・ウェールズの値
（厚生労働省「平成 13 年度人口動態統計特殊報告」「人口動態統計」〔日本全年、その他諸国の最新年〕、国立社会保障・人口問題研究所「人口統計資料集 2015」ほか）

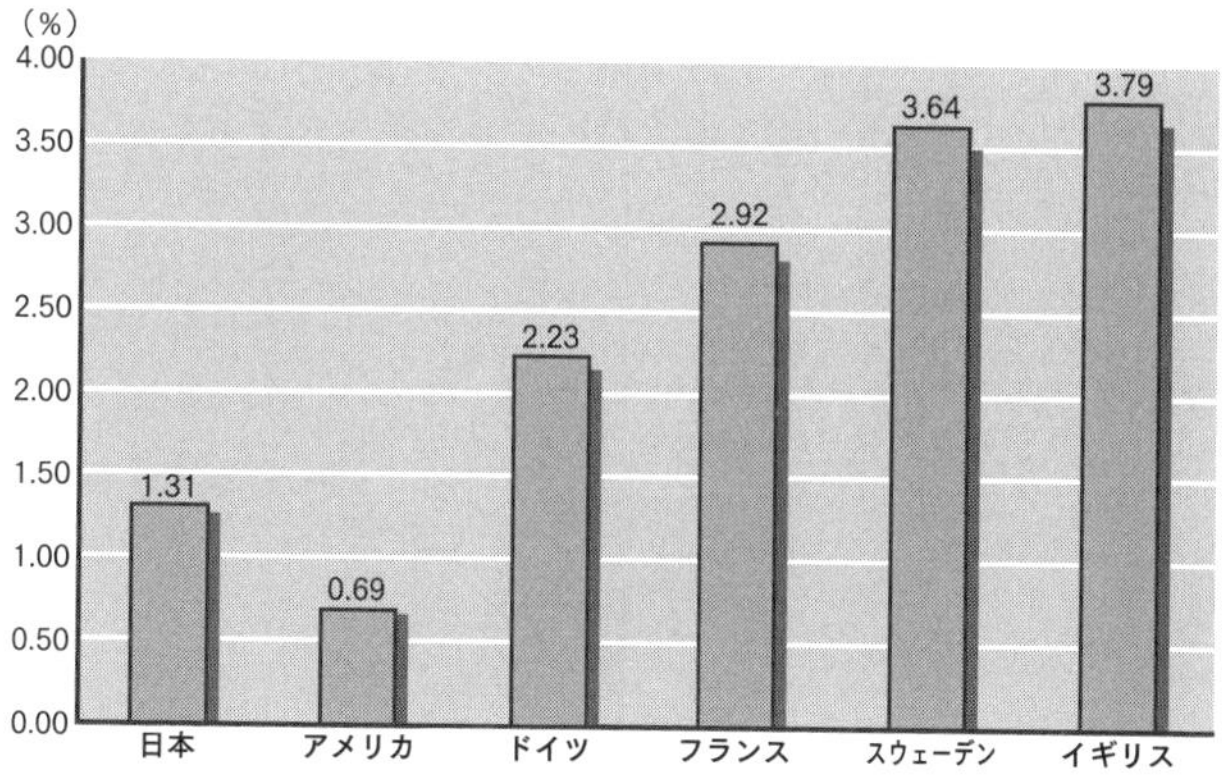

図５　家族関係社会支出の対 GDP 比

資料：国立社会保障・人口問題研究所「社会保障費用統計」（2015 年度）
＊計上されている給付のうち、主なものは以下のとおり（国立社会保障・人口問題研究所「社会保障費用統計」巻末参考資料より抜粋）。
・児童手当：現金給付、地域子ども・子育て支援事業費
・社会福祉：特別児童扶養手当、児童扶養手当、保育所運営費等
・協会健保、組合健保、国保：出産育児諸費、出産育児一時金等
・各種共済組合：出産費、出産手当金、育児休業手当金等
・雇用保険：育児休業給付、介護休業給付等
・生活保護：出産扶助、教育扶助
・就学援助、就学前教育：初等中等教育等振興費、就学前教育
＊日本は 2015 年度、アメリカ、ドイツ、イギリス、フランス、スウェーデンは 2013 年度

いている。実はこの三カ国は、子育て支援について、国家として家族省などをつくり、子育て支援に大きな財政投資をしてきた。それを示すのが図5だ。イギリスはブレア労働党政権のもと、総理自身が子育て支援に乗り出し、国としても、対GDP比で四%近くの予算をつぎ込んでいる。日本の三倍ほどの割合である。スウェーデンやフランスも家族関係支出への割合は大きい。アメリカは一貫して高い出生率を維持しているが、家族関係支出の割合は日本よりも少

ない。アメリカはまさに「自由主義」国として家族や子育てへの財政投資はしていない。一方、フランス、スウェーデン、イギリスはある意味で「社会民主主義」的な理想のもと、子育てを社会化したといえる。夫婦や母親だけに子育ての負担を押しつけるのではなく、社会全体として子育ての支援策を実現してきた国の典型がフランスだ。その例をみてみよう。

フランスの子育て政策は「家族省」による横串政策を実現

フランスでは一九七〇年代に、個人主義の徹底や、男女平等意識の浸透などから、子どもの出生率が下がり、国家としての危機感からさまざまな家族政策が生まれた。その母体が「家族省」であり、子ども支援から、家族全体への支援という政策を実現してきた。家族生活を楽しむことができる政策を計画し、女性が子育てと職業生活の二者択一を迫られないような両立支援がおこなわれたのである。そこには、子どもは社会の宝という概念が埋め込まれている。法的にも家族の自由選択度を高め、とくに結婚制度での書類上のしばりをはずし、事実婚（PACS）を認め、事実婚から生まれた子どもであっても、児童手当などの法的な差別をうけない、まさに「子ども本位の家族生活」を実現する子育て制度を実現してきた。日本では未だに、法律婚でないと児童手当を受けられないなどの差別が残っているのとは対極的だ。日本での子育ての最大の障害は「子どもの教育費である」という親世代の意識調査のデータが出ているが、フランスでは教育費は基本的に国家負担である。子育て費用の国家による支援は、結果的に所得再分配や貧困対策などの社会政策とともに将来への不安感をぬぐうことで、子産み・子育てへの機運を高めることもできる。保育園なども、子どもを支援するだけでなく両親も支援する。まさに「家族支援」だ。

私の友人で人類学者の乾清可さんはフランス人と結婚し、フランスで子育てをしているが、保育園の光景も日本とはまったく異なるという。保育園には、おむつや布団などは自分たちで準備し、金曜日にもちかえって月曜日にもっていく、という日本の親たちには当たり前の光景がフランスにはない。おむつも布団も国家が支給してくれる。朝、子どもを送っていって、そこでの保育士さんとの会話には、「お母さん、今日は元気ないね、お母さんが元気でないと子どもも元気が出ないよ」と、まさに家族全体への支援が徹底しているという。フランスを旅していると、地下鉄でも父親が乳母車を押しているケースが圧倒的に多い。公園での遊びも母親より父親の方が多いくらいだ。

乾さんによると「専業主婦」という概念もない。男女とも仕事をしながら納税者になり、納税により国家が子育てを支える仕組みが徹底している。つまり税制も基本的には男女の違いはなく個人独立的で、「扶養家族」という概念もない。「専業主婦優遇税制」のような、一見、母性保護、あるいは女性保護のようにみえる時代遅れの税制もない。実は日本の税制はすでに時代的な要請に合っていない。

日本では一九六一年に「専業主婦優遇税制」がつくられ、六十年たって、女性の社会参画も進み、女性が職業人として社会貢献する必要のある現代になってもまだ税制の本質的な変更がなされていない。そもそも日本の政権与党であった自民党の「日本型福祉社会政策」の基本哲学は専業主婦固定化を強調しており、「女性が働くと温かい家庭が破壊される」として、一九七九年には性別分業を強調していた。ちょうどその時代に長男、次男を出産し、子どもを保育園に預けて研究を続けたいと思う私自身、「子どもを託児所に預けて研究や仕事をするのはもってのほか」と、婚家から非難された。私の大学の同級生たちも子どもが生まれたら当然専業主婦になるべし、ということで大学の同窓生三十名の女性の中で仕事をしながら子育てをしてきたのは、私が知る限り二名しかいない。つまり政権与党である自民党の性別分業意識が、その後の日本の子育て政策でも実質的な改革ができずに今の少子化を招いた基本原因といえるのではないだろうか。それゆえ一九八五年に「男女雇用機会均等法」が成立してもその同じ年に専業主婦の「三号年金化」を制度化し、女性の年金を夫の付随物として固定化してきた。

フランスでは男女ともそれぞれが、働き、納税者となり、家族を育てるのも男女共同参画だ。まさに「ワーク・ライフ・バランス」が家族省の政策の中に埋め込まれている。日本の少子高齢化問題からの脱出には、仕事と家庭の両立支援が最大の方策でもある。少子化問題の政策対応を、「現象後追い型」ではなく「事前対応型」とするためには、女性にとってだけでなく、男性にとっても仕事と家庭の両立支援が必須である。その点を次にみてみよう。

女性の有業率の高い国は出生率も高く国家財政も安定的

女性の有業率（労働参加率）と出生率の関係を示して、滋賀県の政策紹介につなげていきたい。二〇一〇年から二〇一一年にかけて、私は全国知事会の男女共同参画委員会の委員長として、女性の働き方と子育て問題などの資料づくりを滋賀県職員とともにおこなった。そのひとつが図6である。ここには、OECD諸国の女性の有業率と出生率の関係（二〇〇九年段階）を示してある。横軸に有業率、縦軸に出生率を示してあるが、有業率が高くて出生率が高いところは右上部分にあり、スウェーデン、ノルウェー、フィンランドなどの北欧三国やフランス、イギリス、デンマーク、オランダなどのヨーロッパ北部の国である。一方、有業率が低くて出生率が低いのが左下の国家であり、ヨーロッパ諸国でもギリシャ、イタリア、スペインがはいる。アジア地域では日本と韓国が左下、つまり有業率が低く、出生率が低い国となっている。

右上の北欧三国や北ヨーロッパの社会情勢はどうなっているのか。子育てを社会の問題とし

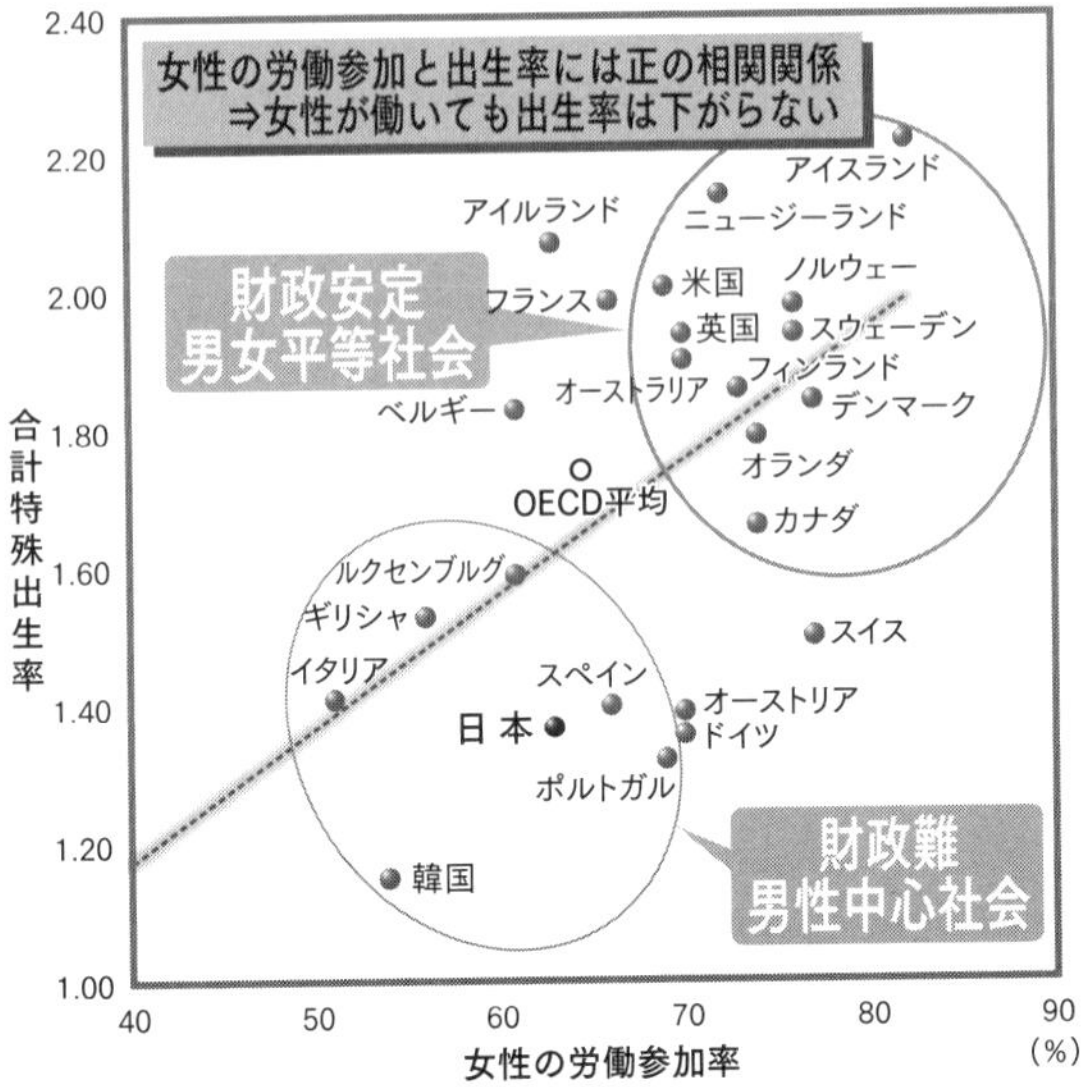

図６　女性の労働参加率と出生率は正の相関
（内閣府男女共同参画会議基本問題・影響調査専門調査会報告書 参考資料図表１より2009年女性労働参加率：OECDジェンダーイニシアチブレポートP58、2009年出生率：OECDデータベースを基に、内閣府男女共同参画局で作成）

て社会的支援の手厚い国では多くの女性たちが「仕事と子育て」の両立が可能となり、それだけ多くの女性が納税者となることで、結果として国家の財政も安定することになった。

前述のように、ノルウェーなどは一九七〇年代から女性の政治参画を制度化し、子育てや家族、教育問題を国家の主要政策にあげてきている。男性も家族生活を重視することができ、企業の異動命令をめぐっても、単身赴任のような、家族を分断する命令は社会的に制限されている。また、日本で問題となっている若年労働者の非正規不安定雇用や、長時間労働も制限されている。

一方、左下のギリシャ、イタリア、スペインでは、たとえばEUの財政問題でギリシャがやり玉にあがっていたが、これらの国家では財政的な安定性を欠いている。そしてこれらの国家はもともとが、エマニュエル・トッドなどの人類学者が明らかにしているように、家族制度的に、男性中心の「父系主義」をとってきた地域である（エマニュエル・トッド『世界の多様性――家族構造と近代性』荻野文隆訳、藤原書店、二〇〇八年）。それに対してヨーロッパ北部は男女の平等性が高い「双系主義」をとってきた地域でもある。

二〇一二年七月の全国知事会で図6の紹介をした。すると多くの知事が「この図はおかしい。女性の有業率が高いところはそれだけ仕事の負担が多いだろうから、出生率は下がるはずだ」と、口ぐちに声があがった。確かに常識的にはそう思うだろう。では日本国内での都道府県別の違いはどうなっているのか。それが図7である。ここでも傾向としては国際的な現象と共通で、女性の有業率が高い県は出生率も高い傾向にある。つまり、右肩あがりの相関図となっている。国際的な現象と国内の地域別現象に共通性がみられた。

各知事は自分の府県がどこに位置するか、一斉に関心をもってみて、さまざまな意見があがった。多くの知事たちが「意外だ」という感想をもったのも無理はない。つまり、とくに一九七〇年代以降、日本の多くの女性が置かれていた「当事者目線」を、知事も含めて多くの政治家がもっていなかったからではないか（このとき全国四十七知事のうち女性は三人）。「子ども

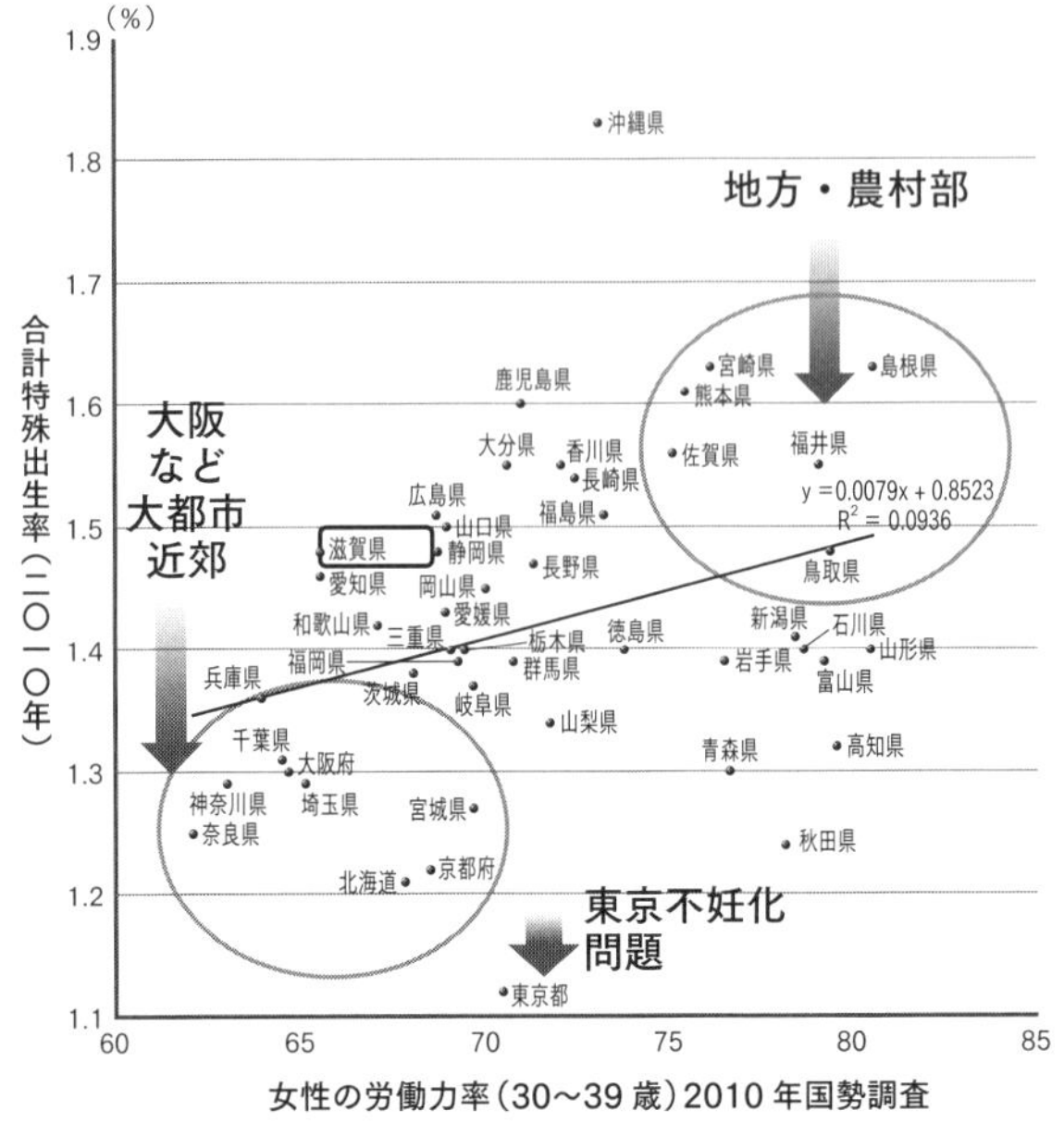

図７　日本でも都道府県別、女性の労働参加度の高い府県は出生率も高い
（2012年７月全国知事会「女性の活躍の場の拡大による経済活性化のための提言」）

を産み育てる」当事者目線が多くの政治家に欠けていたのである。一九七〇年代、女性の雇用は「腰かけ」で、結婚と同時に、あるいは子どもが生まれたら当然仕事をやめて専業主婦になる、というライフスタイル以外の選択肢がみえなかったからではないか。

私が大学を卒業した一九七三年でも、大学で開催された大企業の就職説明会に「四大卒（四年生大学の卒業生）はいらないよ、うちは短大卒しかとらないから」といわれ、就職説明会場に入れてもらえなかった。一九七〇年代の若者は、今の日本の政治と経済の中枢を担う管理職の人たちだ。政治家も、企業経営者も自らが「安定的職業」をもち、「専業主婦」を妻として養うことができる。そして子ども二人、という典型的な核家族以外は想定していなかった。

図7の都道府県データをもう少し詳しくみてみよう。女性の労働参加度の高い府県は出生率も高い。国際的な現象と共通だ。たとえば石川県や福井県、鳥取県、熊本県などは、右上であり、女性の有業率が高いと同時に出生率も高い。「地方は親兄弟も近くにいて女性も共稼ぎしやすいから」「地方では保育園も十分整備されている」「車通勤も可能だ」「住宅事情も子育てには好都合だ」など、全国知事会でも意見が出された。逆に、東京や大阪などの大都会とその近郊では、女性の有業率が低く、出生率も低い。東京や大阪の大都会では、①「保育園にはいりにくい」、②「通勤時間が長い」、③「住宅事情が悪い」という子育てと仕事の両立を阻む三大悪条件がある。また、「親族などの子育て補助者が少ない」という要素もあるだろう。滋賀県内での調査では、完全新住民と、もともとの滋賀県出身者で親兄弟が近隣に住まいしている場合と比較すると、共稼ぎ比率が三倍異なる、というデータもある。

そのうえ、現在、若い男女ともに東京圏を中心に一極集中が起きており、図7の左下の地域に人口集中が起こり、いわば「東京不妊化問題」が、全国の人口減少問題に余計拍車をかけることになる（増田寛也『地方消滅――東京一極集中が招く人口急減』中公新書、二〇一四年）。

滋賀県の未来をつくる 3つの"もったいない"

"もったいない"という言葉は物やエネルギーを浪費しないというだけでなく、事物の本来の価値がうまく発揮されず、そこなわれている状態も意味しています。日本には、昔から、もののあわれを感じとるもったいない思想が育まれてきました。今、私たちの身のまわりには、たくさんの"もったいない"があります。

まず第1は、金銭的・財政的な"もったいない"です。県民の皆さまが汗みず流しておさめてくださった税金のムダ使いは許されません。今、滋賀県で計画されている栗東新幹線新駅やダムや廃棄物処分場はどうでしょうか。税金の使いみちは、今の世代の責任において、財政的配慮をしないといけません。その基準は、将来世代に意味のある政策か、20、30 年後の県民が喜ぶ政策であるかどうかというものです。今の世代の満足を少しけずってでも、将来世代にツケまわしをしない、それが多くの人びとの願いでしょう。子どもや若者のの育ちを支援する政策にお金をいれる事も必要です。

2点目は琵琶湖の自然の力にそくした"もったいない"です。潜在的な自然の力、その恵みの重さをしっかりと受け止め、その力を維持しつづけることです。世界の古代湖の中でも、琵琶湖ほど、都市化の中での大きな役割をもっている湖はありません。琵琶湖が本来もっている生き物を育む生態系の力、水を供給する力、そして美しい水辺の風景を今損なってはもったいない。時代の要請に応えられるだけの琵琶湖政策が今、求められています。

3点目は子どもや若い人たちがもっている本来の育つ力をそこなわないことです。そこなっては"もったいない"。乳飲み子の目の光りに込められた力を失わず、子どもたちが自由に育つ心の余裕を大人たちは持ちましょう。今、大人は子どもたちを制約しすぎていないでしょうか。「子どもは川で遊ばない」という標語は、本当に子どもたちの将来を思っているでしょうか。子どもたち自身が自ら育つ社会的環境づくりが求められています。

図８　2006 年知事マニフェストでの「みっつのもったいない」政策

基本目標　若者や女性にチャンスを

今、社会的に問題となっている少子化の最大の原因は、若い人たちが正規の安定した仕事につけないことです。結婚できず子どもをもてない人びとと子どもを2～3人以上もつ人びと、という二極化がこのことを証明しています。

90年代以降にはじまった雇用の流動化は「多様な働き方」を求める若者や女性に一旦は歓迎されましたが、結果としては「新・日雇い」というような不安定な就業状態を招くことになりました。細切れにされた就業のなかでは仕事の技能は育たず、働く意欲が減退しています。

仕事をもち、働くことは、すべての人たちにとって社会参加の第1歩であるとともに、人間としての自己実現の道でもあります。

幸い、滋賀県には琵琶湖を中心として豊かな自然産業の基盤（農林水産業）やエコツーリズムなどの新しい産業が生まれつつあります。人口増加地域には、福祉や教育などの住民サービスへのニーズも増えつつあります。これらの潜在的な産業基盤を生かして、単に他者に雇用されるのではない、人びとの主体的な知恵と工夫と将来ビジョンによる多様な地域ビジネスを生み出す社会的基盤づくりが求められています。

私は、自らが仕事をもちながら、子どもを育て、さまざまなNPO活動母体を生み出してきた経験から、女性や若者、障がいをもつ人びと、そして定年退職者たちが、経済的に自立できるための社会的基盤づくりをすすめます。

図9　嘉田由紀子マニュフェストから「基本目標　若者や女性にチャンスを」

では滋賀県はどのような位置にあるのか？図7は、二〇一二年のデータだが、有業率が低いわりに出生率が高い、少し特異的な地域といえる。私は前述のような国際的な現象をみながら、二〇〇六年の知事選挙での三大政策のひとつに「子どもや若者が生まれ育たないのはもったいない」として、子育て政策に力をいれた。マニフェストには、「女性や若者の安定的な就労と安定した所得こそ、子ども・子育て政策の基本的条件」として、子育て政策を積み上げてきた（図8、9）。この点について次に詳しくみていきたい。

当事者目線の「子育て三方よし」、横串政策実現のため「子ども・青少年局」を組織化

二〇〇六年の知事就任後に、滋賀県としてのそれまでの子育て政策を精査し、本章で紹介した私の個人的経験や、今日本に求められている時代の要請に照らし合わせると、次の二点の課題がみえてきた。

（1）子育て支援政策は福祉の領域に閉じ込められていて、母子福祉や保育政策なども、欠けている条件を補う「措置」という思想に基づいていて、「社会で子育てを支える」という「ポジティブで前向き」な考え方にたっていなかった。

（2）乳幼児期から就学期の政策と、青年期以降の若者支援政策が別部局で縦割りとなっていて、人生を通じての切れ目のない支援とならず、相互の連携がとれていない。

そこで、子ども政策と青少年政策の一体化をはかるために組織改編をおこない、二〇〇八年に「子ども・青少年局」を設置し、「生まれる前」「生まれるとき」「生まれてから」「就職・自立まで」の切れ目のない政策づくりをおこなうことができる母体をつくった。そのうえで、県民や学識経験者などの意見をききながら、まる一年以上かけて、「淡海子ども・若者新プラン——子育て三方よし　生まれる前から自立まで」を策定し、個別政策を積み上げた。前向きの

図10　子育て三方よしで地域力の育成を

メッセージとしては「子育て三方よし」という考え方を埋め込んだ。

それまでの次世代育成支援などが、人口減少への「対策」という意味合いが強かったところに、私は「当事者目線」が必要だと考えた。「序章」で述べた需要側目線を埋め込んだ政策だ。また人口減少が起きてしまった後の事後対応という「現象後追い型」ではなく、子育ての価値を前向きに評価する「事前対応型」の考え方を埋め込んだ。子どもは生まれるところの親を選べない。子育て政策で最も基本となるべきは、子ども目線だ。子ども、若者自身が幸せを感じる「子によし」。そして子育てを負担や義務と考えるのではなく、子どもを生み育てる親自身も、仕事と家庭の両立など多様な生き方を受け入れられ、親自身も楽しさと幸せを感じることができる「親によし」。そして子ども若者の育成を通じて、結果としてすべての世代が輝き、未来への地域の活力を埋め込んだ「世間によし」、の三つの視点からの相乗効果を目指した。

「三方よし」とは、「売り手よし」「買い手よし」「世間よし」という近江商人の商売理念であり、商売は当事者の売り手と買い手だけでなく、社会全体の幸福につながるものであるべし、というもので、子育てにおいてこの考え方を援用したものだ。

図10には、「子育て三方よし」政策の展開を、人生のライフサイクルに即してイメージ図として示している。社会全体で子どもや若者の育ちを温かく見守り、保護者も自己実現を目指しながら、希望する場合には仕事との両立を果たせるよう、とくに育児休業取得などの制度はあっても取得率がきわめて低い男性の子育て参加などが広がるよう、「ワーク・ライフ・バランス政策」として社会的機運を高める。企業側など事業者に対しても「子育て応援事業者」登録をおこない、社会的推奨をする。一方、住宅、道路、公共施設などのバリアフリー化を進め、子育てしやすい生活環境を整えることを例示している。

次に課題別に子育て支援施策を紹介してみたい。

生まれるときの危機対応――新生児死亡率の大幅改善

産婦人科医師不足が深刻化する中で、滋賀県では全国平均からみて子どもの出生率が高い。前述のとおり人口あたり出生率は沖縄、福岡、愛知、熊本などと並んでトップクラスを維持していた。しかも同時に、子産み可能な女性人口が多いところから、人口あたりの産婦人科医師の数は全国的にみても最下位に近かった。また新生児期を中心とした周産期死亡率は一〇〇〇人の出生あたり五人から七人で、これは全国的にみて最も高い比率となっていた。とくに一九九八年以降その数値は悪化していた。そこで、私が知事に就任した翌年の二〇〇七年度から滋賀医科大学に県単独予算で寄付講座を開き、産婦人科の専門医師（高橋健太郎教授）にその原因究明と対策提案をお願いした。

そこで次のようなことがわかった。滋賀県では全国と比較して、病院出産よりも診療所出産の比率が高く、診療所出産でのリスクが高いこと。しかし、診療所出産をそのまま病院出産として推奨することは、病院が量的にも対応できないこと。事実、彦根市民病院など大規模な公立病院では産婦人科医師不足で分娩の取り扱いが止まっていた。そこで県からの委託を受けて、滋賀医科大学では高橋教授が中心となり、年齢や生活習慣などによる分娩時のハイリスクな妊婦が自らのリスクを自覚して分娩場所を選べるような「妊娠リスクスコア」をつくった。県では、このリスクスコアを妊婦が母子手帳を受け取りに市町窓口に来たときに配布できるような仕組みを広めた。なお、滋賀県内で出産する母親で母子手帳を受け取りにこない人は、年間総数一万二五〇〇人のうちごく数人程度ということであり、母子手帳にこのリスクスコアを組み合わせることで妊婦自身が自覚的でより安全な出産にのぞむことができるようになった。

図11に「妊娠リスクスコア」を示した。妊娠初期の自己評価（A）と妊娠後期の自己評価（B）からなり、年齢や喫煙、飲酒の習慣や病歴などを点数化し、点数が高い場合には「ハイリスク妊娠に対応可能な病院での妊婦健診や分娩」を推奨するような指導をおこなった。あわせて、妊婦検診の公費負担制度も拡充し、経済的な理由で妊婦健診をおろそかにしがちな妊婦への支援を強化した。患者サイドにありがちな「出産は病気ではない」という安全神話の払拭と、限られた医療資源の中で医師や病院側が死亡率を下げる努力を続けてきたのである。

その結果、二〇〇五年には乳児死亡率が全国でのワースト一位、新生児死亡率もワースト一位であったものが、二〇一六年にはワースト七位とワースト十二位に改善した。また後期死産率と早期新生児死亡率を合わせた「周産期死亡率」も、二〇〇五年のワースト六位（七十三名の死者）から二〇一六年には実質二十九名の死者となり、全国でベスト一位に改善した。出産前後の新しい命を救うために、今後も国や市町と協力してこの取り組みを一層充実させていた

初期妊娠リスクスコア自己評価表（A）
（妊娠がわかった時に確かめましょう）

①あなたがお産をするときの年齢は何歳ですか？　□点
16～34歳：0点、35～39歳：1点、15歳以下：1点、40歳以上：5点

②これまでにお産をしたことがありますか？　□点
はい：0点、いいえ初めての分娩です：1点

③身長は150cm以上ですか？　□点
はい：0点、いいえ150cm未満です：1点

④妊娠前の体重は何kgですか？　□点
65kg未満：0点、65～79kg：1点、80～99kg：2点、100kg以上：5点

⑤タバコを1日20本以上吸いますか？　□点
いいえ：0点、はい：1点

⑥毎日お酒を飲みますか？　□点
いいえ：0点、はい：1点

⑦抗精神薬を使用していますか？　□点
いいえ：0点、はい：2点

⑧これまでに下記事項にあてはまればチェックしてください
※チェック数×1点＝□点
（　）高血圧はあるが薬は服用していない、（　）先天性股関節脱臼
（　）子宮がん検診での異常（クラスIIIb以上）があるといわれた
（　）肝炎、（　）心臓病があるが激しい運動をしなければ問題ない
（　）甲状腺疾患があるが症状はない
（　）糖尿病があるが薬の服用も注射もしていない
（　）風疹の抗体がない

⑨これまでに下記事項にあてはまればチェックしてください
※チェック数×2点＝□点
（　）甲状腺疾患があり管理不良、（　）全身性エリテマトーデス、（　）慢性腎炎
（　）精神神経疾患、（　）気管支喘息、（　）血液疾患、（　）てんかん、（　）Rh陰性

⑩これまでに下記事項にあてはまればチェックしてください
※チェック数×5点＝□点
（　）高血圧で薬を服用している、（　）心臓病があり少しの運動でも苦しい
（　）糖尿病でインスリンを注射している
（　）抗リン脂質抗体症候群といわれた、（　）HIV陽性

8

⑪これまでに下記事項にあてはまればチェックしてください
※チェック数×1点＝□点
（　）子宮筋腫、（　）子宮腺部の円錐切除術後
前回妊娠時に（　）妊娠高血圧症候群軽症（血圧が140/90以上160/110未満）
（　）産後出血多量（500ml以上）、（　）巨大児（4000g以上）

⑫これまでに下記事項にあてはまればチェックしてください
※チェック数×2点＝□点
（　）巨大子宮筋腫、（　）子宮手術後、（　）2回以上の自然流産
（　）帝王切開、（　）早産、（　）死産、（　）新生児死亡
（　）児の大きな奇形、（　）2500g未満の児の出産

⑬これまでに下記事項にあてはまればチェックしてください
※チェック数×5点＝□点
（　）前回妊娠に妊娠高血圧症候群重症（血圧が160/110以上）
（　）常位胎盤早期剥離

⑭今回不妊治療は受けましたか？　□点
いいえ：0点、排卵誘発剤の注射：1点、体外受精：2点

⑮今回の妊娠は　□点
予定日不明妊娠：1点、減数手術を受けた：1点、
長期不妊治療後の妊娠：2点

⑯今回の妊婦健診について　□点
28週以降の初診：1点、分娩時が初診：2点

⑰赤ちゃんに染色体異常があるといわれていますか？　□点
いわれていない：0点、疑いがある：1点、
異常が確定している：2点

⑱妊娠初期検査で下記の異常があるといわれていますか？
B型肝炎陽性：1点　□点
性感染症（梅毒、淋病、外陰ヘルペス、クラミジア）の治療中：2点

☆1～18の点数の合計をしてみてください。合計点□点
0～1点：現在のところ大きな問題はなく心配はいりません。
2～3点：ハイリスク妊娠に対応可能な病院と密接に連携している施設での妊婦健診、分娩を考慮してください。
4点以上：ハイリスク妊娠に対応可能な病院での妊婦健診、分娩を考慮してください。

9

図11　滋賀県内で活用されている「妊娠リスクスコア」

妊娠リスクの自己評価をしてみましょう！

・妊娠には様々なリスク（危険）を伴う場合があります。あなたと赤ちゃんを守るため、自分のリスクを知り、適切な管理を心がけましょう。
・次の自己評価表を利用し、妊娠リスクを出してみてください。
・結果は点数で出てきます。これを参考に主治医にご相談ください。

・初期妊娠リスク自己評価表（A）妊娠が分かった時
・後半期妊娠リスク自己評価表（B）妊娠20～36週

「妊娠リスク自己評価システム」は中林正雄らによる厚生労働科学研究費補助金　医療技術評価総合研究事業の中の「産科領域における安全対策に関する研究」に基づきます。

医学的に不明な点や、適切な医療機関の情報等については主治医にお尋ねください。

7

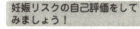

だきたい。

　産婦人科医師不足の背景には、時代の流れの中で病院や診療所出産が増え、助産師の役割が後退してきたという事情もある。私自身、二人目の子どもの出産には、ベテラン助産師のいる病院を選んで出産し、母乳指導などで大変心強く思った経験がある。そこで、助産師さんの役割に改めて光をそそぎ、「助産師外来」と「院内助産所開設」を増やす政策を進めてきた。一番のポイントは、助産師の人材育成である。とくに若い人たちの助産師育成について、滋賀医科大学などと協力しながら、新たな方向を定め、看護師資格をもっている人たちの間でも、プラスして助産師資格を求める方は次第に増えつつある。

　二〇一一年に全国的にみても初めてといわれる助産師育成講座を開講したが、受講生たちの話をうかがうと、「命が生まれる瞬間にたちあえる仕事に感動を覚える」「妊娠中から、出産・産後うつから更年期障害まで女性の人生のすべてにかかわって支援したい」と熱く語る人たちも多い。この先、産婦人科医師不足を埋めるという消極的な意味ではなく、核家族化や母親の孤立が進む中で、出産という女性の人生にとって最も大切な営みに寄り添ってくれる専門職の女性が増えてくれることは、社会全体としても望ましい方向だ。

出産時の「ゆりかごタクシー」を全国で初めて開始

大津市内にNPO法人「マイママ・セラピー」（理事長：押栗泰代さん）が運営する、幼い子どもの育児を支援するための「お母さんのための保健室」がある。ここで二〇一二年の秋に若いお母さんたちから「出産時の病院への移動が不安だ」という訴えがあり、乳幼児をもつ母親一〇〇名とタクシー会社六社との間で実態調査をおこなった。その結果、妊婦健診時の移動手段として四十二名が自分で運転と答え、タクシー利用者も十名いた。またいざ出産時にも自分で運転する人が四名、タクシーの利用者が十六名いた。家族の運転が七十名で最も多かったが、いつも家族が運転できるとは限らず多くの不安があった。そこで、妊産婦さんが健診時や出産時の移動用に利用可能で、特別に研修を受けたタクシーを運行できないかと考えた。それを「ゆりかごタクシー」と名づけた。まずは県のタクシー協会と「マイママ・セラピー」が共同して、大津市内の母子手帳交付時に子育て中の母親たちに潜在的なニーズをきいた。すると妊婦健診時には三九％の人が、出産時には七二％の人が「タクシーを利用したい」と回答したのである。

そこで「マイママ・セラピー」理事長の押栗泰代さんたちが呼びかけて、子育てママの不安

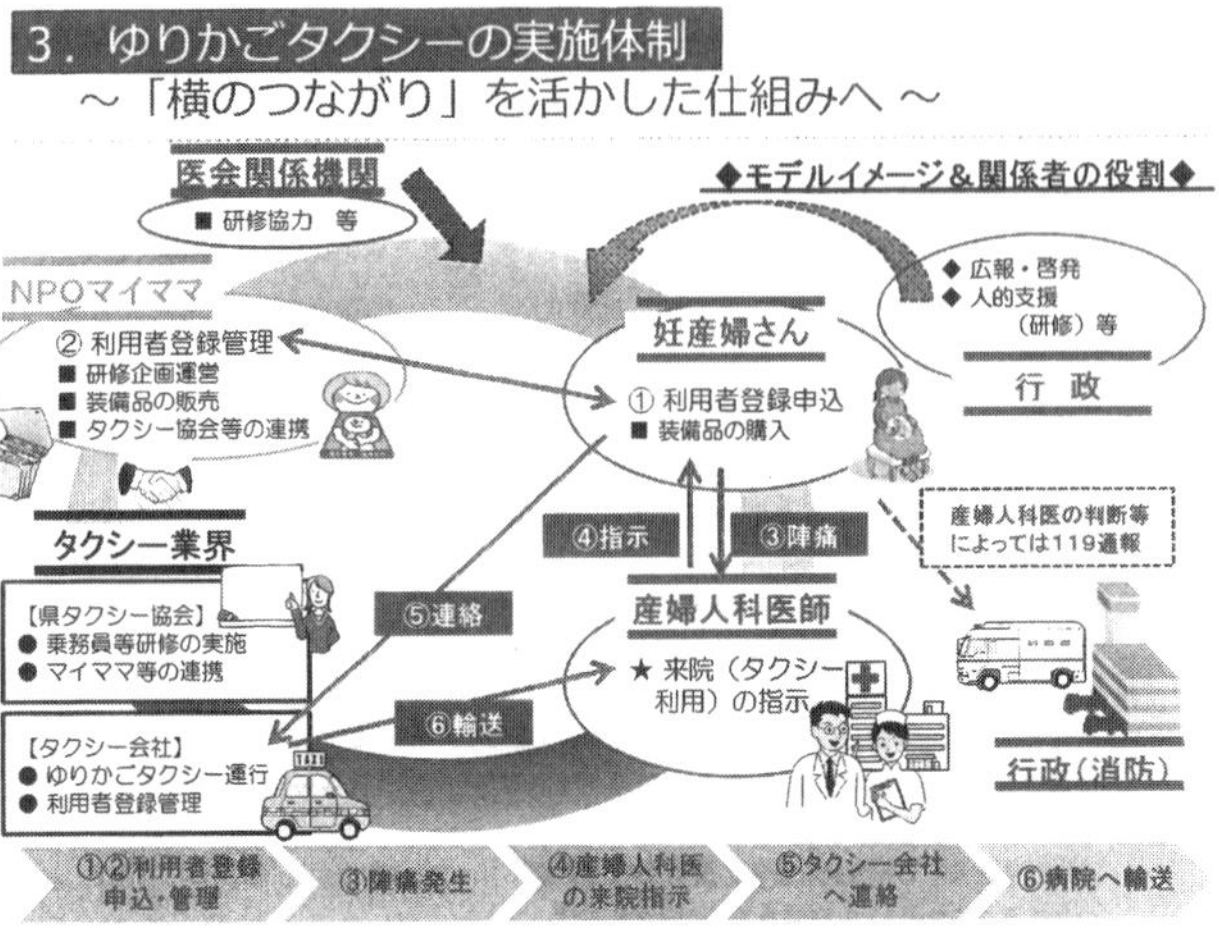

図12　滋賀県内での「ゆりかごタクシーの実施体制」

を解消し、タクシー会社としても公共的な移動手段として妊婦さんからの要望に応えるにはどうしたらいいかを妊婦さん目線で考える検討会が開催された。その結果、産婦人科医師が協力しながら、県行政や県医師会の支援も得て、タクシー業界とともに、図12のような仕組みをつくることができた。二〇一三年十月に大津地区から運行開始。一年後の二〇一四年十月には彦根市の湖東地区に広がった。この間に妊婦さんのシートベルト着用やいざというときの吸水マットの利用など、「妊産婦さんのタクシー利用に関する実務研修」が、タクシー会社の配車オペレータ九一名と乗務員一六二名に実施された。二〇一五年には滋賀県下全域で運行が開始され、二〇一三年度に三七六名、一四年度には一二一二名、一五年度には二三〇七名、一六年度には二七三七名、一七年度十一月までに累計で八七三〇名が登録した。

滋賀県内では毎年一万二五〇〇名ほどの分娩があるが、二〇一六年度以降、制度が広がった段階での登録者数は約二割を超えていることになる。もちろん登録した妊婦がすべてタクシーを利用するわけではない。登録はいわばいざというときの「安心確保」の制度でもある。では実際にどれくらいの利用者があったのか。タクシー会社へのアンケート調査によると、登録者の三割ほどが実際にタクシーを利用しており、利用内容は陣痛・出産が約三分の一、定期健診が約三分の一、その他が三分の一である。おそらく年間の分娩数の中で、分娩時の移動手段としてタクシーを活用する人は全県で七〇〇名前後、つまり全体の五%程度となるだろう。

この数値は、数値以上に大きな意味をもっていると私は思う。ゆりかごタクシーを使った母親たちの声が届いている。

「陣痛がきても心配をしなくても病院へ行けると思えることで安心することができた」

「数社の登録ができたことはよかった」

「第三子出産時、陣痛が来たのが午前四時。夫に子どもたちを任せ一人でゆりかごタクシーを利用して病院へ走った。大変助かった」

「(運転手さんが)研修を受けておられるとのことで、声をかけていただくことで一人ではないという安心感があった」

「電話をしてから、時間的にも早くきてもらえてよかった」

「第三子のときに車中分娩になってしまった。大津でゆりかごタクシーのことを知っていたのでゆりかごセットをもっていたことで車の汚染をすることなく分娩ができた。医療機関の前まで何とか頑張って、助産師さんたちが走ってきてくださっての車中分娩となりました」

このような声から「ゆりかごタクシー」は三点の大きな役割を果たしていることがわかる。ひとつは妊婦の立場からいつ襲ってくるかわからない陣痛のときの移動の「安心」をもたらす制度であるということだ。とくに新住民で親戚が近くにおらず、夫は遠隔地で勤務している場合などは頼る人がいない。そのような不安に応えてくれる制度であるということだ。二点目は、いざというときに救急車の利用や病院との連絡など、それらの心構えも含めて事前にリスク管理ができるということだ。そして三点目は、妊婦として、社会的支えがあるということへの安心だ。つまり自分は一人で社会からほうり出されていない、という社会的なコミュニティの支えがあり、大事な命を産み出す存在として敬意をもって支えられているという安心感だ。今子育てが「孤育て」になっていることを多くの母親たちが不安に思っている。そこに安心の砦をつくった意味は大きいだろう。

図12を改めて見ていただくと、妊産婦さんを中心にして、産婦人科医師、医師会、県行政、そしてタクシー業界という、まさに地域にある「横のつながり」を活かした仕組みが具体的に

動きだし、そして安心して子どもを産めるバックアップ体制ができているということがわかる。

マイママ・セラピーの押栗泰代さんは次のように言っている。

「始まりは一人の妊婦さんを救いたいという思いでした。私の思いを多くの方に受け止めていただき、助けていただき大きな仕組みへと仕上げていただきました。心より感謝しております。ありがとうございました。行政、事業者、NPO、一般社団法人といった、多くの組織がタッグを組んで動いていますので安心してご利用いただければと思います。滋賀で産んでよかった。滋賀で育ててよかった。そんな社会をこれからも目指していきたいと思っております」

ゆりかごタクシーは今、全国に広がっている。滋賀からまかれた種が一層広がることを期待したい。

押栗さんたちはマイママ・セラピーの活動をさらに展開している。東日本大震災での被災地での実態を調べ、地元との連携をふまえて、災害多発時代の子どもと母親、妊産婦を守るための「ベビー防災」という活動を全国ではじめた。行政の狭間を埋める開業保健師としての活動である。マイママ・セラピーは、「母子の健康増進の取組を積極的に推進」した模範として、二〇一八年十一月に厚生労働省子ども家庭局長の優良賞を受賞した。

保育園と学童保育不足には「子育ての社会化」意識の浸透が必須

女性の人生を大きく左右する選択肢に「子どもをもつか、もたないか」ということがあるのは、誰もが認めることだろう。産む・産まないという選択に、行政や政治が介入するべきではないことは当然だが、子どもは社会的存在でもある。子産み・子育てには当然、社会からの経済的、社会的、精神的支援が必要だ。

高度経済成長期までの女性の多くは、農林水産業や自営業などの仕事に従事していたが、「職住一致」あるいは「職住近接」というライフスタイルで、仕事のために家庭生活の場を離れることは少なかった。家族形態も、若い夫婦だけでなく、親や親族など、多世代にわたり多人数が同居するか、近接地域に居住していた。子育ての役割も、母親だけに担わされることも少なかった。逆に大農家などでは若嫁は労働力として酷使され、子育てにかかわれず、厳しい生活を強いられる場合もあった。

昭和三十年代の高度経済成長期以降に広がる「都市化・近代化」による「雇用労働」の拡大は、「職住分離」を促した。仕事の場と家族生活の場が地理的にも分離され、子育ての役割が女性だけに閉じ込められるという性別役割分業に基づいた核家族が増えてきた。やがて「専業主婦」という概念があらわれ、「専業主婦優遇税制」ができるのが一九六一年（昭和三十六）である。この税制は二〇一八年現在、まだ継続されているのは前述したとおりだ。

都市化、雇用労働化が広がり、後期成長期になると、北欧のような子育てと外での仕事が両立できる条件が整った国や社会では出生率が高くなるという傾向がある。そして女性の社会進出に必須の条件として、子育ての支援が必要となってくる。二〇一七年に、東京都のある女性が「保育園落ちた、日本死ね！」とSNSで発信し、保育園に入れることがいかに働く女性にとって切実な条件であるかが社会化された。私自身、一九七九年（昭和五十四）の大津市からの保育園入園許可証を今も大事に子育てノートに張り残していたことは前述したが、それから四十年以上たっても、働きたい女性への社会的支援がなかなか進んでいないことを証明する出来事であった。

私が、二〇〇六年の滋賀県知事選挙で、「子どもや若者を産み育てられないのはもったいない」と強く訴えたのは、いつになっても日本の政治や行政の中に、女性たちの叫びが届かないことへの義憤でもあった。それゆえ、就学前の保育園の整備と、就学後の学童保育事業を滋賀県政での大きな目標とした。

数値的にみると、全国的な状況と比較して、二〇〇六年段階で、滋賀県は〇～二歳児の保育所利用率がやや低く、たとえば〇歳では全国で八・四％であるのに滋賀県では五・二％、一歳児では全国が二四・八％であるのに滋賀県が二一・九％、二歳児では全国が三二・三％で、滋賀県が二九・二％となっており、四歳児以上になって初めて、全国の四〇・九％に対し、滋賀県が四二・二％と全国平均を上回った。当時の男女共同参画に関する調査によると、滋賀県では「子どもが成長するまで母親が家にいることが望ましい」と考える女性の比率は全国比率より高くなっていた。第一子が生まれて七割近くの女性がそれまでの正規の仕事をやめており、第二子が生まれると八割、第三子が生まれると九割がやめていた。つまり三人子どもをもって正規の仕事を続けている女性は一割しかいない、という状態だった。

図13には、年代別の女性の就業率を世界各国との比較で示した。日本では子どもが生まれると正規の仕事はもちろん非正規の仕事にもつきにくく、子育て世代の就業率が六五％〜六七％と大変低くなっている。最も低いのは韓国で、日本よりも低く、三十〜三十四歳で五三・七％となっている。同じ世代について、スウェーデンでは八七・八％〜八九・九％とほとんど落ち込んでいない。それではスウェーデンは子どもを産んでいないのかというとそんなことはない。図4で見てきたようにスウェーデンの出生率は二・〇に近い。ドイツやアメリカでも切れ込みは小さい。

同時に、子育てのために仕事をやめた人のうち半分近くが、保育園や育児支援があり、家族や職場での事情が許すなら仕事に出たいと考えているという調査データも、滋賀県は持ってい

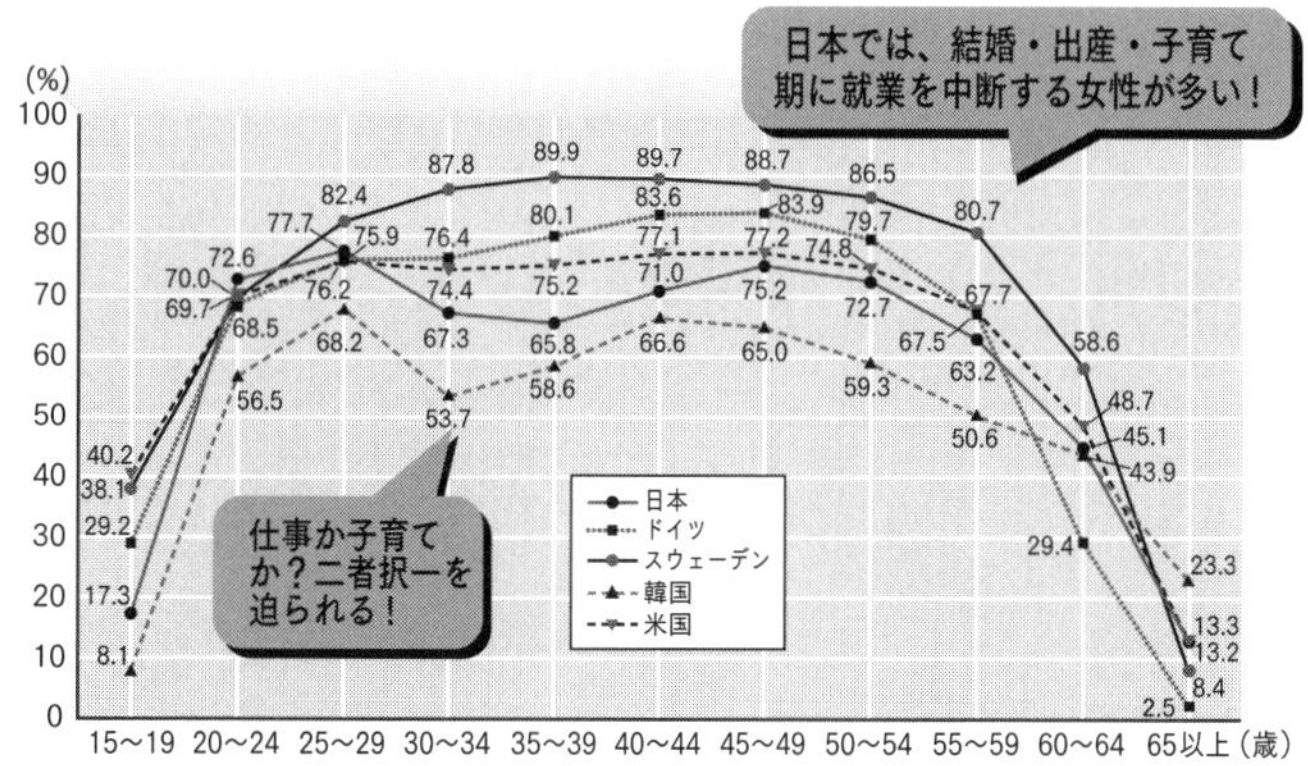

（備考）1.「労働力率」・・・15歳以上人口に占める労働人口（就業者＋完全失業者）の割合。
2. 米国の「15～19歳」は、16から19歳。
3. 日本は総務省「労働力調査（詳細集計）」（平成21年）、その他の国はILO「LABORSTA」より作成。
4. 日本は平成21年（2009年）、韓国は平成19年（2007年）、その他の国は平成20年（2008年）時点の数値。

図13　日本の女性の就業率のM字カーブ
世界各国との比較でみると日本女性の就業率は子育て世代の切れ込みがきつい

た。そこで後に述べるように、子育て中の女性が仕事を探せるように「マザーズジョブステーション」を二〇一一年から滋賀県独自に整備するとともに、保育園入園希望の需要に応えるような保育園整備を積極的に進めてきた。

保育所の入所児童数は二〇〇九年四月一日現在で、二万四七一九人と、五年前と比べると九七二人増加した。私は知事二期目の目標として、二〇一四年末までに二万九〇〇〇人の保育園整備をマニフェストにいれたが、実態としては、保育園の受入人数は二〇一二年末で三万一〇〇〇人にまで拡大した。その後も一貫して保育園入園者数を拡大させてきた。この間の市町と県との役割分担をみてみよう。

保育所の運営は市町という基礎自治体であり、県としては、市町や民間保育園の設置者に、建物の建設や人件費など財政的補助をしてきた。子ども手当のような直接支払い額を減らしてでも、保育園が確実に増える方が少子化対策としては有効であることも証明されつつあった。そこで滋賀県では、二〇一四年度までに「保育ママ」など、保育士資格をもった人が自宅などで子どもを預かる家庭的保育事業も増加させながら、保育園入園定員を増大させる五年計画をたてた。

しかし潜在的な待機児童も多く、これで解消できないケースが増えてきたのである。とくに保育士不足は深刻であった。資格があっても「命を預かる重要な仕事の割に賃金が低い」「自分の子育てと両立できない」ということで退職する保育士が後を絶たなかった。日本全体の給与水準を比べると、保育士給与は月額で十万円近く低いというデータがある。大津市内で私の孫がお世話になっている保育園の園長さんは、「一九七〇年代、保育士として仕事をはじめた頃、〝子どもとチーチパッパやっているだけで給料もらえるのは楽な仕事だな！〟と男性たちから言われたことがある」と証言していた。同じく介護士の給与の低さも「介護は家族内での無償労働」と思われてきた背景があるのだろう。日本社会における「男性は外で給与を稼ぎ、女性は家庭内で育児や介護の無償労働」という性別役割分担意識が、保育士や介護士の仕事への差別的発言にもつながっているといえないだろうか。滋賀県内で保育士資格をもつ人は一万五〇〇〇人前後と推測されたが（看護師は登録制度があるが、保育士は登録制度がなく、資格保持者の正確な数は県としては把握できていなかった)、実際に保育士として仕事をしている人はその半数くらいしかなかった。

そこで滋賀県としては保育士の仕事への深い理解と尊敬の念を制度として表明できるように、「滋賀県保育士・保育所支援センター」を設置し、保育士の職場での悩み相談など、離職防止の活動などを進めてきた。保育人材バンクづくりも手がけ、保育士資格をもっている人と、保育士を求める保育園とのマッチングを進め、二〇一七年までに合計で約三〇〇人の就職が成立している。

具体的な経済的支援も、二つの方面から強化した。ひとつは保育士を目指して保育士養成施設へ通われる方の経済的支援を、全国で初めて二〇一三年度からはじめたことである。これは看護師資格をとる人たちへの修学支援にヒントを得たものであり、たとえば、二学年の修学生については年間八十万円ずつ二年間貸し付けるもので、保育士養成施設を卒業後、五年間滋賀県内の保育所等で保育業務に従事すると、返還が全額免除される制度である。五年後に修学貸付額の返還免除をされる資格をもつ保育士は二〇一九年三月満了で初めて発生し、七十四名が免除資格をもっている。二つ目は、保育士資格はあるが、現在保育士として就労されていない方(「潜在保育士」)が、新たに保育士として就労する場合、その準備のための費用の一部を貸し付ける事業である。二〇一六年九月からはじめており、年間四十万円の貸付金を受けられる。

県内で二年間保育業務に従事した場合は全額免除される。対象者は二〇一八年十二月現在で八十八名となっている。

この後、二〇一四年の消費税引き上げに伴い、国として「子ども・子育て支援新制度」が二〇一五年から始まった。総額七千億円が子育て支援に回されることになり、国からの保育施設整備補助金も増え、保育支援のメニューも大幅に増えることになった。その結果、滋賀県全体では二〇一八年四月一日現在、保育所、認定こども園、地域別保育事業所に加えて幼稚園も含めると、三歳未満児の入所児童数は一万二二六〇名、三歳以上児が三万七六九九名で、四万九九五九名が施設を利用できるようになっている。該当する年齢層の中では、「三歳未満児」は三四％、「三歳以上児」は九八％の子どもの施設利用が可能となった。

しかし、希望する保育所への入所ができない、いわゆる「待機児童数」は二〇一八年四月一日段階で合計四三九名である。滋賀県内十三市六町のうちで、待機児童ゼロは草津市、米原市、竜王町、多賀町の四市町だけで、残り十五市町での待機児童が登録されている。また、保育園への入所の可能性が高まると、これまで潜在していた需要が増える可能性もある。とくに三歳未満児の施設利用率は三四％であり、残り六六％は家庭内で保育されていることになるのである。これまで保育園にはいれないと最初からあきらめていた専業主婦層の間にも、仕事に出たい、家庭にいても仕事をしたい、という願望が多いことを考慮すると、待機児童数はケタ違いに増えるかもしれない。

そもそも「待機児童」という名づけが、本来、子どもは家庭で育てるという発想に基づいているといえる。北欧やフランスのように専業主婦という概念がほとんどない社会では、「家庭保育」の状態にある子ども自体が特別である。子育ては社会で支えるという発想からすれば「家庭内保育児童」の人数を把握して、その社会化のためにどれだけの保育施設が必要かという計画をたてる発想もありうるだろう。

その前提のうえで、たとえばスウェーデンでは、ゼロ歳児保育を家族が担う場合には社会的に必要とされる保育料相当額を家族に支払うことで保育需要を低くし、社会的保育をサポートするという制度もつくられている。しかも、保育園の整備の社会的コストを考えると、ゼロ歳児は児童三人に一人の保育士が必要であり、一～二歳児は六人に一人の保育士が必要である。その人件費と施設運営費などをまとめると、滋賀県として二〇一〇年に計算した行政コストはゼロ歳児では約三〇〇万円、一～二歳児童で一五〇万円という数値が出ている。地価が高い東京都内ではゼロ歳児保育には一人あたり四〇〇万円かかるという板橋区のデータなどもある。

子育ては本来社会が担うという発想に立つとき、子育てに伴う心理的不安や、経済的負担が解消され、その子育てに伴う不安の解消こそが、出生率の上昇に役立つ社会的条件といえるのではないだろうか。

さらに、保育園に首尾よくはいれても、小学校にはいると次の課題がある。「小一の壁」と言っている「学童保育」不足である。実は私自身、長男が小学校にはいるとき、この問題に直面した。一九八二年（昭和五十七）のことで、当時大津市内には公的に設置された学童保育はなく、息子の同級生の親に呼びかけて、完全に民間で場所を借り、指導者を探して手づくりの学童保育をつくらざるをえなかった。その後、次第に学童保育の必要性は社会的に関心が高まってきたが、行政としての制度も実態も保育園や公教育のレベルに達しておらず、長い間親たちの自主性に任されていた。公に法制化されたのは、一九九八年に児童福祉法に基づく「放課後児童健全育成事業」が初めてだ。現在は、少子化対策として成立した「次世代育成支援対策推進法」に基づく児童福祉法改正による子育て支援事業のひとつに位置づけられている。

二〇〇六年の知事就任後、滋賀県が学童保育事業として進めてきたのは量的確保と質的担保である。量的確保では、「放課後児童クラブ」の受け入れ人員を二〇一四年に一万人にするための拡大補助金を準備し、できるだけ全小学校区に設置するよう方針を示した。質的向上を目指して指導員の研修を県として進めると同時に、大型学童保育の規模制限をいれて、クラスとして分けるという誘導策を進めてきた。障害児の受け入れも推奨した。二〇一七年五月一日時点で利用児童数は一万六一一六人に拡大し、滋賀県内の二二二の小学校のうち二〇四の小学校区に設置され、クラブ数は三一一、単位数は四一六にのぼっている。一教室の児童数は「おおむね四十人以下」とし、その基準がほぼ守られているといえる。利用児童数は小一～小三が一万二一〇四名で、全児童数の二九・七％である。小四～小六の児童も四〇一二人が利用し、利用率は九・九％となっている。全体の利用者の中での障害児童数は七七一名となっている。

厚労省は学童保育の運営にあたって、「従うべき基準」をようやく二〇一五年に定め、全国一律のルールで、一教室に職員は二人以上、そのうち一人は保育士や社会福祉士など一定の条件を満たし、かつ、都道府県の研修を受けた「放課後児童支援員」とする、などとした。全国的な基準が示されたことは、この世代の子育てに悩んできた共稼ぎ家族にとってはありがたいことであるが、二〇一八年秋になって支援員の数やその条件を緩める案も浮上しており、今後、児童生徒の立場にたって国の方針等を見守り続ける必要がある。

子どもは親を選べない――孤立する母親・父親が苦しむ結果の児童虐待

東京都目黒区で虐待を受けたとされる船戸結愛《ゆあ》ちゃん（五歳）が二〇一八年三月に死亡した。結愛ちゃんの体重は死亡時、同年代の平均の約二十キロを下回る一二・二キロだった。部屋からは、「もっとあしたはできるようにするからもうおねがいゆるして」などと結愛ちゃんがひらがなで書いたノートが見つかった。毎朝四時ごろに起床し、ひらがなの練習をさせられていたという。愛くるしい結愛ちゃんの写真と、そのたどたどしいノートの文字が日本中の涙をそそった。改めて児童虐待の残虐性を日本中に知らせる事件となった。警視庁は三十三歳の無職の父親と二十五歳の母親を保護責任者遺棄致死の疑いで逮捕し、二人とも容疑を認めているという。

結愛ちゃんの事件と併行して、千葉県野田市では栗原心愛《みあ》ちゃんが父親から長年にわたり虐待を受けて自宅で死亡していた事件も、二〇一九年一月二十四日に発覚した。二〇一七年には心愛ちゃん自身、学校のアンケートでお父さんから「暴力をうけている」と訴えながら、そのアンケート内容が、父親からの威圧的態度に圧倒されて屈してしまった教育委員会から父親の手にわたり、また児童相談所も一時保護をしながら、親の求めに応じて自宅にかえしてしまった。児童相談所や学校、教育委員会の対応が幼い児童のSOSを受け止めきれず命を落としてしまった事件は、結愛ちゃんの事件とともに日本中に衝撃を与えた。

近年、日本各地から子どもの虐待死事件があいついで報告されている。記事内容を見るのも気が重く、心が痛む。表に出る事件の裏には数多くの虐待事件が隠れているのだろうと思うと、余計に気が重くなる。子どもにとって最も安心できるはずの家庭で暴力をふるわれ、食事を与えられず、時には性的いたずらをされる。何と痛ましいことか。子どもは親を選べない。生まれる時代も地域も選べない。児童虐待は子どもの人権を著しく侵害するもので、その心身の成長および人格形成にまで深い傷を与え、さらに虐待された経験をもつと自分が親になっても虐待の加害者になる率が高くなるという。

滋賀県下においても、私が知事に就任する前の二〇〇六年に一人、就任後も二〇〇七年に一人の児童虐待死亡事例が発生してしまった。また二〇〇八年度における県内市町および県子ども家庭相談センター（中央、彦根）に寄せられた相談件数は、二三三五件で、子ども人口千人あたり相談件数九・一件となっており、人口あたりの相談件数は全国一位であった。虐待種別では、「保護の怠慢ないし拒否（ネグレクト）」の割合が約五割、「身体的虐待」が約三割となっている。虐待事件件数は全国的にみると多いほうではない。となると相談件数の多さは、潜在的に予防ができていると考えられるのか、それとも潜在的虐待リスクが他府県よりも高い、と判断するのか。正確に比較できるデータはないが、問題が深刻であることに変わりはない。

二〇〇八年度の子育てに関する滋賀県民意識調査では、「育児の自信がなくなる」と感じる人の割合は、「よくそう感じる」「少しそう感じる」を合わせると四六・九％、「育児ストレスを感じる」人の割合は五三・八％となっており、多くの保護者が育児に不安やストレスを感じている。「子どもを虐待しているのではないか」と感じる人も二一・三％にのぼっている。虐待は決して特別な親だけの問題ではない。実は私も、四十年以上前であるが、長子をアメリカで出産した後、産後うつ病的な意識状態になった。外国暮らしで家族からも離れ、孤立したマンションで移動手段もなく、夫は出張ばかり。友人も近くにいなくて苦しんだ経験がある。

誰にでも起こりうる児童虐待。どう対応すればいいのか。二〇〇九年度には、県の虐待防止計画の改訂をおこなった。①「未然防止」、②「早期発見・早期対応」、③「子どもの保護・ケア」、④「親子関係の修復・家庭復帰・子どもの自立支援」の四本柱からなる虐待防止行動計画を策定し、政策実現にあたってきた。

まず「未然防止」では、「県民の意識づくり」が重要だ。児童虐待防止法では、児童虐待を受けたと思われる子どもを発見した人は、市、町や子ども家庭相談センターなどに通告しなければならないとされている。それまでは、近隣や親族など、家族内部のことに口だしするべきではないと遠慮したり、見て見ぬふりをしてきた場合も少なくなかった。そこで、子どもを虐待から守るのは社会全体で、というメッセージを込めた「オレンジリボン」をつくった。「オレンジリボンをあなたの胸に」を合言葉に、児童虐待が子どもに及ぼす影響や、社会全体で地域の子どもを見守り、育てていくことの重要性を訴えて、企業、地域が参加する運動に取り組んできた（図14）。この運動に大きな役割を果たしてきたのが、ボランティア組織である。現在、虐待相談件数が増えているのは、オレンジリボン運動が浸透したからともいえる。

「早期発見・早期対応」では「乳児家庭全戸訪問事業」を開始した。生後四カ月までの乳児のいるすべての家庭を訪問し、子育て支援に関する情報提供や養育環境などの把握をおこなった。

障害をもっている子どもや双子以上の多胎児など、育児に過重な負担がかかる家庭や、家族問題で複雑な問題を抱える家庭に対しては、定期的または一時的に子どもを預けて支援を受けられる体制づくりや保育所利用を勧めることが必要である。保護者に精神障害などがある場合、精神保健医療分野との連携も必要になってくる。家族の個別事情をふまえてきめ細やかな支援をすることは、基礎自治体ならではの役割といえる。県としては人件費などでの増強をおこなってきた。

図14　「オレンジリボンたすきリレー」を進め、虐待防止を訴えるグループ活動

いざ虐待事案に直面したときの対応としては、③「子どもの保護・ケア」と、④「親子関係の修復・家庭復帰・子どもの自立支援」が重要であり、児童福祉司や児童心理司などの専門職の増員とともに、弁護士や法医学者の指導・助言などを強化した。県は、県内二カ所で一時保護のほか、児童養護施設、乳児院、里親などに一時保護委託をおこなってきた。それぞれの領域で専門化していることもあり、知事としては専門職員の人員を補強して、施設整備に予算拡充をしてきた。二〇一〇

年二月一日現在、乳児院、児童養護施設、情緒障害児短期治療施設、児童自立支援施設（以下「児童養護施設等」という）がほぼ定員いっぱいの状況にあった。

県下の児童相談所を訪問したとき、暴力的な親から職員が大変厳しい圧力を受けているという訴えも数多くきいた。さらに虐待の事件性についても児童相談所だけの判断ができないという悩みをもっていた。そこで二〇一〇年から二〇一一年にかけて、当時の滋賀県警の本部長に相談して、児童相談所に警察官の派遣・出向をお願いした。二〇一二年度からは現役警察官の児童相談所への出向が可能となった。この動きは県の子ども青少年局と教育委員会が警察と協力をしながら、前例のない人員配置をおこなってくれたおかげでもある。同時に、家族問題に対応できる女性警察官を増やすために、警察官の子育て支援や女性の警察官経験者の再任用なども進めてきた。改めて二〇一九年一月の千葉県野田市での事件をみると、警察など多職種の連携が結果として子どもの命を守ることにつながるという問題を提起しているといえるのではないだろうか。

青年期になると、今度は「子どもの自立支援」が求められてくる。親子関係の修復・家庭復帰（家族の再統合）は、子どもの福祉にとって最も望ましいことだが、必ずしもそのように進まないことがある。子どもが家庭に戻れない場合には、児童養護施設等を退所後、または里親委託解除後の子どもの自立に向けた支援が必要だ。とくに、十八歳で児童養護施設等を退所した子どもは、就職後の職場に慣れない、人間関係がうまくいかないなど、悩んでしまうケースも多い。県内では、日常生活や職業面などの指導をおこなう自立支援ホームが一定の役割を担ってきた。民間組織と協力をしながら、県南部を中心に、たとえば守山市での「四つ葉のクローバー」など自立支援ホームの開設を支援し、成果をあげてきているが、まだまだ不足しているのが実情である。

滋賀県内での児童虐待問題の最新の状況をフォローすると、虐待の相談件数は毎年増加している。二〇一七年度には六三九二件となっており、二〇〇八年の三倍である。相談内容は、「心理的虐待」が三六％、「身体的虐待」が三一・八％、「保護の怠慢ないし拒否（ネグレクト）」が三〇・八％、「性的虐待」が一三％となっている。虐待対応については、児童虐待相談件数が増加しているため、県としては大津・高島地域を対象に、児童相談所の増強をおこない、二〇一六年に新たに県内で三カ所目となる施設を大津市内にオープンした。あわせて、児童福祉司など、専門職員も二十名増強をして対応にあたっている。しかし、まだまだ課題は多い。その根本には、「子どもは社会で育てる」という意識が、滋賀県だけでなく日本全体に浸透していないからだ。

少し時間をさかのぼるが、子育てを社会全体で支えるという機運がいかに地方政治の世界で弱いか、典型的な事例を次に紹介したい。

孤立する母親たちへの支援——ほっと安心子育て支援、専業主婦にも保育園の開放を

二〇〇六年に知事就任後、滋賀県内の虐待事案を分析してもらい、その結果をみて暗澹たる気持ちになった。二〇〇九年当時のデータであるが、虐待の加害者の七〇％近くが「実母」であり、二五％が「実父」で、あわせて九五％を占めている。親自身が苦しんでいる様子がわかる。核家族化や都市化の進行により親族や地域とのかかわりが希薄化し、子育てに対する支援が受けにくくなるなど育児の孤立が進んでおり、家庭における子育ての不安感や負担感が増大している。先に紹介した県内の子育て意識調査で半分近くの親が「子育てに不安をもつことがある」と答え、二一％の親が「手をあげてしまうことがある」という数値にもあるように、虐待は決して他人事ではない。

まずは県内市町での「乳児家庭全戸訪問事業」を活用した発生予防と早期発見、早期支援を応援した。これは保健師などの訪問相談事業だが、母親たちの意見をきくと、共働き母親以上に、専業主婦層に子育ての息詰まり感が強いことがわかった。「時には息をぬきたい」「歯医者にもいけない」「葬式にもいけない」という孤立状態から母親たちを少しでも解放して、子育てから一時でも開放される一時預かりのニーズが高いことがわかった。そこで二〇一一年の当

初予算に向けて、「ほっと安心子育て支援事業」として、専業主婦の母親たちであっても、保育園を一時的に利用できるよう、そのきっかけとして半日単位で保育園を活用できる「一時預かり無料クーポン」支援を市町と相談してはじめようとした。

この背景には、保育園の利用が「保育に欠ける児童を〝措置する〟」という基本方針で、子育て支援はあくまでも援護を必要とする特定の社会層を対象とする「福祉政策」であり、子どもとその家族全体を支えるという「子育ての社会化」の拠点とは考えられていないという、制度的限界を超えたいと思ったからだ。

しかし、二〇一〇年の暮れに、滋賀県市長会の会長であるM大津市長から「ほっと安心子育て支援事業」は「知事のパフォーマンス」とこの政策の批判を受け、大津市は「不参加」となった。他の市長からも、「保育園はまず仕事をしている母親用の待機児童解消であり、専業主婦用ではない」などと、さまざまな批判をいただいた。各市としても、待機児童が多い中で保育士不足などもあり、一時預かりまで到底手がまわらないと主張する。その主張は一定程度理解できるが、民間保育園はすでに一時預りに取り組み、専業主婦の子どもであっても受け入れをはじめていたのである。母親たちの切実な声を行政責任者に届けるにはどうしたらいいのか、知事としても他府県の事例などを調べたが、ほとんど前例がなかった。

県議会でも、「虐待防止のひとつの方法」として「ほっと安心子育て支援事業」の趣旨を丁寧に説明させていただいたが、結果的には、批判の渦の中で、予算は認めてもらったものの、十三市六町のうち、二〇一一年度に実施できた市町は三市四町に限られた。

知事としては、全国一といえる虐待相談数の多さを深刻に受け止め、全国的にも前例のないかたちで、保育に欠ける児童への「措置」だけではなく、専業主婦層も含めた保護者への「育児不安の解消による育児支援」として、保育園を活用してもらえる道筋をつくりたいと願った。「知事のパフォーマンス」と批判されても、これまでの子育て政策でみえなかった母親当事者の切なる願いを実現したい。道のりは厳しくても、潜在的ニーズを顕在化して先駆的政策を進めることを県民の多くが願っていたから選挙で私を選んでくれたのだと、気を強くもって、政策を進めてきた。

このような私の思いは、最新の滋賀県での子育て政策にかなり反映されてきたと思う。とくに二〇一八年に「子ども・青少年局」として示した「地域子ども・子育て支援事業」の中には、「一時預かり事業」が明示されており、「すべての子育て家庭を対象に、地域のニーズに応じた子育て支援を充実」とある。「当事者目線の寄り添い型の支援」が示されているのである。具体的には二〇一七年の「一時預かり事業」は十三市六町のすべての市町で取り組まれ、合計一八三カ所で実現している。「病児保育」は十三市町五十一カ所、「乳児家庭全戸訪問事業」は十九市町、九四五八件で実施されており、一年間に生まれる子ども数が一万二千人とすると、八割近くの家庭訪問がなされていることになる。

二〇一九年の一月、県内のある保育園で五歳と二歳の子どもさんを育てるお母さんに子育ての苦労話をうかがっていたときに、「長男が一歳のとき、自分は専業主婦だったけれど一時預かりで保育園に行かしてもらって、そこで発達支援のことを相談ができて本当に助かった。だから二人目は一歳のときからすぐに保育園にいれてもらった。そして今は仕事と子育てを両立できていてありがたい」と述懐していた。

二〇〇六年に知事に就任して以降、もちろんそれまでの知事の時代からの継承事業も含めて、市町や福祉団体との協力関係の中で、滋賀県での子育て支援は全国的にも最先端を進んできたといえるだろう。

「マザーズジョブステーション」で子育て中の女性の仕事と家庭の両立を支援

図6で、女性の有業率と出生率の関係には、国際的にみても国内的にも正の相関があることを示した。つまり女性が仕事と子育ての両立が可能であれば出生率は高くなるという傾向を示したものだ。図15には、滋賀県での女性の有業率の二〇一二年とその五年後の二〇一七年の変化を示してある。二〇一二年には、女性の有業率の最も高い比率（この場合二十五－二十

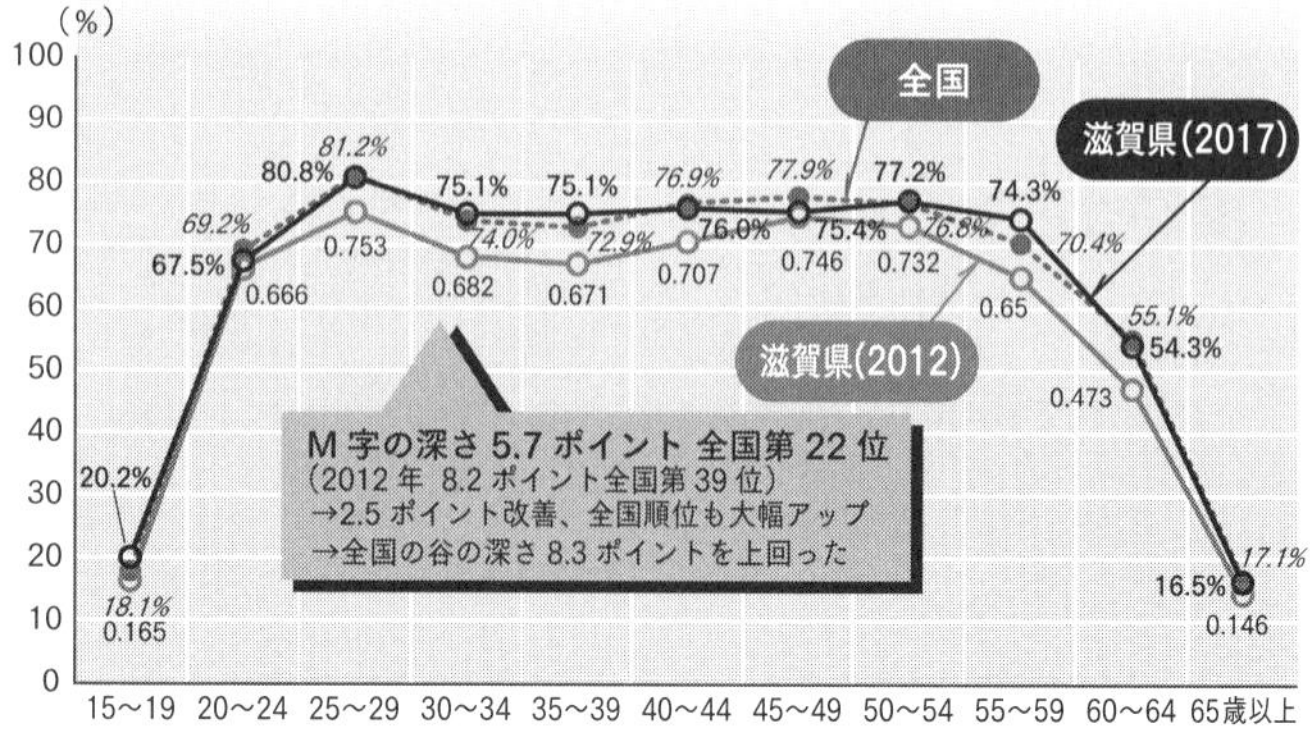

資料：2017 年就業構造基本調査（総務省）

図 15　滋賀県、女性就業率のM字カーブの改善（2012 〜 2017 年）

九歳の七五・三%）と最も低い比率（三十五－三十九歳の六七・一%）の差をM字カーブの谷の深さとして数値化して八・二ポイントとなった。切れ込みの深さの全国順位は三十九位であった。滋賀県内での意識調査をみると、女性であっても男女役割分担意識が高く、「子どもができたら仕事はやめるべし」と考える女性の比率が全国平均よりも高かった。しかし、条件が許せば両立をさせたいと思う女性も多かった。これが五年後の二〇一七年には八〇・八%と、七五・一%の差の五・七ポイントなり、全国順位は二十二位へと大きく上昇した。なぜこのような大きな変化が起きたのか。それは後述のように、「マザーズジョブステーション」など、女性が仕事と子育てを両立しやすいような滋賀県としての独自政策の効果があらわれたといえるのではないだろうか。

ちなみに全国で最もM字カーブの切れ込みが小さい

のは福井県で一・二ポイント、二番目は島根県で一・二ポイント、両県とも図7でみると出生率は福井県が一・五五、島根県は一・六五と最も高い地域となっている。一方、図には示していないが、M字カーブの切れ込みが最も高い県は千葉県で一五・八ポイント、二番目は神奈川県で一四・一ポイントであり、出生率は両方とも約一・三と、最も低い県となっている。農村部では、M字カーブの切れ込みは低く、大都市近郊部で切れ込みが深くなるという全国的傾向を反映しているといえる。滋賀県は、南部地域は大都市近郊部で湖西や湖北は農村部という両方の性質をあわせもつ地域でもある。

さて、滋賀県内で子育てを理由に離職した女性の数は二〇一二年から二〇一七年の五年間で一万一八〇〇人であり、二〇〇七年から二〇一二年の五年間の一万五九〇〇人と比較して、四一〇〇人減少した。ということは、これが十年ならば二倍の八二〇〇名、二十年ならば四倍の一万六四〇〇名となる。今、日本国内での労働力人口の減少が問題となっており、外国人労働者の移入緩和を日本国政府は二〇一八年十二月の臨時国会で決めたが、女性の子育てによる離職防止を二十~三十年間という長期的にはかることがいかに地域の労働力人口の確保に貢献できて、そして海外からの労働力への依存度を低めるかを証明する具体的な数値といえるだろう。

滋賀県知事として「マザーズジョブステーション」政策を進めた背景を、以下で少し詳しく解説したい（図16）。二〇〇六年の知事就任時、滋賀県は子どもの出産にあわせて仕事をやめ

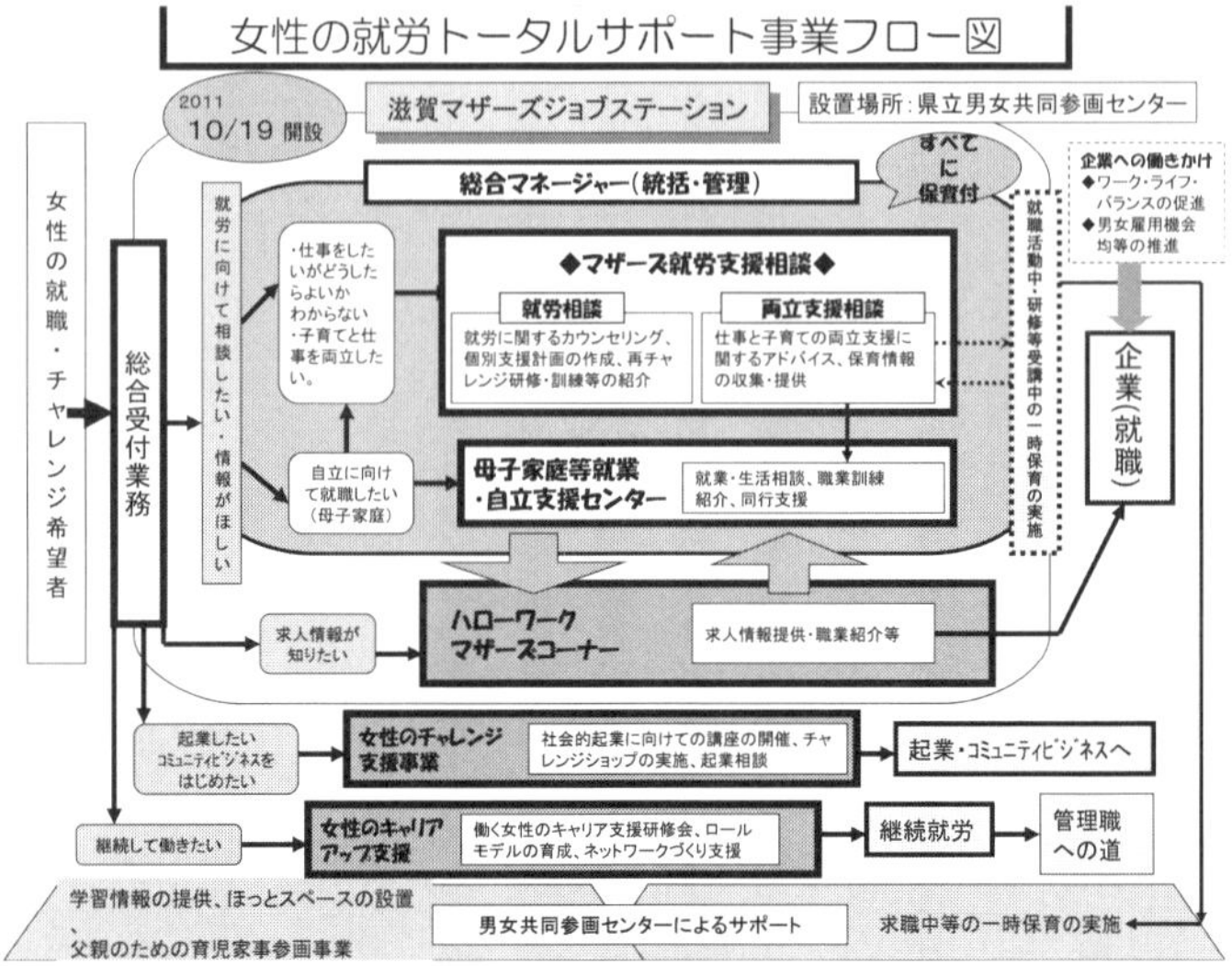

図 16　滋賀マザーズジョブステーションの概念図

る女性の比率は全国的に高い方だった。しかし、子育て中の女性で離職した人の就業希望意欲は決して低くはなかった。滋賀県が調べたところ、三十代前半では二〇%前後の女性が就業希望をもっていることがわかった。これは仕事についていない女性の半数以上にあたる。これらの潜在的就業希望者を就業者にプラスすると、三十歳代の女性であっても、八二〜八六%くらいの人たちが就業の場につけることになる。潜在的就業希望者の最も大きな就業への壁は、意識調査によると「保育確保」であり、次に「仕事とのマッチング」「資格要件」「家族や職場の理解」「個人の持続する意識」などであった。

　そこで、二〇〇六年の知事就任後、全国の事例などを研究しながら、いかにしたら、潜在的に仕事につきたい、社会参加をしたい、と願っている女性たちに仕事への橋渡しができるか、心をくだいてきた。二〇〇八年には厚生労働省が全国に女性就業窓口（ママハローワーク）をつくり、大津市内の滋賀労働局にも開設されたが、滋賀県の育児中の女性のニーズにあっていなかった。

問題は四点あった。ひとつは、滋賀県内では子育て中の女性が就業相談に移動するためには、車利用が多く、駐車場サービスが必要である。二点目には、子どもを抱えている母親たちが相談中に子どもを託すことができる保育サービスも必須である。三点目には、子育て中の女性の就業には保育園情報が必須であり、保育園を運営する市町との緊密な連携が必要である。四点目は、子育て中の女性が仕事につくには悩みも多く、何よりも「子育てと仕事の両立」「病気の時の対応」「配偶者や家族の理解」「職場の理解」「社会的に後ろ指をさされないか」という精神的懸念など、具体的な心理カウンセリングが必要である。そこで滋賀県としては、県独自にワンストップで上の機能をすべて含む、育児中の女性の就業相談が可能な「マザーズジョブステーション」の構想を二〇一〇年につくった。しかし、厚生労働省では「県に国のハローワーク端末を提供できない」という強い抵抗があった。そこで全国知事会からの働きかけをおこない、当時の民主党政権が進める地域主権改革の中でようやく、滋賀労働局からの連携協力をもらうことができた。滋賀県と京都府が全国で初めての試験的モデル地域となり、二〇一一年十月十九日にようやく、近江八幡市で「滋賀マザーズジョブステーション」の開設にこぎつけた（図17）。

私たちは「マザジョブ」と短縮名で呼んだが、ここではまず、女性の就職・チャレンジ希望者を総合窓口で受け付ける。「仕事をしたいけどどうしたらいいかわからない」「子育てと保育を両立したい」「自立に向けて資格取得や、職業訓練をうけたい」というような多様なニーズを、一カ所でまとめて受け付けるのである。いわゆる「ワンストップサービス」だ。すぐに就職したい人には、ハローワーク情報にもこの場でアクセスできるようにした。いずれの相談にも、女性の役割や意識などにきめ細やかな配慮ができ、就職情報や資格取得、訓練情報などに熟知したカウンセリングの専門職を配置している。無料の託児室を設置し、予約なしに子どもを預けて相談できることも好評だった。移動の便を考えた駐車場や、保育などの情報も整備した。「マザジョブ」は、縦割りを超えて横串をさすことができる雇用政策として、女性の社会参加への窓を開いてきた。これは自治体だからこそできることだろう。

近江八幡の「マザーズジョブステーション」では、二〇一四年三月末までのカウンセリング相談件数は五〇〇〇件近くに及び、具体的に就職が実現した件数も六〇〇件を超えた。そこで、子育て中の女性が多い南部地域の草津駅前に二番目の「マザーズジョブステーション」を二〇一四年八月に開設した。駐車場、保育コーナー、カウンセリング、保育所情報など近江八幡と同様の条件整備をおこなった。

二〇一一年十月から二〇一七年度末までの近江八幡と草津の両方のマザーズジョブステーションの利用者実態は、カウンセリングの相談件数が二万六四六二件、具体的に就職できたとして把握できている人数は三五一二人となった。就職ができてもステーションに報告をしてこないケースもあり、実質の就職人数はこの数値の何倍にもなるだろうと現場の担当者は言う。

図17　近江八幡のマザーズジョブステーション相談コーナと付属の託児室

先ほどの就業構造調査データで、二〇一二年と比べ二〇一七年では子育てにより仕事をやめた人の人数が五年間で四一〇〇人減ったという数値を示したが、マザーズジョブステーションの政策効果が数値で出たともいえるだろう。女性の雇用が高まることで家庭内の経済的余裕も出て、地域経済への貢献も大きいだろう。たとえば四一〇〇人の女性の年収を仮に三〇〇万円とすると、四一〇〇人の総収入は一二三億円となり、それに伴う税収も増えることになる。

マザジョブで働く担当者の話をきくと、件数以上に重要なことがいろいろみえてきた。まず、一人で何度も繰り返し来る相談者も多く、数年続けての人生相談の例も少なくないという。そのような継続的な相談を受けることで、子産み・子育てのタイミングと仕事への準備など、人生経験に応じたプランをつくることができる。具体的にマザジョブ利用者からは次のような声が届いている。

(1)希望する仕事への考え方が整理できました。身近に相談する人がいなくて、また希望する仕事へのこだわりを見直したくて相談に行きましたが。自分の思いを言葉にすることで、自分の考えの方向性が整理できました(Kさん、二歳のお子さんのママ)

(2)スキルアップを目指して頑張っています。ひとり親になり、何からはじめたらいいのか不安でいっぱいでしたが、ゆっくり話をきいていただき、今ではスキルアップ目指して、母子家庭等就業・自立支援センター主催の講習会に参加しています。講習中も託児があるので安心して学べます(Kさん、五歳と三歳のお子さんのママ)

(3)希望の条件で就職できました。幼稚園の時間に合わせて働きたかったのですが、なかなかみつからずあきらめかけていました。でも、ハローワークの担当者から「Tさんに

あった求人がでたよ」と連絡をいただき、無事就職ができました（Tさん、四歳のお子さんのママ）

（4）託児室があるので安心です。託児室があるので、安心して子どもを連れて行けます。私から離れることができなかった子どもも、今では託児室で遊ぶことを楽しみにしています（Kさん、二歳のお子さんのママ）。

二〇一八年十一月に滋賀県のマザーズジョブステーションの担当者と国の労働局の担当者に話をきいてみた。その中で国の担当者は「滋賀県のマザジョブは日本全体のモデルとなる。とくにそのポイントはカウンセリングの充実と予約なしに活用できる託児室の設置だ」と言及された。滋賀県として、マザーズジョブステーションを計画したときのねらいを、国の労働局の担当者が気づいてくれたことはうれしい。子育て中の母親という需要側、あるいは利用者側目線からしたら当然のサービスが、国の労働行政の中で実現しにくかったということは、改めて大きな発見でもあった。滋賀県のモデルは他府県においても拡大可能ということを、国の労働局が認めたのである。全国へ展開していくことで、孤立して悩んでいる母親たちを支援していただけたら、と願う。

女性の仕事・雇用参加は、①本人の自己実現、②家族の収入確保、③社会的な納税者の拡大、④社会的な労働力不足の改善、⑤経済活動への貢献、そして結果として、⑥出生率の向上にも貢献できるとしたら、まさに三方よしどころか六方よしであり、国の社会や家族政策としても積極的に取り組む価値のある政策といえるだろう。

男女ともに、ライフスタイルに応じた切れ目のないサポートを

二〇一〇年、全国知事会の男女共同参画委員長として、女性の社会参画を高めるための方策について議論して、国に提案をした。そのひとつのポイントは、「育児・介護休業法」という法律名称を、「育児・介護参画法」と変更して、休業ではなく参画として、公的に認める名称にしてほしいと提案をした。そうすれば、とくに取得率が低い男性の育児・介護参画を推進しやすいから、という理由からだ。

しかし、当時の民主党政権の少子化担当の大臣も、厚生労働省の担当者も、「労働の視点から言えば、育児や介護で労働現場を離れることは〝休業〟であり、この名称は変えられません」と回答され、名称変更の議論はまったく進まなかった。

同じことを、関西のある銀行経営者に提案をした。するとその銀行では、育児や介護に対する職員の休業を、「育児・介護参画制度」という名称に変えて、前向きに家族生活と職業生活の両立を支援しているという。

「育児・介護休業法」という法律名称を「育児・介護参画法」に変えられないと主張する厚生労働省の限界が、縦割りの霞が関行政の不自由さといえるだろう。「少子化対策」ではなく「家族政策」をと私が主張するひとつの根拠は、家族の機能全体を包括的に支援できる省庁が日本には存在せず、そのことが今の少子高齢化問題を招いてしまった、という認識があるからだ。

滋賀県が独自に進めてきた「子育て三方よし」とともに、女性も男性も、希望すれば結婚、子育て、仕事を両立できるような仕組みづくりは、子ども時代からのキャリアプランづくりと、人生の節目節目での行政的支援を充実することが重要だ。滋賀県では二〇一四年度から、『CARAT 滋賀・女性・元気プロジェクト』の展開を開始した。図18のように女性のライフステージに応じた切れ目のないきめ細やかな人生支援施策を進めてきた。これは女性がひかりかがやく宝石のようにと名づけたものだ。小学校時代からの進路選択に向けて知識や心がけの育成、職業選択や結婚時のライフプランづくり、その後の育児専業を選ぶのか、それとも仕事との両立を目指すのかなどの人生の選択肢に応じた子育て支援や就職支援、また、企業側への働きかけなどを進めてきた。

一方、男性の家事・育児参画については、日本では歴史的に大きな思い込みがあるようだ。とくに明治時代以降、国家として「富国強兵」を目指し、家族や子どものことはすべて母親に

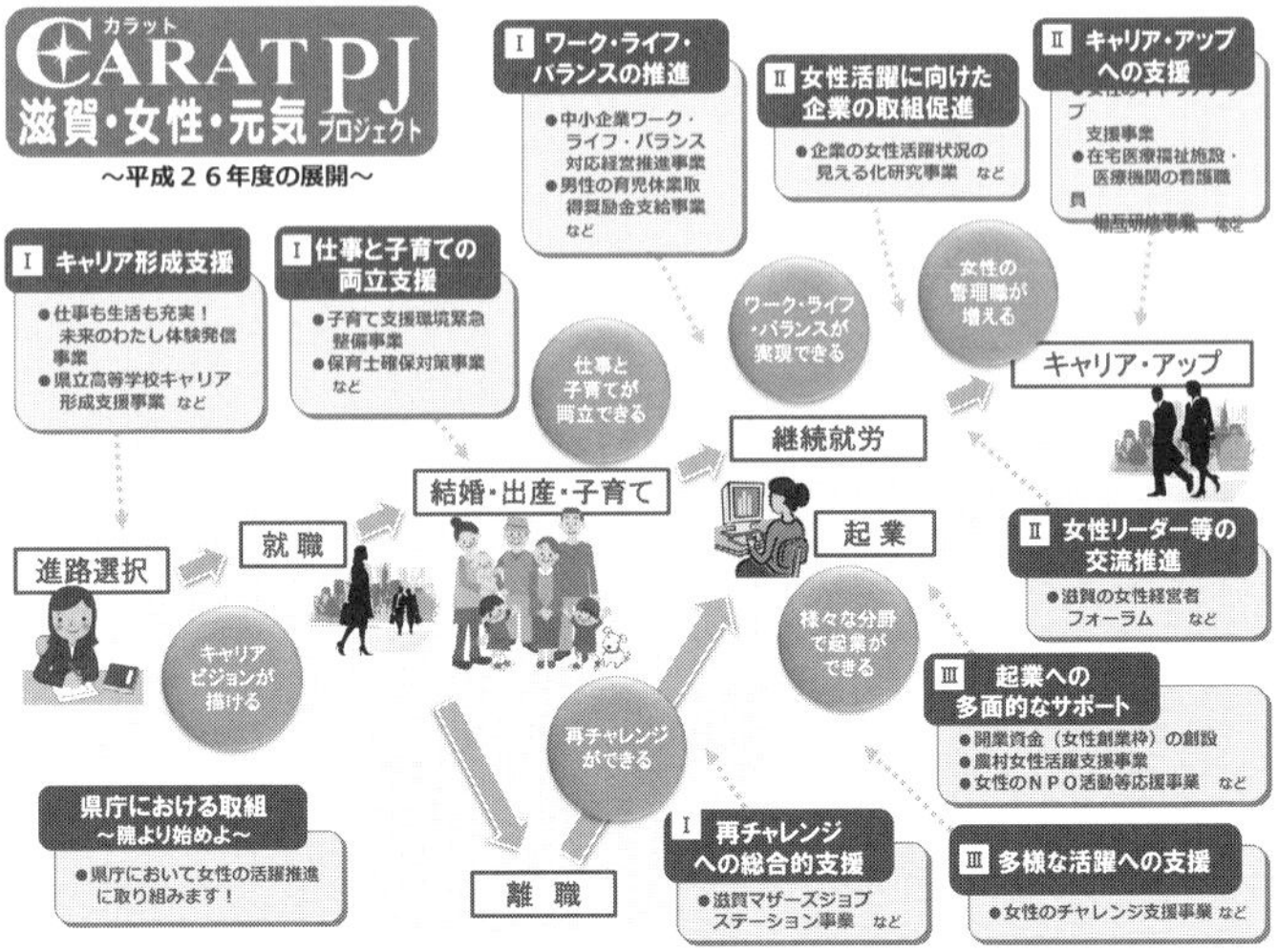

図18　女性のライフステージに応じた切れ目のないきめ細やかな人生支援

任せて仕事一筋という男性が理想とされた。家族史の教えるところからみると、「公的な外の仕事は男性が、家庭の中の家事・育児は女性が」という性別役割分担意識が強まったのも明治時代以降だ。まさに国家として都合のいい男性を教育し、国家のために働かせるためでもあったろう。戦前はもちろん戦後になっても、台所に出入りする男性は「ゴキブリ亭主」と揶揄され、男性の家事参加は拒否された。個人的なことで恐縮だが、私は一九七三年に大阪の商家出身の連れ合いと結婚し、彼に台所仕事を手伝ってもらうことに、連れ合いの母親（姑）からは強く拒否された経験がある。

しかし、まだ農業者が人口の八割を占めていた明治初期、日本の男性がいかに子どもを大切にし、具体的に暮らしの中で子育てに参画していたかを詳細に記録していた人たちがいる。たとえば明治初めに日本各地の旅をして、紀行文を残したイギリス人の女性旅行家、イザベラ・バードは明治十一年、東北地方を旅した時の日光での見聞を次のように記している。

「私はこれほど自分の子どもに喜びをおぼえる人々を見たことがない。子どもを抱いたり背負ったり、歩く時には手をとり、子どもの遊戯を見つめたりそれに加わったり、たえず新しい玩具をくれてやり、野遊びや祭りに連れて行き、子どもがいないとしんから満足することがない。他人の子どもにもそれなりの愛情と注意を注ぐ」（渡辺京二『逝きし世の面影』葦書房、一九九八年、三二六ページ）。またバードは、日本人が「家は貧しいけれども、男たちは自分の家庭生活を楽しむ。とにもかくにも子どもが彼らをひきつけている。（中略）英国の労働者階級の喧嘩騒ぎや口答えを日本ではみることがない」と記している（渡辺京二、同書三四三ページ）。また、長崎に上陸したオールコックは、家の中で「ふんどししか着けていない父親が、その頑丈そうだが優しい顔をおとなしそうな赤ん坊の上に寄せている」とするし、男性が子どもをやさしそうに抱えているスケッチが夏と冬の二つの季節で図示している（渡辺京二、同書三二六ページ）。

明治三十年に制定された明治民法は、江戸時代の武士家族の家制度をモデルとしている。長男子相続制度を柱に女性の腹は単なる借り物として、跡取りの子どもを産む手段としか考えていない。制度的にもそのように法制化されてきた中で、戦後の憲法改正で男女同権が位置づけられた。具体的にはその二十四条には、「婚姻は、両性の合意のみに基づいて成立し、夫婦が同等の権利を有することを基本として、相互の協力により、維持されなければならない」と規定された。確かに戦前の家制度の中での女性の地位や役割と比較すると、男女の平等性は格段に高まったといえるだろう。

しかし、本章でもみてきたように、家庭内の仕事は圧倒的に女性の役割と決められ、男性は経済的に収入を確保する役割に閉じ込められてきた。高度経済成長期の家族モデルは、終身雇用の夫・父親と専業主婦の妻・母親、子ども二人の核家族であり、専業主婦優遇税制や三号年金制度などはこのモデルのもとに六十年以上も継承されてきている。男性が父親役割を果たしたいと思っても職場での育児休業がとりにくく、また長時間労働の中で、意識をもっていてもなかなか家事・育児参画がしにくい、という実態がある。そこで滋賀県では、男性の家事・育児参画を進めるために、イクメン・カジダンの具体的なライフスタイルや、夫と妻とのコミュニケーションの取り方のヒントなどを満載した冊子を制作し、大学生の間などで広めている（図19）。

では育児に参加する男性は本来の男性性を失っているのか？　そもそも男性は子育てへの愛情がないのか？　男性に無理強いするのは本人にも不幸ではないか、などいろいろな意見があ

図19　滋賀のイクメン情報誌

ることだろう。

実はこの問題については、NHKスペシャル「ママたちが非常事態!?～母と〝イクメン〟の最新科学～」が、二〇一六年四月三十日に放映され、大きな反響を呼んだ。母親は、赤ちゃんの泣き声にすばやく反応できるよう、育児に役立つ抜群の脳機能を持っていて、男性はその脳を持っていないという。私も長男が生まれてから半年以上、毎日夜中の泣き声に起こされ二時間おきの授乳に忙殺されていた。しかし同じ部屋にいても夫はまったく目覚めず、私が授乳していることも長い間知らなかった。妻は、夫の鈍感さにイライラしてし、夫はなぜ妻がイライラしているのかわからない。

そもそも男女では脳のつくりが違うのが原因という説がある。哺乳類としての進化の過程で、メス（女性）は「子どもを育て上げる脳」をつくりあげて、オス（男性）は、「母親が安心して子育てができるように、敵が来たら追い払う、食べ物をたくさん持って帰る」能力を進化させてきた、という。太古からの進化において、母親と父親の「役割分担」が受け継がれてきていたのか。しかし、男性の脳も、訓練により母親の脳機能を持つことができるのである。このときに出る物質が「オキシトシン」という「愛情ホルモン」だ。出産を機に、女性の脳に放出されるホルモンというが、子育て経験の中で、男性からもオキシトシンが出ることが実験で確認されている。オキシトシンは良好な対人関係が築かれているときに分泌され、闘争欲や恐怖心を減少させるという。

この番組の中でチンパンジー研究の京大名誉教授松沢哲郎は、「人類はもともと共同保育が基本」といい、母親ひとりの「孤育て」は、きわめていびつなごく近代的な社会的問題という。京都大学教育学部教授の明和政子は「人類の進化を考えたときに、やはり子育ては共同養育が基本」「現代社会では母親の一手に任されていて、それが母親の心や体を苦しめている」「男性は、今は母親と同じことをしてほしいという期待がすごく大きい」と、男女共同の子育て環境づくりの重要性を説いている。

明治初期の日本のお父さんたちの間でも、オキシトシンの愛情ホルモンがたくさん出ていたのでは、という推測ができる。

子どもの貧困対策には、女性差別賃金体系の是正と民法改正で共同親権を

これまで陰に隠れていた「子どもの貧困」問題に、最近ようやく社会的関心が向けられるようになった。義務教育での修学支援を受ける子どもたちの割合はどんどん増えており、またどうにか大学まで行っても授業料が払えずに退学する学生も後を絶たない。二〇一四年から二〇一七年まで滋賀県内の私立スポーツ大学の学長をしながら、「授業料が払えずに退学」という願いにハンコを押すときは一番つらかった。それも母子家庭が多かった。

「子どもの貧困率」は、平均的な所得の半分に満たない所得しかない家庭で暮らす十八歳未満の割合を示しているが、二〇一五年時点で一三・九%と七人のうち一人の割合という計算だった。二〇一二年の一六・三%からは少し改善したものの、先進国の中ではなお高い貧困率だ。その中でも母子世帯の貧困は深刻だ。

政府資料によると、母子世帯は二〇〇〇年の八十六万七〇〇〇世帯から二〇一五年には一〇六万三〇〇〇世帯に増加し、十五年間の平均年間収入は三四八万円で、子どもがいる世帯全体の七〇七万円の半分程度にとどまっている。また教育機会でも格差は大きい。たとえば、生活保護を受給している世帯の子どもの大学・専修学校進学率は二〇一七年四月時点で三五・三%

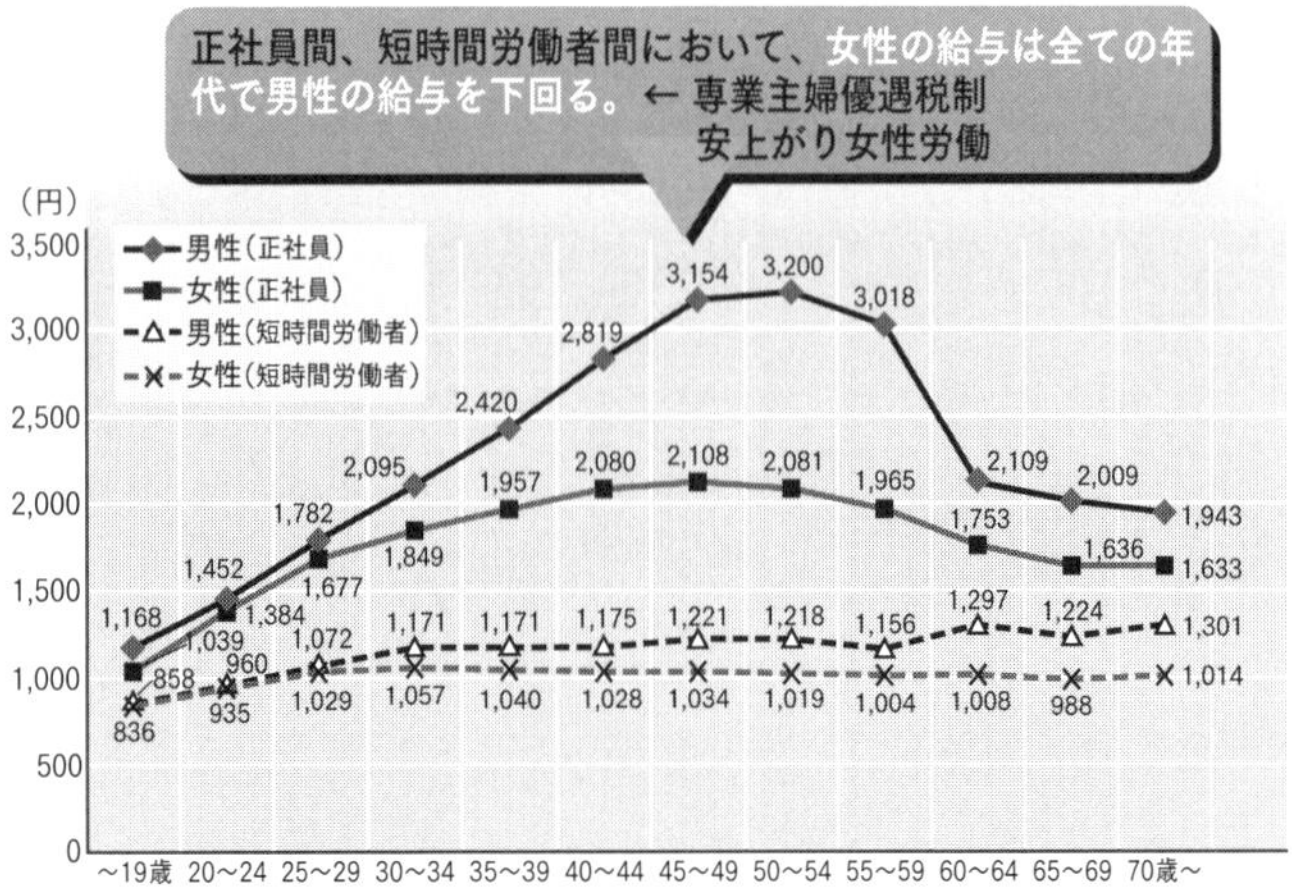

資料：厚生労働省「賃金構造基本統計調査」(2010年)より作成。
注)「きまって支給する現金給与額」と「年間賞与その他特別給与額」を含む。

図20　正規・非正規雇用間、男女間の賃金格差

で、一三年四月時点から二・四%上昇した。全世帯の進学率が七三・〇%であることを考えると大きな格差だ。

日本の子どもの貧困問題の背景には、母子家庭の母親の非正規労働など雇用条件が大きく影響していることはよく知られている。これも厚生労働省の調査だが、シングルマザーのうち正規職員・従業員は四四・二%にすぎず、賃金面で不利になる非正規で働く人が多数を占める。図20にみられるように、二十歳前後では男女差、正規・非正規の差は小さいが、年齢が上がるにしたがい、男女差、正規・非正規差は広がる。五十歳前後になると、女性非正規の時間賃金が約一〇〇〇円であり、男性非正規は約一二〇〇円、女性正規は約二〇〇〇円、男性正規は約三二〇〇円と、その差は三倍以上となってしまっ

ている。

なぜ女性、非正規の賃金が低いのか。賃金水準を規定する要因は多様であるが、ひとつの要因として、女性の労働市場には、専業主婦が安定した夫の収入に依存する扶養家族手当を受けるために、あえて年間一定額以上働かない、働けない、という自己規制が働いているといえないだろうか。これは税制の問題である。ひとり稼ぎの母子家庭の母親であっても、賃金水準を自己規制している専業主婦と競合する労働市場にいるのである。

もうひとつ、子どもの貧困問題の背景には、民法に決められた離婚後の親権制度にある。日本では離婚後の親権は「片親」だけしかとれない。それゆえ子どもの親権争いの裁判も後を絶たない。そして十八歳以下の子どもがいる夫婦が離婚した場合、九割以上が母親が親権をとっており、離婚後の父親で確実に扶養手当を払っている人は二〜三割という。非正規雇用が多い母子世帯の母親の収入不足に加えて、父親の責任放棄も、子どもの貧困の大きな要因となっている。

この背景に、日本の家族制度に残された男尊女卑の明治民法的な遺制が隠されていることは意外と知られていない。欧米の多くの国の家族制度では、離婚後も両親（共同）親権は当然で、両方の親からの経済的、社会的、心理的支援を受けられる子どもの方が教育水準も高く、生活も安定しているというデータもある。父と母が離婚をしても、子どもにとっての父は父、母は母だ。離婚後の親権も当然「両方の親が責任をもつ」べきであろう。日本ではなぜそれができないのか。その根本には、明治民法の「女の腹は借り物」で、子どもは父親側の系統を受け継ぐ「家」の所属物という意識がある。母親は腹を痛めても親権をもてず、父親の片親親権だった。

戦後の民法改正では、母親も親権をもてるようになったが、「片親親権」という民法の制度が残り、今度は父親が子育てからはずされることになってしまった。

今、ハーグ条約で問題となっているが、国際結婚が破たんして日本に子どもを連れ帰った親の存在を国家として公認している日本は、「子どもの拉致国家」と批判されている。日本の家族制度も、父母双方の権利と義務を平等化する「双系的家族制度」に転換すべきであり、これには民法の改正も必要だ。子どもの貧困問題の緩和のためにも「両親（共同）親権」を埋め込んだ家族制度への改善を望みたい。

離婚後の両親（共同）親権を認めている国は、ほぼすべての南北アメリカ大陸諸国、ほぼすべてのヨーロッパ諸国、オセアニア両国、アジアの中国・韓国である。これらの国では、結婚中も離婚後も共同親権であり、「二人の親を持つのは子どもの権利であり、親が結婚していようと、いまいと関係がない」とされている。単独親権の日本は世界でも珍しい国なのだ。離婚後単独親権である民法の規定により、子どもたちは片親を失う。また、親権のとれなかった親は愛するわが子にかかわれなくなり、親たちも子どもたちから引き離されることになる。今も取り返しのつかない人生の時間を奪われている親子たちのために、原因となっている民法の改正を早急に実現する必要があるだろう。

片親親権のもとで、子どもの連れ去りと親子分離の強要という問題も生じている。日本の裁判官らの意識も昔ながらの母親重視にあり、父親がなかなか親権をとれない。この問題は根深く社会全体をおおっている。夫婦が離婚の危機を迎えたとき、母親の連れ去りは勝率ほぼ一〇〇％で、父親は逆にDVなどで訴えられる。それも母親が自分の立場を守るための冤罪をつくりあげるという例もみられる。苦しみの中で自殺にまで追い込まれた父親さえいた。拉致金銭搾取をビジネスにする弁護士によって子どもたちから父親が奪われている事例もある。家庭裁判所も連れ去り勝ちの判例を維持するために無理な事件証明も起きている。現行の離婚後単独親権を定める民法の規定は、法の下の平等や幸福追求権を侵害し、憲法違反であるという主張もあり、親子分離の強要は、日本が批准した児童の権利条約にも反するものだ。

もちろん両親親権によって、DVなどで夫の暴力から逃れたい母親や子どもにとっては逃げ場がなくなり、逆に人権蹂躙のおそれがないともいえない。シングルマザーの離婚原因や生活実態を克明に聞き取りして、シングルマザー問題を社会学的に追跡した水無田気流の研究によると、賃金問題と家族規範問題が子どもの貧困問題の解決策として指摘されている（水無田気流『シングルマザーの貧困』光文社、二〇一四年）。

しかし、長期的に子どもの最善の利益を考えるべき子育て支援は、国際的には当たり前の共同親権制度を法制化することだろう。それには民法の改正が必要だ。滋賀県の知事時代、この問題に気づきながら、知事としては手が出せず、忸怩たる思いで見続けてきた。時代遅れの女性差別税制や低賃金構造の改善とあわせて、国政として本格的に取り組むべきテーマでもある。そのためには、家族法の問題も視野にいれた「子ども・家族省」のような省庁が必要である。

これからの子育て支援は「子ども・家族省」による横串のセーフティネット政策で

本章のまとめとして、国として「子ども・家族省」の設置をすることを提案したい。日本の少子化対策は一九九〇年代からさまざまなプランを打ってきたが、欧米のように、出生率向上という成果になかなかつながらなかったと、日本の子育て政策を担ってきた増田雅暢は述懐している。増田は、西欧諸国のように「家族政策」（ファミリー・ポリシー）としての観点から少子化対策を検討してこなかったとして、「『子ども家庭省』のような機構を設置すべき」と言っている（増田雅暢『これでいいのか少子化対策』ミネルヴァ書房、二〇〇八年、一八〇ページ）。

増田は「家族政策」を次のように定義する。「家族機能（家族により構成される世帯の生活維持や、家庭内における育児教育等に関する機能）を維持していくために、家族や家庭内の問題を未然に防いだり、あるいは解決することを目的として、家計や生活面において社会的に家族を支援する政策」としている。家族政策の範囲は次の点だ。①児童手当や児童扶養手当、育児休業給付金、税制の扶養控除等の家計を支援する分野、②保育サービスやひとり親世帯への支援、児童虐待への対応策、母子保健等の生活面を支援する分野、③結婚、親子関係、離婚、養子縁組等の家族法に関する分野（男女の選択的別姓問題も含む）。①と②については、子ども全体を対象にせずに「保育に欠ける」子どもを「措置」という方針で、福祉政策としての限界がありながら、日本では部分的にカバーはしてきた。しかし③の分野については担当する省庁がない。前節でみてきたように、離婚制度の課題から子どもの貧困問題が惹起されても、改善する方向はみえてこなかった。そもそも結婚や家族のあり方を本務とする省庁がこれまでなかったことが、日本の家族の悩みと苦しみをカバーできなかった理由でもある。

さらに、日本でこれまで家族政策が避けられてきた理由を増田は三点あげている。

①特定の要援護者に対する対策として発展してきた社会福祉制度の限界
②戦前の家族制度と戦後の家族観との対立からくる影響
③育児は親の責任であるという考え方の強さ

日本の子育ては「不足」に対する「措置」という福祉の思想であり、子ども全体に視野がいかなかったことは、本章でも指摘してきたとおりだ。また、②については、戦前の「男尊女卑」の家制度を形式的に否定しながらも、実質的には女性蔑視の価値観は未だに社会全体でひきずっており、ここを明示化して改善する方向がとられてこなかった。さらに、子育ては親の責任という意識は未だに根強く、そのことが家族をもてない若い人たちを増やしてしまった。

また財政的にみても、年金、医療、福祉の三領域からなる「社会保障給付費」一一八・三兆円（二〇一六年予算ベース、対GDP比二二・八％）のうち、年金五六・七兆円（四七・九％）、医療三七・九兆円（三二・〇％）、福祉二三・七兆円（内介護一〇・〇兆円、子ども・子育て五・七兆円、対GDP比一・一％）で、子ども・子育てに向けられている給付費は高齢者の二十分の一しかない。先進国でもこの比率は最下位に近い。

「少子化」という言葉が使われるようになった一九九〇年代前半、政府は最初の少子化対策である「エンゼルプラン」を作成した。その後も、二〇〇〇年代前半にかけて、いくつかの対策を講じている。しかし、合計特殊出生率の低下という「少子化の流れ」を変えることはできなかった。戦後の二回の「ベビーブーム」の経験により、自然と出生率が高くなると期待していたむきがあり、いずれ二〇〇〇年前後に「第三次ベビーブーム」が来るだろうと考えていたが、現実には出生率の向上は起きなかった。

社会学者の筒井淳也は、政権与党が強調する「家族主義」が家族を壊したという。筒井が言う意味は、ずっと政権を担ってきた自民党政権は、「子育てや家族の問題は行政や政治がかかわるべきではない。家族を大事にするからこそ、家族のことは家族の責任で」として、家族負担を増やしてきた。とくに核家族化して「孤立する子育て」に苦しむ母親たちの悩みに寄り添うことなく、「子育ては母親に！」と、良妻賢母神話を押しつけてきた。すでに述べたように、滋賀県政で、二〇一一年に専業主婦用に一時預かり制度をつくろうとしたときの県議会や市長会の抵抗が典型だ。

筒井がイメージする家族政策は、人を家族にしばりつける制度ではない。「気楽に家族をつくれる」社会だ。気楽に結婚して、気楽に子どもを産むことができる社会、そしてそれがうまくいかなくなっても、社会全体が、子育ても家族の維持も支えてくれる社会だ。家族を気楽につくれる社会の方が、結果的には家族がうまくいくような気がする、と筒井は言う（筒井淳也『結婚と家族のこれから』光文社、二〇一六年、二一一ページ）。というのも、家族以外からの支援が得られ、「家族がなくても生活できる」ような社会でこそ、人びとは家族を積極的につくっていくのではないか、というのである。

個人的なことで恐縮だが、私も学生時代に子どもを産んで非難された。私の息子二人も両方とも学生結婚で子どもを授かった。私は、滋賀県内の私立大学の学長時代に、「信頼できる相手がいたら学生結婚推薦するよ。子どもを若いうちに産むことも人生が充実して楽しいよ」と公言してきた。子育ての責任を重くもたされるから子どもを産めないのだ。気楽に産んでも社会が育ててくれたら、もっともっと日本の若者は子どもを産むだろう。学長時代に、四回生全員に「将来子どもをもちたいか」と質問をしたことがある。女性の九五％、男性の九〇％が子どもをもちたい、と回答した。しかし、実際に今の日本では、男性の四人に一人が生涯未婚、女性の七人に一人が生涯未婚であり、とくに所得格差が婚姻率に大きく影響しているのである。次の章で雇用政策について展開するが、雇用政策は家族政策ともつながるものである。

私がイメージする「子ども・家族省」は、筒井が言うように、子育てを支える家族の役割を、社会全体として、国家が担う社会だ。その主体が「子ども・家族省」であり、産まれた子どもを社会が、国家が子育てを面倒みますよという「頼れる安心社会」だ。それはつまり、「気楽に家族をつくれる」社会でもある。

筒井のこの家族イメージを実現するには、今、日本のGDPのたった一・一％しか割り当てがない財政負担を増やさざるをえない。二〇一五年に消費税をあげて、七〇〇〇億円を子育てにまわしたが、高齢者に向ける税金と比べたら雀の涙でしかない。社会全体が、子育ての家族役割を果たすには、フランスのような教育費の無償化は必須であり、そこには五兆円の財源が必要だ。日本の家族調査では、子どもの人数制限に最も大きな影響を与えているのは「教育費支出」だ（井手英策『幸福の増税論』岩波書店、二〇一八年、一二二ページ）。今の保育費用などの子育て福祉予算五・五兆円に、教育費無償化の予算五兆円をプラスすると、一〇・五兆円の財源が必要だ。そうしても、日本全体の社会福祉給付費の中での子育てへの支援が、一・一%から二%にあがるだけである。世界水準からみたらまだまだ子育てへの支援は少ない。

　この財源をどうするのか。その対応としてイメージできるのは財政論の井手英策の社会変革論だ（井手、同書）。井手は「すべての人たちの命とくらしのニーズが保障され温もりのある社会を取り戻すこと」を社会の目的とする。そこは「自己責任社会」から「頼りあえる社会」へというイメージだ。図21にそのイメージをまとめてある。自己責任社会は、図21で言うと、自分で「貯蓄」をして、自己責任で子どもの教育費用や老後の生活費を確保する。それに対して、社会全体が「税」でこの機能を担ってくれたら、そもそも「貯蓄」は不要だ。貯蓄のかわりに、税金を払い、国家が全体としての「命とくらしのニーズ」を支えてくれて、セーフティネットをつくってくれる。ちょうど、サーカスの舞台で、万一ブランコから落ちても、その下にまさに網が張ってあるように税金によるネットが張ってあり、ここで命が救われる、というイメージでもある。

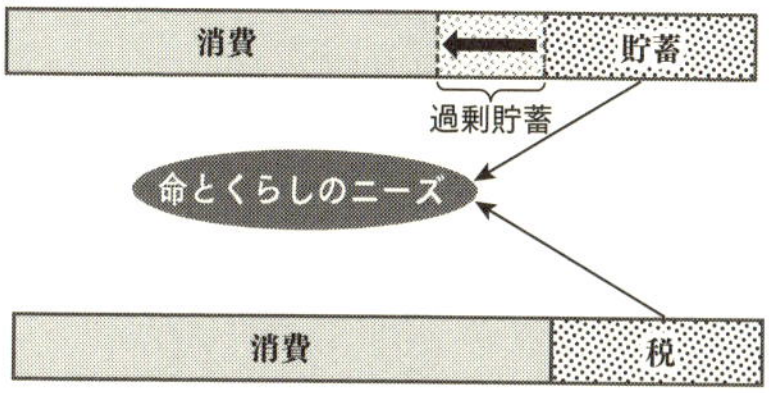

図21　税でささえる「命とくらしのニーズ」（井出、2018年、120ページ）

　日本ではこれまで「増税」は政治家の中ではタブーであり、それゆえ「福祉」は手厚く、「負担（税）」は軽く、という流れの中で、一〇〇〇兆円を超す国家の借金をつくってきてしまった。実はこのことが最も未来破壊的であり、次世代への負担増になっているのである。井手があえて「財政社会学」という分野をつくり、「連帯のしくみ」である税の役割を原点から問い直し、自己責任社会から、税によりお互いに頼りあえる社会へ、という方向を示すことは、「子ども・家族省」のような未来型組織づくりの社会変革への具体的な提言として評価し、政治的にも実現できる方向を探るべきであろう。そのためには、税金を納めて、社会全体として、「連帯の仕組み」をつくることが「未来への安心づくり」につながるという、政治への信頼を取り戻す必要がある。

次の章では、地域社会として雇用と経済を成り立たせ、子産み・子育てを支える経済政策を、滋賀県知事時代にさかのぼって詳しく紹介をしたい。

第2章　格差社会と経済問題に対する〈新しい答え〉

働く場への橋をかけて、雇用確保による生活保障を

第1章では、多くの若者が望むように子どもや家族をもつための大きな条件として、女性の場合には、仕事と家庭の両立が可能となること、男性の場合には安定した仕事と十分な所得があることを指摘してきた。男性の「終身雇用」を中心とした「日本的雇用」と企業による生活保障モデルが崩壊しつつある今、どのような雇用政策が必要なのか。

スウェーデンなどの北欧モデルで実践されているように、「積極的雇用政策による生活保障」がひとつのモデルになるだろう。つまり、年齢や性別、障害のあるなしにかかわらず、すべての人たちがその意欲と能力に応じて、仕事や社会的参加の場に包摂され、社会的参加を促し、生きる場を確保し、結果として社会保障の原資となる納税を果たすことができる。その納税に

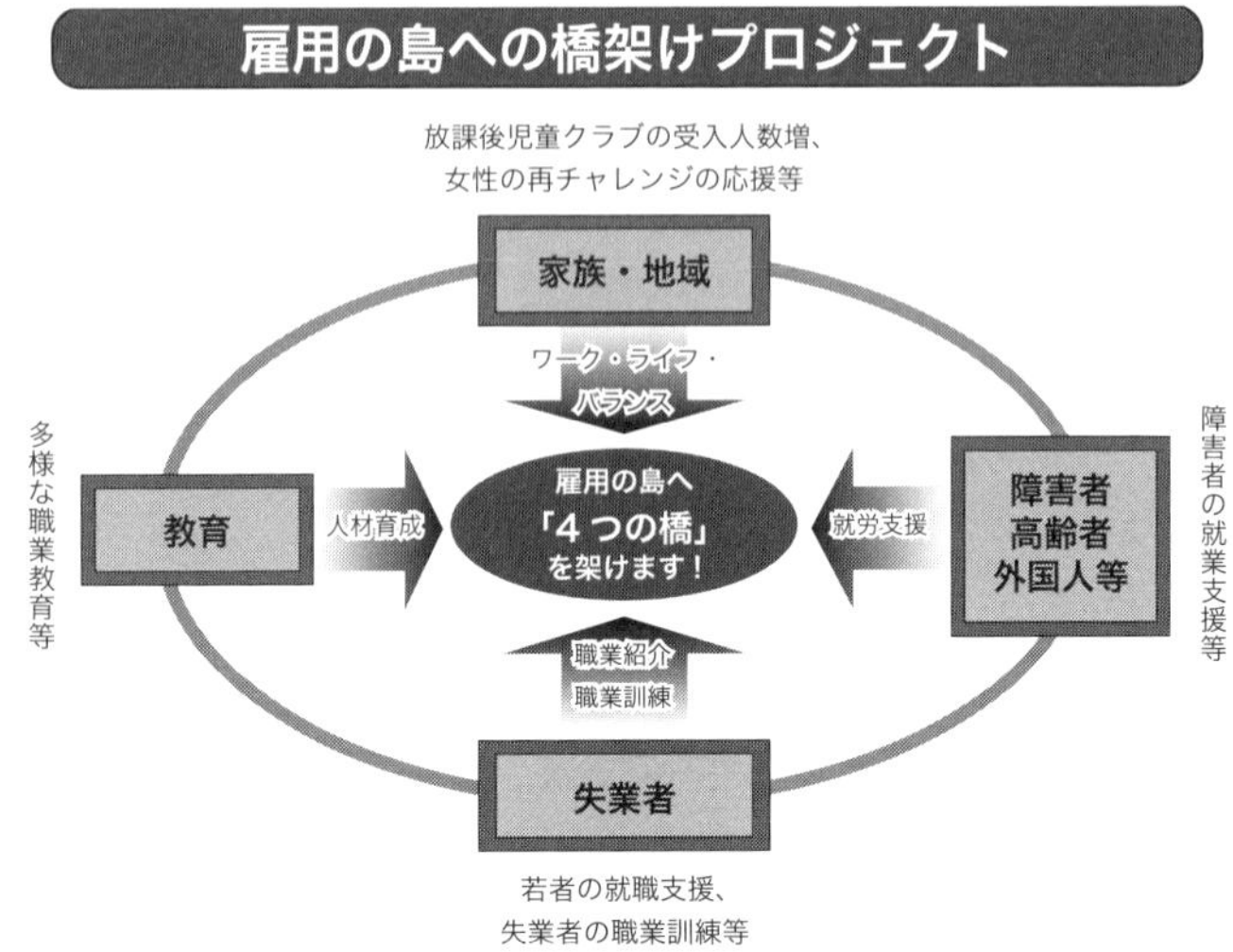

図1　雇用の島への橋かけプロジェクト模式図

より、子育てや高齢者支援の「命とくらしのニーズ」をみたす行政サービスを生み出す仕組みを整備することができるのだ。財政社会学の立場から神野直彦や井手英策、そして宮本太郎が主張する北欧三国、たとえばスウェーデンのような「分かち合い社会」をつくるためでもある。

　図1には、雇用（仕事）の場を島として見立て、それぞれの領域から、雇用の島へ橋をかけて、就職マッチングをおこなう施策を示した。「教育」からの橋かけのためには、直接の職業教育に限らず、小中学校時代からの子どもたちの職業体験なども含む。「家族」からの橋かけのためには、第1章で詳しくみたように「マザーズジョブ」制度などを整備し、子育て中の女性たちの就業を支援する。「失業」からの橋

かけのためには、一般のハローワークに加えて、たとえば後に述べる失業中の若者向けの就業支援などを整備する。また「障害者、高齢者、外国人」向けには、さまざまな困難な条件を緩和・克服できるような橋かけを支援する。滋賀県では「働き、くらし応援センター」などの場で、仕事育てを進めてきた。

まずはこの「橋かけプロジェクト」のなかの「若者の就職支援」について、以下で詳しく述べてみたい。

若者に安定した職を！　就職マッチング

世界各地の高校生の職業意識にかかわる比較調査をみて、愕然としたことがある。「なぜ高校で学ぶのか」という質問に、「将来の仕事のため」と答える割合が、アメリカやヨーロッパ諸国では七～八割を占めているのに、日本では二～三割ほどで、「学ぶ意味がわからない」という高校生がかなり多い。つまり「大人として独立して、職業人として歩む意識」が、教育を受ける時期に十分に形成されていないのである。それでも、かつては、高校や大学などを卒業すると、新卒者はまとめて企業などに採用され、「組織から組織へ」のトコロテン式就職が可能であり、個人的な職業意識の成熟は必ずしも求められていなかった。また企業内福祉の充実により、住宅手当から子育て、家族の暮らしも企業としてのセーフティネットが張られていた。

逆に、個人的職業意識が強いことは「協調性がない」というマイナス評価につながることさえあった。しかし平成にはいってバブル経済がはじけ、企業の経営環境も悪化し、「終身雇用制度」や「企業内福祉制度」が崩れはじめると、一気に非正規雇用が増えて、若者の就職不安と生活不安が高まった。しかし一方で、国家としてのセーフティネットは張られていない。「個人の自由」と言いながら、「自己責任」社会となり、強いものがより強く、弱いものがおいてきぼりをくう社会になってしまっている。子どもの貧困を含め、格差が一層進んでいることもこれまでみてきたとおりだ。

滋賀県と全国の、男女別非正規就業者の割合をみると、一九九七年には滋賀県での男性の非正規就業者割合は全国レベルとあまり差はなく、一〇・七%であった。十年後の二〇〇七年には二二・三%に増大しており、全国水準より二・四%も高くなっている。製造業が多い滋賀県では、小泉改革による、製造業における派遣労働の増大を反映しているようだ。女性についても、一九九七年時点でも、非正規雇用の割合は滋賀県では全国水準よりかなり高く、四七%となっており、十年後には五八%を超えている。第1章でみてきたように、非正規職業は、不安定収入ゆえ結婚したくてもできない、子どもも持てない、という若者を増やしている。

二〇〇六年に知事に就任してから、県内各地の中小企業の経営者と話をすると、世間でいう新卒学生の「就職困難」とは大きく事情が異なり、中小企業はなかなか人材確保ができないという。若者は大企業志向が高く、中小企業には目を向けてくれない。統計的にみても、大企業では求人一人に四人の求職者であり、中小企業では求人一人に〇・五人の求職者しかなく、その差は八倍にもなっている。

このようなミスマッチを改善するには、ハローワークでの「待ちの就職紹介」では不十分で、「攻めの就職作戦」に乗り出す必要がある。国の出先機関である「労働局」は、残念ながら地域の経営者とのつながりが弱く、「積極的に仕事を掘り起こす」という姿勢が弱い。また就職困難な若者の職業訓練も、時代のニーズに合うようなサービス業などでの訓練領域は不十分だ。職業意識が未成熟な若者の場合には、個人的カウンセリングも含めて、「職業意識を育て、自分自身に自信をもてるように励まし、トータルな能力強化をおこなう」という一連のきめ細やかな全人的教育が必要だ。

そこで、二〇一〇年秋から、仕事を求める若者の職業意識やコミュニケーション能力を育て、自信をもって社会に出られるような若者育てをおこない、同時に人材不足に悩む中小企業の人材確保を目指して、両者のマッチングをおこなうべく若者就職支援事業を開始した。「若者によし」「中小企業にもよし」「世間にもよし」ということで「近江若者三方よし人づくり事業」と名づけ、第一期生として四十五名の六カ月の研修をはじめた。研修生には研修を無料で提供するだけでなく、月十二万円ずつの生活給付もおこなった。この生活給付提供については、県の担当者だけでなく、受ける受講者からも疑問が寄せられた。県の担当者は「わざわざ生活給付まで出して職業訓練をする必要性はないのでは」という意見もあった。また受ける側からしても、「給与がもらえるんですか？」「そんな厚遇されても自分には結果を出せる自信がない」という遠慮がちの意見もあった。

そこに対して私は次のように担当者に説明した。「もし今、非正規あるいは無職の三十代の若者が今後一生無職でいるとしたら、本人にとってどれほど苦しい、希望のない人生になってしまうか。たぶん希望をしても結婚をして家族をもつこともできないのではないか。それと社会的にみてもどれくらいの行政コストがかかりますか。生活保護なり、失業保険なりの将来を支える費用を考えると、今、社会政策として仕事育てに公的な投資をすることで本人の人生も幸せ度が増し、社会的にも意味があります」と説明した。すると県の担当者は「三十代から八十代まですべて生活保護となると一億円ほど必要です」と言って、このような人的投資の意味を理解してくれた。私がこのような方向を示せたのは、イギリスやスウェーデンでのいわゆる「積極的雇用政策」について学んだからだ。ただ、同時に募集はできるだけ公平を期さないといけない。広く全県に呼びかけると、一期生は四十五名が応募してきた。その中で三十六名が半年後には就職できた。また二期生は十八名研修し、半年後には十八名全員が就職できた。

ここでの人育ての方針を大きく分けて二点定めた。ひとつは、若者一人ひとりに寄り添って、

「自分の強み」を自覚してもらえるような働きかけをすることだ。つまり企業側から「こういう人を求める」という就職活動ではなく、まさに若者当事者が「自分を売り込んでいく」という逆ベクトルだ。法学部を出て、法律に強い、あるいは美術系のデザイン力がある、あるいはパソコンを駆使しての企画書がつくれる、とそれぞれの強みをそれぞれが自分の言葉と絵や図で小冊子にまとめてもらった。これが「売り込み冊子」である。二点目は、企業とのやりとりに時間をかけ、いわゆる「トライアル（お見合い）」の時間を十分にとったことだ。状況によっては一カ月以上のトライアルのお見合い期間をいれて、採用決定をしてもらうという例も少なくなかった。

図2　三方よし人づくり事業　第1回目の参加者と若者（2013年7月）

また、人材を求めている県内中小企業を「サポータ企業」として登録していただき、二〇一〇年度に三七〇社、二〇一一年度にはいって二五九社、合計六二九社となった。この「三方よし人づくり事業」は二〇一五年二月の十一期生が終わった時点で一区切りつけたが、サポータ企業の登録数は一〇五九社になった。

表1にはまる五年間での三方よし人づくり事業参加若者数

表1　三方よし人づくり事業参加若者数

	期間	受講生数	就職者数
1期生	2010年9月～2011年2月	45	40
2期生	2011年3月～2011年7月	18	18
3期生	2011年9月～2012年2月	44	43
4期生	2012年6月～2012年9月	49	42
5期生	2012年11月～2013年2月	50	48
6期生	2013年3月～2013年6月	22	19
7期生	2013年7月～2013年10月	50	43
8期生	2013年11月～2014年2月	50	35
9期生	2014年6月～2014年8月	30	24
10期生	2014年9月～2014年11月	50	37
11期生	2014年12月～2015年2月	50	31
合計		458	376

をまとめてあるが、受講生の合計は四五八名で、就職できた若者は三七六名と八二％が就職できたことになる。単純な計算であるが、一人の若者のライフタイムインカムを三億円としたら、三十年間で一一二八億円の県民所得の向上につながることになる。雇用創出の社会経済的効果の大きさがみえるであろう。さらに、何よりも若い人の人生の満足度が高まり、結果として家族をもち子どもも生まれやすい。持続型地域社会がつくれるのだから、その社会的影響は何にも比較しがたい政策効果といえるだろう。

この「三方よし事業」は二〇一四年度に一区切りをつけたが、二〇一五年度以降は、「三方よし若者未来塾事業」「若年求職者技能習得支援事業」などと名前を変えて、基本的には若者にとっての自己分析・面接アピール、企業とのマッチングを継承し、二〇一五年度には受講生八十三名、就職者六十五名、二〇一六年度から二〇一八年度の三年間の受講生二八二名、雇用創出二一五名の実績をあげている。また、二〇一六年以降は一回九十分ごとの短期研修を五十～六十回開催し、延べ一五〇〇名ほどが受講し、人気の講座となっている。

二〇一八年になって県関係のある事務所を訪問したら、「三方よし」の卒業生です、というKさん（三十五歳）が次のようなメッセージを寄せてくれた。

大学卒業後、警察官（滋賀県警察）、損害調査専門職（損害保険ジャパン）として仕事をさせてもらいましたが、一般的な社会人として当然備わっているべきビジネスマナーや仕事の進め方等について、しっかりと教わる機会がありませんでした。また、前職を退職後「自分は何がしたいのか、どうやってこの先生きていくのか」といったことについて定まらないまま過ごしていた自分にとって、この事業はまさに自分にフィットするものでした。〝若年〟というには私は年齢が高かったのですが、第一期生として迎えていただき、若い同期生や研修を担当してくださった職員さんと一緒に非常に有意義な研修を受けることができました。

研修では、恥ずかしながら名刺の渡し方や電話の取り方、企画書の書き方といった基本的なビジネスマナーからしっかりと教わることが出来ましたし、私にとって大きなプラスになったのは、就職や仕事だけではない「物事の考え方」でした。まさに「何がしたいのか、どうやってこの先生きていくのか」といった悩み事へのアプローチでした。

（H23.1.31のスキルアップセミナーで教わった「人をつくる塾」上田一貴さんの配付資料は今も職場の机にあり、読み返すことがあります。）事業に参加するまでは、ひとつの仕事をずっと続けられなかった挫折感のようなものもありましたが、一緒に取り組む仲間がいたこと、親身にサポートをしてくださる職員さんのおかげで、前向きに進むことが出来ました。

現在は、困っている人や世の中の役に立ちたいという就職当初の想いに立ち返り、産業支援プラザで仕事をさせていただいています。現職場への就職活動に際して、同事業の研修内容が大変役に立ったことは言うまでもありません。今でも研修担当の職員だった方（県庁職員のMさんや講師のUさん、Iさん）、同期生とは仕事やプライベートでもつながりがあり、非常にありがたく思っています。これからも、同事業で学んだことを活かし、得られたご縁を大切にしながら、単なる〝仕事〟ではなく、三方よしにつながる〝生き方〟を進めていきたいと思っています。

今回、同事業を振り返ってみて、自分にとって大変重要な人生の岐路とも言える出来事だったと感じています。今度は、誰か（事業者さん）にとって重要な、大きな役割を果たせるように、仕事に取り組まなければと改めて思いました。振り返りの機会をいただきありがとうございました。

また人材不足に悩んでいた企業からは、次のような声が届いている。①育成された人材、選ばれた人材から採用することができる。②自分が何をしたいのか、社会の厳しさを知っていることがよい。③基本的なビジネスマナーを知っている点がよい。④交流会、企業訪問、トライアウトワーキングを経て採用ができるので、納得して受け入れることができる。

財政社会学の井手英策さんの表現であるが、「弱者を助けるのではなく、弱者を生まない政策」という方針は、知事時代の私の基本政策でもあった。その出発点は子どもたちのくらし意識だった。若者の就業意識の未成熟さをみて、小さい頃からのキャリア教育が必要であることがわかってきた。そこで次の項では子ども時代からの仕事への意識育てについて展開してみたい。

子ども時代からの仕事への意識育てを

一般に都市化が進むと、労働の場が生活の場から離れ、子どもたちが親の仕事場も知らず、職人の仕事、ものづくりの仕組み、サービス提供の意味など、理解しにくくなる。そこで、小学校時代から具体的体験を通じて職業意識を育むことができるように小中学生を対象とした「おうみ仕事体験フェスタ」を二〇一一年度に開始した。ヒントは民間企業が当時東京郊外に開いていた「キッザニア」と呼ばれる子どもの職業体験テーマパークだ。民間企業であるキッザニアを滋賀県に誘致しようとしたが、滋賀県では人口規模が不十分で民間企業としては採算がとれない、ということだった。その後、関西では西宮市に「キッザニア甲子園」が開園されている。

滋賀県としての初年度の「おうみ仕事体験フェスタ」は秋の土日の二日間をかけて、滋賀県職業能力開発協会をはじめ、多くの企業や団体の皆さまの協力をいただきながら、四十一のブースが準備できた。警察官や消防士など公的な職場や、屋根かわら葺き、大工さんなどの職人さん、お菓子屋さんや中華料理屋さんなどの食べ物屋さんなど、かなり幅広の本物の仕事士さんが指導員になってくれて、子どもたちに個別指導をしてくれた。呼びかけたのは県内全域の小学生と中学生で、あらかじめ予約していたブースでの体験となった。またそれぞれ一時間ほど仕事をしたら場内通貨「おうみ」を二〇〇円ずつもらうことでき、そのお金で飲み物などの買い物もできるような仕組みとした。

子どもへの効果に加えて、保護者も各種の仕事をみて、子どもの多様な将来を思い描いてくれたようだ。ある親御さんは「うちの子どもの手先がこんなに器用だとは思わなかった。職人さんの世界に仕事を広げてあげることも選択肢のひとつかな、と理解した」と感想を寄せてくれた。そして何より手弁当で参加くださった各種職業人の皆さんも、自分たちの仕事の跡取りを育てる思いで熱心に指導してくださった。

この事業はその後も場所を変えながら継承され、二〇一八年には「しごとチャレンジフェスタ」として開催されている。二〇一八年には十月末に竜王町総合運動公園（竜王町ドラゴンハットほか）で開催され、「しごと体験教室」「ものづくり体験教室」は全四十二種類で、延べ体験者数は二四四五名、延べ来場者数は五〇〇〇人にのぼった。中でも毎年、高い人気を博しているのが「大工さんといっしょに家を建てよう！」の企画である。この体験教室では、木の軸を組み立てて建物を支える在来工法による住宅建築の一部を体験することができる。安全性を考慮して釘などは使用しなくとも、子どもたちがゴーグルやヘルメットを身につけて足場に立つ姿はまさに〝小さな大工さん〟だ。滋賀県建築組合の小川会長は「現在は（部材をあらかじめ工場で加工しておく）プレカット工法が一般的になっていますので、今回のように在来工法に触れる機会は珍しいのではないでしょうか。私はもう五十年ほどこの仕事に携わってきましたが、自分の建てたお宅のそばを通るときなどにはとても誇らしい気持ちになりますよ。お客さんに必要

図3　近江仕事体験フェスタ（2011年10月15日）

としてもらえる限りは定年もなく、働き続けられます。体験してくれた子どもたちにはまず、建物をつくる仕事の楽しさを肌で感じてもらいたいと思います」と語っていた。（http://www.waza.javada.or.jp/info/2018/1108-2018-1.html）

また中学生には、まる一週間（月－金）、職場体験をおこなう「チャレンジ・ウィーク」事業を二〇〇七年以降、教育委員会と相談をしながら、滋賀県全域で進めてきた。地域にある商店や事業所などで、それぞれ個人的な希望を出してもらい、それに応じて五日間以上の職場体験を実施する。働く大人の生きざまに触れたり、自分の生き方を考えたりする機会とし、自分の進路を選択できる力や将来社会人として自立できる力を育てるものだ。県内のすべての公立中学校（一〇〇校）で、二年生すべて（約一万四〇〇〇人）が体験できるような制度であり、この事業は、現場の先生の努力や事業所の協力が不可欠だ。近年は全国の都道府県で進められているが、滋賀県のチャレンジ・ウィークは先駆的なものであった。

事業の成果について、二〇一七年に三十三校を抽出して中学生三九〇〇名、保護者二〇〇〇名、受入事業所一一〇〇名、教職員二〇〇名へのアンケート結果が滋賀県教育委員会のＨＰで紹介されている。まず中学生については、体験前と後とで比較アンケートをしているが、「働くことの大切さや苦労がわかる」については、体験前は五〇・八％だった回答が体験後には八二・四％に増加している。「学習への前向きの取り組み」では、体験前は三八・二％だったものが五三・六％と増大している。「不得意なことや苦手のことでも最後までやり通している」「周囲と力を合わせて清掃や係の仕事をしている」の項目でも体験の前と後とで大きな成果があった。しかし、「自分の進路やつきたい職業などについて考え、今、しなければならないことへの理解」「働くことについて、親（保護者）と家庭で話をしている」などの項目では、体験の前後での変化は数パーセントにとどまっており、短期間の体験だけでは職業意識の強化などに大きな変化を期待するのは困難と思われる。それだけに、中学校に続いて高校や大学などでの継続的な職業意識教育も重要であろう。

高校生に対しては、職業高校における企業でのインターンシップはもちろん、普通高校でも職業人に直接学校訪問をしてもらい、直接体験を聞く場を設けるキャリア教育推進事業を二〇一一年からはじめた。さらに若い人たちに馴染みの薄い伝統産業に高校生や大学生が弟子入りして体験できるプログラムも、二〇一一年からはじめた。

とくに高校生の教育は、その後の地域への定着人材を育てるために重要なものである。滋賀県内には四十八の県立の公立高校があり、県としての方針と予算で運営されていた。私が就任した二〇〇六年段階では、実は県内高校の大幅な再編計画があり、小規模校については十校以上が廃校の計画にあがっていた。確かに高校生の人数が全体として減少する中で、また施設が老朽化する中で、再編計画は避けてとおれなかったが、その影響を最小限にするべく、私は次のような方向を示した。

①人口が減少しつつある地域でかつひとつの地域（市・郡）で複数校あるところについては、合併再編は避けてとおれないだろう。具体的には長浜市で一校（長浜北高校）、彦根市で一校（彦根西高校）の再編をおこなう。ただし、再編後の教育課程の充実や施設整備は地域の意見を十分に聴いて、満足度の高い施設とする。（この二校の再編については数年かけて進めたが、名称、施設など、地元での不満がまだ残っていることも確かであり、批判があることも承知している）。

②ひとつの地域（市・郡）で単独校の場合には、地域の活力維持に果たす高校の役割は大変大きいものがある。それゆえ、それぞれの学校の個性を見極めながら、地域との連携を進め、できるだけ合併を避けて、県立高校の多様化をはかり、中学生の進路の選択肢を広げる。たとえば甲南高校に合併予定だった信楽高校は、信楽焼の特別クラスをつくり県外からの生徒をいれることで地域活性化をはかることとし、地元甲賀市と協力しながら、単独校としての維持をはかった。

③同時に職業教育の強化もおこない、工業系三校、農業系三校については各種の地域連携プログラムの支援もおこなった。たとえば農業高校である八日市南高校では、高校生レストランの企画を応援し、また同じく農業高校である湖南高校では、西川貴教企画のイ

ナズマロックフェスと協力をして、自分たちが育てた米を、「イナズマカレー」として売り出したりした。また彦根工業高校では、地域防災の拠点づくりの手助けとして、「かまどベンチ」づくり（本書の第5章で詳しく紹介）を高校生が主体となり県内各地への普及への活躍舞台をつくった。

高校教育の整備については、全施設の耐震化を十年計画でおこない、二〇一四年度には一〇〇%の達成をしたが、学校の要望が高かったクーラー設置はできなかった。三日月知事になって二〇一八年以降、猛暑の夏を経て、施設整備が進んだことはありがたい。

図4　県庁子ども参観日（2013年8月）

また、事業所における親の仕事への理解を深める一環として、県職員向けであるが、二〇〇七年から「県庁子ども参観日」を開始した。夏休みに県職員の子ども（小学校一年～六年）を親の仕事場に招き、そこで仕事場面をみて理解を深めてもらうという活動だ。訪問してきたすべての子どもたちには知事室を訪問してもらい「将来、どんな仕事をしたいのか」などの話題を出して、直接対話の場をもった。男の子は圧倒的に多くの子どもが、野球選手、サッカー選手など、スポーツ選手になりたいと言う。医者、科学者などに交じって、大工さんなど、職人系の仕事をあげる男の子も決して少なくない。これらの仕事があこがれの的になっているのもわかる。女の子の将来の仕事イメージは多様だ。保育士さん、学校の先生、お医者さん、看護師さん、獣医さんから、お菓子屋さん、お花屋さん、デザイナー、そしてお母さん。

対話の最後には私はいつもこう伝えてきた。「子どもは力がないと思うかもしれないけれど、みんなはとっても大きな力をもっているのよ。というのも、お父さんもお母さんも、疲れて仕事からかえってきて、みんなの顔をみたら、それだけで元気になるのよ。もしみんなが、〝つかれていない、肩もんであげようか〟とか、〝ビールついであげようか〟と言ったらそれだけで大人は心から元気になるのよ」と言って、私がいかに二人の息子たちに助けられて、県職員としての仕事を続けることができたかを話している。

県庁という組織での紹介で恐縮だが、個別の企業でも経営側が、子育てや家族を支援する仕組みをつくることは、社会全体としても大事な方向を示すことになるだろう。前の章で、国としても「子ども・家族省」のように子どもや家族の存在をど真ん中において、横串をさす政策を推奨したが、個別企業や事業所の運営責任者が、子育てや家族に心からの愛情を示すことが、結果として少子化への歯止めとなるのではないだろうか。

企業誘致で地域を元気に！――ローカルとグローバルのバランスをとる

第二次産業が主体の滋賀県の産業変遷

新幹線の車窓などからみると、滋賀県沿線には水田が広がり農業地帯にみえるが、県内の県民総生産に占める農林水産業の比率は五％以下で、第二次産業の割合は四五％であり、この比率は全国一位である。製造業の割合は四一％でこの比率も全国一位であり、実は滋賀県は「モノづくり県」である。人びとの所得の面からみても、第二次産業で働いている人の割合は三三・八一％で全国一位だ。製造業の中での従業者一人あたり現金給与総額は四八七万円で、全国三位で、人びとの所得確保のためにも製造業は大変大事な産業となっている。一製造業事業所あたりの付加価値額が高く、たとえば二〇一五年度でみると、十億円を超えており、全国でも二位となっている。滋賀県のこのような製造業の位置は、一朝一夕にできたものではない。そこには歴史的にみて二つの流れがある。ひとつは江戸時代以来の伝統的な地場産業であり、もうひとつは昭和にはいってからの近代的な製造業の発展だ。

すでに江戸時代から近江では各種の地場産業が育っていた。信楽の焼き物、彦根の仏壇、日野の塗り椀などの工芸品にあわせて、湖東の麻織物（近江上布）、湖北の絹織物（長浜ちりめん）、高島の綿織物（高島ちぢみ）、甲賀の売薬など工業製品も育っていた。近江商人が関東地方や東北地方に行商で持ち運んだ商品の中には、これら麻織物や絹織物、そして麻蚊帳やお椀など、地元近江で製造されたものも多かった。もともと農地面積が少なく農業だけで生業が成り立たない社会的条件の中で、また交通の要所でもあり、戦国の合戦の舞台になったように、外部からの情報も入りやすいという地理的社会的条件を活かして、近江では進取の産業が育っていた。

たとえば、麻を農地で育てて人びとのニーズが高い蚊帳などに加工し、蚕を育てて絹織物に加工し、その商品を遠方に持ち込んで販売をするという、今でいう「六次産業化」を進めていたのが近江商人であった。需要側に直接出向いてニーズを把握し、生産の場に伝えるという「マーケットイン」の仕組みを工夫したことになる。しかも、そこにたとえば蚊帳を心休まる緑色に染め、赤い角布と金色の金具をつけて、デザイン的にも工夫して付加価値づけをするなど、「感性産業」ともいえる創造性も取り入れている。その総合的プロデューサーが近江商人であり、そこから伊藤忠や丸紅などの総合商社も育っていった。しかも売り手の儲けに、買い手の満足、そして社会的貢献というＣＳＲ（企業の社会的責任）、いわば「三方よし」思想も育っていた。近江にはそのような社会変化の機微に対応し、社会的変革を先導する人材や仕組みが存在していたといえる。

このような伝統的な地場産業に加えて、明治以降の近代化の中で始まった製造業は琵琶湖を活かしたものだった。第一次世界大戦後の大正から昭和の初期、日本全体で紡績業など繊維産業が拡大した時代、レーヨン製造などに都合のよい軟水である琵琶湖の水を求めて、琵琶湖辺には複数の繊維産業の拠点が立地した。一九二七年（昭和二）には東洋レーヨンが大津市石山にビスコース法によるレーヨン糸の生産工場を開始し、次いでレーヨン紡績の瀬田工場に拡大した。一九三〇年（昭和五）には鐘紡が長浜に東洋一の絹布工場の操業を開始し、堅田には東洋紡が研究所を設置した。第二次世界大戦前に大津市でのレーヨン工場の生産高が世界一になったこともある。東レや鐘紡などはその後、素材産業や化粧品産業などとして日本の近代化をひっぱり、後ほど紹介するように、滋賀県製造業の一大拠点となり、炭素繊維や水処理膜の開発・製造など、国際的な成長発展を果たしてきた。

戦後の昭和三十年代には、名神高速道路の開通にあわせて、毎年一〇〇を超える事業所が滋賀県内に立地した。多くは大阪や京都に本社を置き、土地が広く労働力が多い滋賀県に製造拠点を配置することをねらっての進出であった。セラミック製品の京セラや家電製品の松下（パナソニック）など多数の製造業拠点がこの時代に滋賀県に立地した。しかも立地の工場用地の多くは、燃料革命を経て、自給の薪などの供給が減少した里山や、工場用や住宅用開発で需要が減った農業用ため池が活用され、もともとの平野部の大規模な水田地域はそのまま水田として残されてきた。それゆえ、新幹線など平野部の景観は水田風景が優越しながら、中小の丘陵地に工場が数多く立地したことになる。そして、冒頭に紹介したように、生産性の高い製造業を中心とした「モノづくり県」として滋賀県は発展してきたのである。

琵琶湖の環境保全と両立できる企業立地を！

昭和五十年代以降、赤潮の発生から「富栄養化防止条例（石けん条例）」を日本で初めて制定し、滋賀県では琵琶湖の環境保全が地域の最大の課題となってきた。そして現在までの四十年あまりの期間に、滋賀県では、真っ先に環境と経済の両立を研究し、各種の実践を進めてきた。環境保全は経済成長の足をひっぱる、あるいは企業誘致の足かせになる、と信じられていた時代から、環境と経済の両立を主張し、実践してきたのが滋賀県であった。その事例として経済界が行政と協力をしながら自主的に進めてきた「琵琶湖環境ビジネスメッセ」による技術情報の交流を紹介したい。

「琵琶湖環境ビジネスメッセ」は、一九九八年から県が後援し滋賀県内経済界が主催をするビジネスメッセであり、環境と経済の両立に向けての最先端の環境製品、技術、情報の発信と商談の場所として定着をしてきた。毎年一五〇を超えるブース出品があり、たとえば二〇一〇年度の来場者数は三日間で三万六〇〇〇人を超えていた。会期終了後に実施した出展者アンケートによると、メッセ出展による売り上げ増大効果は三日間で約七十一億円にもなっている。直接売り上げ効果に反映されない人的つながり、技術的向上や情報価値は計り知れないものがあるだろう。二〇一一年度は十月中旬に開催されたが、3・11の大震災をうけて新エネルギーなどへの社会的関心が高まって、これまでにない参加企業・団体数となり、四万人を超える参加者があった。最新の二〇一八年度は一九九八年から数えると二十一回目の開催となったが、ここでの調査結果をかいつまんで紹介しよう。

図5　2013年環境ビジネスメッセでの韓国慶尚南道副知事と筆者との対談

まず過去二十一回の累計来場者数は約七十七万人であり、商談件数は約六十一万件となっている。商談件数が多いのは、決裁権限のある管理職が、来場者の半数近くを占めていることがあげられる。また、出展者の満足度をみるとほぼ六割が満足と応えており、二〇一八年度におこなった二〇一九年度への出展意向をみると、約八割近くが次年度の出店を計画している。このメッセでは、技術交流だけでなく、出展者自身が特設ステージでプレゼンテーションをおこなう場も設けた。

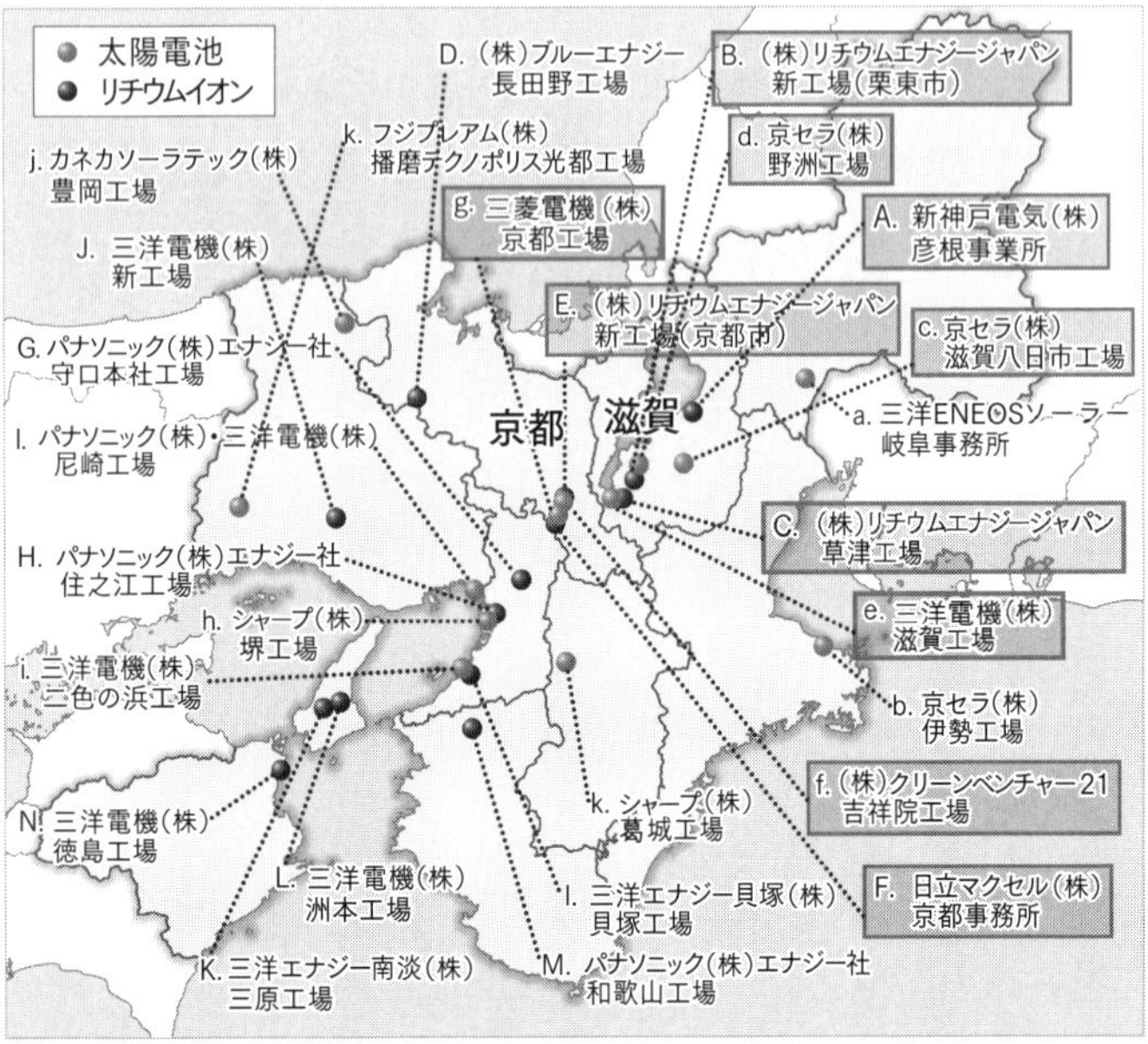

図６　関西にはグリーン産業が集中立地（2014年、日本政策投資銀行の資料から）

商談予約のマッチングシステムを折り込み、最先端の考え方や技術の活用セミナーや充実した商談スペースなども設置し、来場者の願望にのっとった運営となっている。

　このようなビジネスメッセが滋賀県で長年継続して成果をあげられた地勢的背景として、関西企業のもつ、伝統に裏打ちされた技術がある。実は関西には、新エネルギー産業が集中的に立地している（図６）。太陽光のような新エネルギー産業の約七割、蓄電池などの約八割が関西に立地しており、関西は環境産業のメッカともいえる地位を占めている。なぜなのか。日本政策投資銀行は、関西の産業の歴史性にその背景を求めている。たとえば、滋賀県内での個別製造業の発展過程をみると、ものづくり技術のエッセンスをいかに時代のニーズにあわせるか、というねらいをもって新しい展開がはかられてきたことがわかる。前述のように、昭和初期に琵琶湖岸に立地した東洋レーヨンは、繊維生産で発展してきたが、衣料品の繊維製品市場が小さくなる中で、次の販路として微細繊維技術を水処理フィルターへと展開し、今や世界的にも最先端の海水の飲料水化で欠かすことのできない逆浸透膜製造へと展開している。さらに繊維合成技術を、炭素繊維のような軽量強靭化をはかり、CO_2削減を目指す航空機の機体に活用されている。近いうちに自動車の車体にまで活用される予定という。炭素繊維が日常的に車に使われれば、石油一リットルあたりの走行距離は一五〇キロメートルにもなると、エネルギー学者のエイモリー・ロビンスは指摘している。

さらに環境産業の中で急速に期待が高まっている電気自動車にとって、命ともいえる電池産業としてリチウムイオン電池がある。この製造プロセスでは、関西の地場産業が長年培ってきた繊維産業における乾燥と樹脂加工の技術が電池の電極版製造に欠かせない技術を提供している。ここでは、産業種別に応じた「すり合わせ」が求められる。新しい分野の開拓にあたっては、すり合わせ技術や共同実験の中で、最終的にユーザーのニーズに耐えうる製品が求められるのである。このような分野では、図6に示されたように、異業種が地理的にも、社会的にも近い地域に共存している関西の人的、経済的風土は相対的有利性を発揮しているともいえる。新エネルギーを支える蓄電池や、住宅の省エネに必要な燃料電池、あるいは太陽光などの環境産業が、日本全国の中でも京都、大阪、兵庫、滋賀県という関西に濃密に立地しているのは、伝統に裏打ちされた技術が支える歴史的強みが発揮されているともいえるだろう。

新幹線新駅中止後の企業誘致は環境産業で

二〇〇六年七月の滋賀県知事選挙の話題に戻るが、そこでの最大の争点は「公共事業の見直し」であり、とくに県民の投票行動に影響を与えたのは、栗東市ですでに必要性の低い工事がはじまっていた「新幹線新駅」の建設見直しだった。現職の國松候補者は推進方針で、すでに二〇〇六年五月二十七日に駅建設の起工式をおこない工事は始まっていた。また共産党の辻候補は「きっぱり中止」の方針だった。私は知事選挙そのものに住民投票の意味をもたせて、県民の血税を新駅建設に入れる価値があるのか、「税金の無駄遣いもったいない」と訴えて「凍結」の方針を出した。

七月二日の知事選挙の結果、投票結果は、現職一八万五三四四に対して嘉田は二一万七八四二票をいただき当選となった。二〇〇六年七月二十日に知事就任後、連日のように新駅問題の凍結から中止に向けて県政のエネルギーを注ぎ込んだ。工事の協定当事者は四者あった。滋賀県と地元栗東市、周辺市を含む「東海道新幹線（仮称）南びわ湖駅設置促進協議会」、そしてJR東海の四者である。二〇〇七年の十月末に、JR東海と促進協議会との間で工事協定の履行が合意できず、栗東市や周辺市は推進の立場を残したまま、新駅工事は中止となった。（この経緯については二〇一二年に私が執筆した『知事は何ができるのか』〔風媒社〕の2章に詳しく説明している）。

しかし、新駅計画地は五十ヘクタールあり、その区画整理の見直しと、新たな地域振興や土地利用計画の策定が求められた。地元栗東市などと企画をし、その実現をはかることが知事としての大きな課題であった。地権者は二三八名（者）おり、この人たちにとって、土地活用は死活問題でもあった。そこで県の新駅担当と企業誘致担当などが協力をして、二〇〇八年から二〇〇九年にかけて地元との協議を重ね、二〇〇九年九月に後継となる土地活用プランをつくった。その基本構想の柱は、関西全体に強みがあり、かつ琵琶湖をかかえる滋賀県として力を入れて来た環境産業や新産業の誘致とした。

この後継プランの後押しもあり、二〇〇九年の十一月には、株式会社ジーエス・ユアサコーポレーションが、栗東新駅跡地に電気自動車用のリチウムイオン電池の工場を建設する方針を表明した。区画整理事業の中止をして、跡地利用が最も悩ましいことであったが、ここに環境産業として将来性のある会社が立地を決定し、後継プランについて少し方向性がみえてきた。

図７　リチウム・エナジー・ジャパンの入口付近（2019年３月）

時代の流れに則して、大きな潮流を押さえていたら、チャンスは広がるだろう、という県としての方向性が具体的になった。

二〇一〇年一月二十九日には、県と栗東市の間で、後継プランの実施にかかわる支援対象事業やその財政的支援、さらにまちづくりに対する支援に取り組むことを内容とする覚書を交換した。二月三日までには、栗東市土地開発公社が工業団地整備事業用地の全対象地権者と売買契約を締結し、二月十二日には、株式会社ジーエス・ユアサコーポレーションから市長に工場用地の買い受けの申し入れがされ、四月には工場立地が確定した。

新年度の二〇一〇年四月十四日には、株式会社ジーエス・ユアサコーポレーションと三菱自動車などが合弁出資をして、リチウム・エナジー・ジャパン（ＬＥＪ）が、二〇一〇年十月に着工する工場計画を発表した。温暖化対策の切り札として、世界的に需要が高まっている電気自動車用のリチウムイオン電池製造拠点として、全体投資は約四〇〇億円、雇用創出八〇〇人の規模の工場となるという予定であった。新エネルギーや環境産業の育成に力をいれる滋賀県として、また栗東市としても未来成長型の環境産業誘致をのぞんできた中で、この立地は大変ありがたく、心強いものだった。税金を数百億円投資する新幹線新駅計画、駅はできても乗降客が伸び悩み、ホテルや駅前広場、駐車場は閑古鳥という状況を想像すると、それに代わって、税金は入れずとも民間投資が数百億円なされ、雇用も確保される、という「願ったり叶ったり」の企業投資であった。

二〇〇六年七月の知事選挙で公約として掲げた新駅の「凍結・中止」が実現することとなり、県民の皆さんとのお約束のひとつを果たすことができた。ここで節約した税金の一部十二・五億円は、二〇〇九年十一月議会で「福祉・教育振興基金」に積み増しし、最初にマニフェストでお約束したように、県民の皆さんの要望が高い子育てや医療、教育の分野に活用できるようになった。二〇一一年夏には、リチウム・エナジー・ジャパンは、さらに約五ヘクタールの第二期造成の土地を取得し、生産増強をはかることを公表し、本社も京都市から栗東市に移した。二〇一八年末段階で、栗東工場への投資は六七五億円となり、世界でも最大の車載用リチウムイオン電池の生産体制が整ったことになる。

今後の課題は、新駅計画跡地の全体的活用である。二〇一八年までには、道路等基盤整備も進め、大型のホームセンターや流通拠点が立地したが、五十ヘクタールすべての土地利用計画が完成したわけではない。またたとえ土地がすべて埋まっても、県が呼びかけて進めてきた新駅建設計画を政治的に中止をした私への責任を問う声は今もまだ大変厳しいことは自覚しておかなければいけないであろう。

環境保全型、内需型、研究開発型の企業誘致、八年間で二五〇社を超える

前述のように琵琶湖と水田、森林環境が目立つ滋賀県だが、県民の暮らしを維持する所得源は圧倒的に第二次産業が重要である。県税収入の中でも、法人事業税は一九九八年度以降、年変動はあるが四〇〇億円から六〇〇億円程度を占めていた。県税収入に占める割合は三〇～四〇%となっていた。しかし二〇〇六年に私が知事に就任した二年後の二〇〇八年に始まるリーマンショックで、二〇〇九年、二〇一〇年と法人税額は二〇〇億円にまで減少してしまった。また県内立地企業数もリーマンショックまでは年間平均三十社近くあったが、それが二〇一〇年には二十社近くまで落ち込んでしまった。そのときに個別企業別の税収変動をみると、製造品輸出を主とするグローバル企業の税収入の不安定性が目立った。逆に、生活用品など内需型企業での雇用と税収は安定的だった。また健康・医療系も需要は安定していた。同時に、最終製造品産業と比べると、研究開発系基地をもっている企業の雇用と税収は安定していた。また環境保全系企業は、琵琶湖と共存する滋賀県政としては一貫して求めてきた方針であった。

そこで二〇一〇年の知事二期目にはいって、一期目以上に力をいれて、補助金投資をしなが

らも積極的企業誘致を進めた。分野としては「環境系」「健康・医療系」「内需系」「研究開発系」の四つの領域について優先的に誘致をした。世界的な景気変動などに影響を受けにくい、安定系な雇用創出と税収確保のためである。また本社機能を強化する企業には優遇税制も配慮した。また県の遊休地の工業用地開発や研究開発のためのＳＯＨＯオフィスの整備なども一期目時代から継続しておこなった。その結果二〇一〇年を底に立地企業数も次第に回復をし、法人税収も三〇〇億円から二〇一八年には四八一億円にまで回復した。二〇〇六年七月に私が就任してから退任する二〇一四年までに滋賀県内が誘致した企業数は二五〇社を超えた。

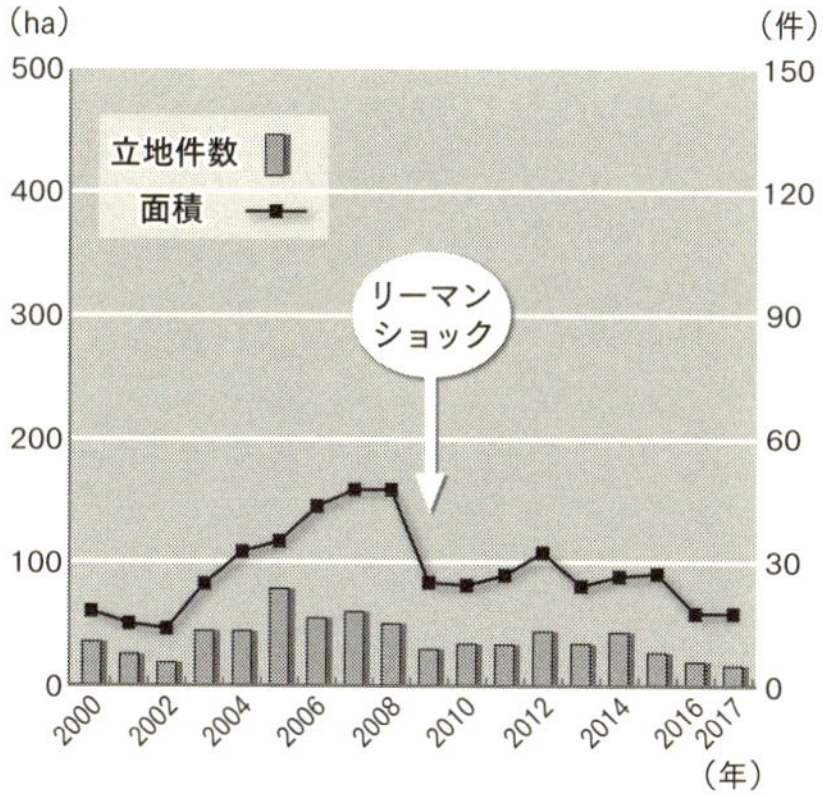

図８　滋賀県の工場立地動向（面積・件数：1996年～2017年）

図8には二〇〇〇年から二〇一九年までの滋賀県に立地をした企業数（折れ線グラフ）と立地面積（棒グラフ）を示したが、前知事の時代から私に移動した二〇〇六年前後から立地企業数は毎年四十件を超えて高水準を維持した。企業立地には長年かかるものもあり経過は複雑だが、「嘉田は企業誘致に消極的だった」というい われのない批判は、このデータをみるとあたっていないといえる。しかし毎年四十件を超えてい

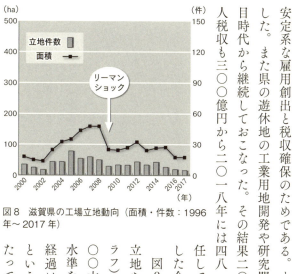

た立地件数は二〇〇八年のリーマンショック後に大幅に落ち込み、二十件代にまで落ちてしまった。そこで後述のように、分野をしぼっての誘致政策を進めた。立地面積については、最近、工場用地の確保が困難となり、小面積の工場立地が増えている。

企業誘致の講演会やパンフレットづくりでは、補助金の内容や、工業用地の準備、理系大学の立地が豊かにあり、人材確保も容易であることなどを強調した。あわせて、それまでの滋賀県の立地項目では欠けていた生活者目線も取り入れた。つまり、交通の利便性やほどほどの都会性と田舎性、歴史も豊富で文化財も多いこと、また琵琶湖や山やまが近く、自然環境を楽しみスポーツ環境も整っていること、あわせてびわ湖ホールや琵琶湖博物館など学びと遊びの環境も整っていることなども広報した。このような方針は、三日月県政でも踏襲されている。

行政として誘致や増設に協力した特色ある企業をいくつか、それぞれの企業別のパンフレット等を参考に紹介しよう。

まず環境系でかつ研究開発系では、堀場製作所がある。京都市から大津市の湖西地区に、開発・生産拠点「HORIBA BIWAKO E-HARBOR」を移し、二〇一四年に建設を開始した。HORIBAの分析技術は世界でも高く評価されているが、リード技術は、自動車計測、環境・プロセス、医療用、半導体、科学の五つの事業分野において相互に応用されていた。「HORIBA BIWAKO E-HARBOR」では、主力の自動車排ガス測定装置などの営業・開発・設計・生産・サービスの一体改革を集中し、顧客ごとに異なる仕様に対応するため、設計・生産を有機的に融合させ、かつ新生産方式を導入することで、リードタイムは三分の一に短縮し、生産性の二倍向上を目指して競争力を強化した。延床面積は約二万七五〇〇平方メートルで地上十階の鉄骨構造、建設費を含めた総投資額は約一二〇億円。建屋の特徴としては大きな階段の「SKY ATRIUM」を真ん中に配置し、階段を使って移動することで生まれる職員同士のコミュニケーションを生かして情報伝達を活性化するという意図が込められていた。まさに大型客船のような構造で、工場から琵琶湖を見渡すと大型客船に乗っているような風景が見える（図9）。設備面では、空調の排熱利用やLED照明の導入などエネルギー活用の効率化をはかった環境配慮型の工場となっている。さらに従業員の健康促進も後押しし、琵琶湖を望む環境で皆が安全で健康に業務に従事できる環境づくりを目指したという。

図9「HORIBA BIWAKO E-HARBOR」からの琵琶湖の遠望（2016年5月）

環境系では液晶テレビの日本電気硝子の事業拡大を次に紹介したい。日本電気硝子は一九四九年（昭和二十四）に大津市内で創立し、創業当初のラジオの真空管用ガラスに始まり、現在では、自動車・輸送、情報通信・半導体、医療、ディスプレイ、照明、エネルギー、社会インフラ、家電・住設用など、時代のニーズに応じて、各種のガラス製品を開発、製造をおこなってきた。同時に、最先端の基盤技術とそこから生み出される多種多様な形状や機能を持つガラス製品によって、環境負荷の低減、情報通信技術の革新、医療の先進化、暮らしの安全性・快適性の向上という社会的ニーズに応えてきた。技術的発展の中で、二〇一三年には大津事業場内にP＆P技術センター大津を開設し、二〇一四年には能登川事業場内に合弁会社「OLED Material Solutions株式会社」を設立し、新材料の開発を進めている。

またガラスづくりには大量の地下水が必要であり、滋賀県内東近江市に立地する能登川事業所は愛知川の中流部の伏流水を、また長浜市の高月事業所は高時川の伏流水を利用している。そのような中で、能登川事業所内には、上流の森林への感謝を込めて愛知川の森を復元し、水源涵養や昆虫や鳥類などの生き物の生息場所としている（図10）。この森は、社員が誇りを持ち健康で生き生きと働くことができる環境・風土づくりの一環でもあり、林内の散策路には、工場内での仕事を終えた社員が森の緑を楽しんでいる姿がみえる。

創業六十周年当時の有岡雅行社長は環境への配慮の行き届いた経営者で、周年事業の一環として、滋賀県に大金の寄付をいただいた。寄付の理由は、「孫が〝うみのこ〟という環境学習船で勉強してとっても喜んでいた。それが老朽化したというので是非〝うみのこ二号〟の建設に役立ててほしい」ということだった。実は私が知事時代、老朽化したうみのこ一号を立て直す予算確保が難しかったのだが、有岡会長はじめ日本電気硝子さんの貢献は大変大きなものがあった。

琵琶湖水を利用するレーヨンづくりの拠点として一九二七年（昭和二）に大津市石山に立地した東レは、滋賀県の産業と雇用、そして地域づくりを担ってきた中心的企業だ。レーヨンやナイロンなどそれぞれの時代の最先端の技術を開発し、それを製造ラインに乗せるという一連のイノベーションを担ってきた功績は言葉に言い尽くせないものがあるだろう。その繊維製品づくりの技術が近年は、飛行機や次世代自動車に活用可能な軽くて強い素材の炭素繊維や、海水の淡水化などを可能とする逆浸透膜の開発に生かされている。

図10　日本電気硝子株式会社能登川事務所内の緑道。地元の鈴鹿山系の潜在自然植生を活かした樹木が広がる（日本電気硝子株式会社提供）

東レグループは、「わたしたちは新しい価値の創造を通じて社会に貢献します」という企業理念のもと、基礎素材産業として、地球環境への貢献をはじめ、人びとの安心・安全や生活の質的向上に資する新技術・新製品のたゆまぬ開発と事業化を推進している。また、「企業倫理・法令遵守」並びに「安全・防災・環境保全」を最優先の経営課題として位置づけ、CSR（企業の社会的責任）活動にも積極的に取り組んでいる。

東レが長期経営ビジョンとして示している中で、私たちが大きく期待するのが、地球規模での環境保全への素材産業としての貢献である。すでに前述したが、鉄に代わる、強くて軽い素材としての炭素繊維は今後の省エネルギー自動車や飛行機に欠かせない素材である。一九七〇年代から世界中の企業がこの「夢の素材」に希望を託して開発に取り組んだ。しかし、多くの欧米企業は開発途中で断念をして、最後に東レが残った。この理由を、東レ社長の日覺昭廣さんに直接うかがったことがある。日覺社長は「それは日本の資本家のおかげです。欧米では資本投資する側が、いつ結果が出るかわからない長期的な開発投資を許してくれない。しかし日本の投資家、とくに東レの株主は、じっくりと炭素繊維の開発投資を見守ってくれた。これは株主のおかげです」と言っておられた。

東レの開発製品は飛行機や車ばかりではない。真冬の寒さを守ってくれる「ヒートテック」の下着やTシャツも東レ素材が提供されている。地球規模の課題として今後ますます緊急性を増す環境問題や資源・エネルギー問題。その解決に貢献するグリーンイノベーション事業および医療・健康などのライフサイエンス分野における貢献を目指した事業に、滋賀県としても多方面から連携を進めている。

「健康・医療系」企業のタカラバイオ株式会社は、前身である寳酒造株式会社（現・宝ホールディングス株式会社）のバイオ事業部門としてスタートした。近年は、「遺伝子治療などの革新的なバイオ技術の開発を通じて、人びとの健康に貢献する」という企業理念のもと、基幹技術であるバイオテクノロジーを活用し、三つの事業を展開している。世界中の大学・企業に研究用試薬や理化学機器、受託サービスなどを提供する「バイオ産業支援事業」を収益基盤として、「医食品バイオ事業」の成長分野を含み、将来的には「遺伝子医療事業」を拡大していくという。とくに今後社会的需要が拡大するがんなどの遺伝子治療の臨床開発およびその商業化を進め、さらなる成長をはかるとされている。また、再生医療を促進する政策を追い風に、幹細胞を用いた基礎研究や再生・細胞医療分野に向けた新製品開発を加速させるという。

その普及拠点として、二〇一四年には滋賀県草津市に遺伝子・細胞プロセッシングセンターを竣工し、再生医療等製品や遺伝子治療薬の開発製造支援サービスを開始した。二〇一五年には本社機能を草津市内に移転し、さらなる発展を目指している。滋賀県としても、健康・医療系産業の中心として支援してきた。

南草津駅前に立地するニプロ総合研究所は、研修を通して、医療に貢献する拠点だ。医療技術の進歩や医療機器の高度化に伴い、医療安全の充実と医療職の人たちに課題解決能力やスキルの向上が実践できる場となっている。具体的には、医療職者向けの専門的研修施設を「ニプロ iMEP」と名づけ、模擬四名病室や、個室型模擬病室を配置し、高度シミュレーターの遠隔操作ができる講師副室を備え、高度課題解決型研修向きとされている。また、在宅医療・在宅介護研修に対応する模擬居宅室も設けており、急性期医療から退院後の在宅医療までを一連の流れとして学習できる環境を提供している。

「健康・医療系」企業ともいえる米プロクター・アンド・ギャンブル（P&G）は、洗剤、紙おむつ、ヘアケア製品、化粧品、小型家電製品など、暮らしと密接につながった製品とサービスを製造する日用品メーカーだが、滋賀県野洲市内に一九七三年（昭和四十八）に滋賀工場を設置し、近年は、高級化粧品として人気のスキンケアブランド「SK–2（エスケー・ツー）」ブランドのほとんどが滋賀工場で生産されている。近年は生産能力を二倍に引き上げ、「メイドインジャパン」をアピールして、アジア訪日客などに販売攻勢をかけている。滋賀工場では二〇一三年三月末、P&Gグループの日本の工場として初めて廃棄物ゼロ工場に認定された。同グループが世界の生産拠点で進める廃棄物ゼロへの取り組みの一環である。同グループは、生産工程から出る廃棄物を埋め立てしない方法で処理する「廃棄物ゼロ工場」の認定基準を設定しており、三カ月間連続してゼロのデータが出ると、専門チームが審査してゼロ工場に認定する。廃棄物ゼロに向けて、ゴミの分別のほか、製品搬送用のパレットや出荷の際に商品を入れる段ボール箱をそれぞれプラスチック製に代えて、繰り返し使えるようにするなどの取り組みを実施している。さらに、燃えるゴミは焼却して熱エネルギーとして利用。焼却後の灰も処理した後、道路の材料などに使われるようにしている。

次に「内需系」の企業として、積極的に誘致した企業のいくつかを紹介しよう。株式会社ルピシアは世界のお茶専門店で、世界各国の産地から輸入した紅茶や烏龍茶、日本茶を素材として、オリジナルのブレンドティーやフレーバードティー、ハーブティーなど、年間四〇〇種類以上のお茶を発売している。またスイーツやその他の食品を幅広く取り扱う製造小売業でもある。このルピシアの主力生産拠点として、二〇一三年に甲賀市水口町に工場が建設された。全国一四〇以上の販売店舗や、通信販売や卸売などで製品提供をしている。甲賀市立地にあたっての好条件は、滋賀県の誘致とともに新名神高速道路の交通網が整備されたことにもある。

株式会社やまみは、本社は広島である。豆腐、厚揚、油揚、水産練り製品の製造販売業で、二〇一二年に関西工場として甲賀市水口に設置された。関西と中部圏域を販売先としている。やまみの場合も、関西圏と中部圏を結ぶ新名神高速道路の利便性が立地の動機となっていた。また、豆腐類は、食品の中でも「日配」と呼ばれる賞味期限の短い食品であり、外国からの輸入に頼ることができない、国内での継続的製造が約束される製品でもある。やまみは、近年急速に売り上げをのばしており、日本一を目指して拡大を続けている。その勢いは、地元甲賀市の振興にも大きく貢献している。

株式会社エフベーカリーコーポレーションは、大阪に本社を置くパン類の製造業者である。

近年はコンビニエンスストアと提携して、それぞれのプライベートブランドのパン類を開発し、提供している。コンビニの場合には新商品の開発も市場調査から始まり、試作から店舗への提供まで、すばやい対応が求められる。交通の利便性は重要であり、名神高速道路の彦根インターの利用を考え、近隣の多賀町内に立地した。実はこの立地場所はもともと芹谷ダムが建設される場合の水没集落が移転する予定地であった。芹谷ダムの中止後、すみやかにこの土地の活用をおこなうために、県としても企業誘致を優先した場所である。

株式会社サンデリカは、大津市南部に内需型として立地した食品製造業で、山崎製パン関連の調理パン、米飯、惣菜などの製造販売を主とする会社として設立された。中食市場をリードする製品を意欲的に提案し、コンビニエンスストアの歴史と共に成長してきた。今や八兆円を超えると言われる中食市場であるが、今後も女性の社会進出、核家族化、少子高齢化が進み、さらに市場拡大と市場そのものが変化し続けるとされ、変化する市場の一翼を担う企業として発展しつつある。とくに最近は、パン類にプラスして麺類の総合メーカーと連携し、消費者の需要に根ざした中食産業として発展している。この企業の立地も、交通網の利便性により大津市南部の名神高速道路と新名神高速道路の近隣地に立地をした。

以上、本節では「環境系」「健康・医療系」「内需系」の製造業の紹介をさせていただいたが、次節では、滋賀県ならではの農林水産物や地場の鉱工業素材や文化財などの観光資源を活かして、新商品や新サービスを開発し、販路開拓などを支援する政策を、「地域の魅力まるごと産業化」として紹介しよう。

地域の魅力まるごと産業化でブランド価値を高める

前節では、人びとの生活の基本である収入の確保のための産業政策について、とくに外部からの企業誘致、グローバル企業も含めての誘致とともに、滋賀県としての企業育てについて詳しく紹介した。ここでは、地域の農林水産物や鉱工業製品、文化財や自然の風景などの、滋賀県ならではの地域資源を活かした商品開発やサービス開発や販路開発までの一貫した支援のために設置された「新事業応援ファンド」についてまず触れてみたい。その後、「おいしが うれしが」を紹介したい。消費者目線、需要側目線による、農畜水産物を楽しみかつ素材を提供する側がうれしいと思う、食を介したコミュニケーションづくりを目指した政策である。

三点目には、滋賀ならではの資源や素材を活かし、心の豊かさや上質な暮らしぶりといった滋賀らしい価値観を持つ商品やサービスを集めて評価をして発信する「ココクール」選定の意図を紹介したい。そして滋賀県の地域資源を活用した商品やサービスを首都圏の消費者に届ける拠点としての東京でのアンテナショップ「ここ滋賀」の経過と現在について触れる。

四点目には、琵琶湖を中心として、水にかかわる文化財を「水の宝」として発見、精査する中で生まれてきた、観光的ストーリーによる「日本遺産」についてご紹介しよう。

感性を活かした新事業応援ファンド――地域資源の発掘・開発・発信

二〇〇六年の滋賀県知事選挙用のマニフェストで私は、「強い滋賀で、若者や女性にチャンスを」という項目で、伝統的な産業を支える若者の育成や、農林水産業の自然・環境の特化した観光創出や、地域の魅力を活かした「感性産業」について、企業経営が成り立つような開発や、販路開発への支援を約束した。また、環境、観光、福祉分野の女性の就労や経営的ノウハウの支援も約束した。

そこで二〇〇八年度から四十億円の基金を造成した。運用機関を十年とし、毎年運用益を約五六〇〇万円ずつ充てるという「しが新事業応援ファンド助成金」制度である。この財源は二種類あてた。ひとつは一九九〇年代から計画していた「びわこ空港」計画が中止となった結果、そこで生み出された財源六億円と、国による独立行政法人中小企業基盤整備機構からの無利子貸付金三十四億円の合計四十億円である。事業の目的は、「滋賀県の地域資源を活用した、新たな価値を創造する新事業を支援することにより、地域ブランド力の強化と地域経済の活性化をはかる」ことであり、地域資源としては「農林水産物」「鉱工業製品、またはその生産にかかわる技術」「文化財、自然の景勝地、温泉等の観光資源」の三つのカテゴリーである。

「農林水産物」では、地域独自の品種であり、「あおばな」「赤丸かぶ」「アドベリー」「伊吹大根」「近江牛」や「琵琶湖産アユ」「ビワマス」「ホンモロコ」など、一〇〇種類近くの農林水産物が対象資源となる。また、リスト化されていない地域資源も追加された。たとえば、万葉の植物「ムラサキ」は、後から追加された資源でもある。

「鉱工業製品、またはその生産にかかわる技術」としては「近江雁皮紙」「近江真綿」「高島クレープ」「信楽焼」「滋賀の地酒」「和楽器糸」など五十種類を超える産物が指定されている。

「文化財、自然の景勝地、温泉等の観光資源」としては「安土城跡」「姉川古戦場」「石山寺」「伊吹山」「彦根城」「高島トレイル」など、二〇〇種類を超える項目が含まれている。

事業申請できる母体としては、株式会社、個人商店、NPO法人などに加えて、任意団体や個人でも申請できる仕組みとした。というのも、新しいアイディアというのは個人などから生まれる可能性も高く、ゼロからの挑戦を認めるためでもあった。結果的には、個人のアイディアまでも対象にしたことで、後で述べる、地域づくり協力隊員が個人としてアイディアを育てて製品づくりまで発展させた東近江市のムラサキの化粧品化などが生まれた。

二〇〇八年から二〇一八年までの応総数は五六〇件にのぼり、その中で採択された事業は三七八件となっている。二〇一七年までに終了した件数は二七九件であり、事業化を達成した件

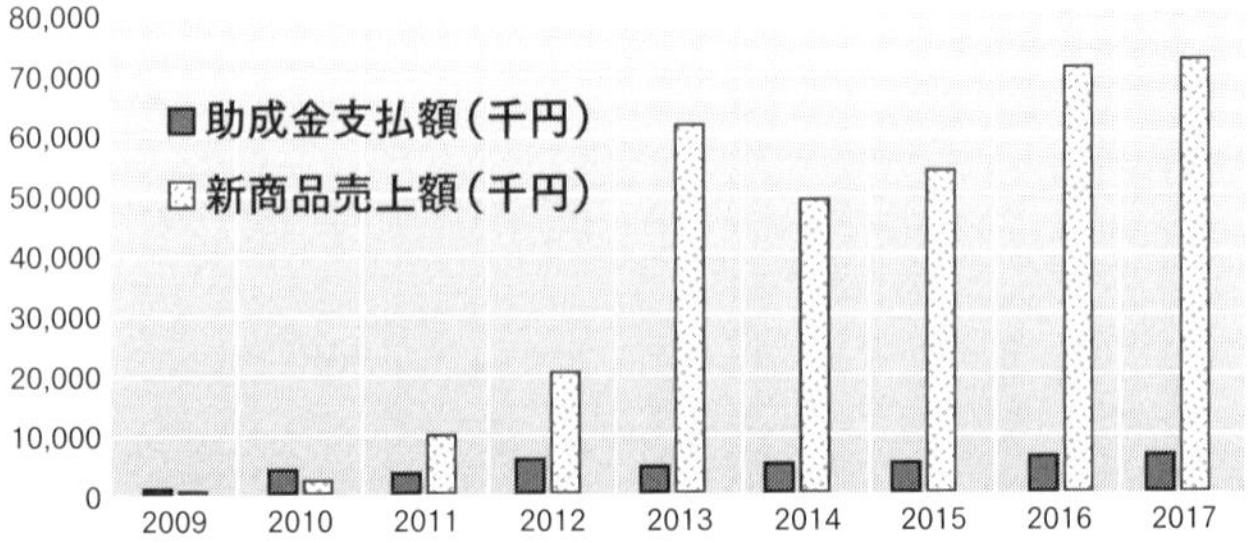

	2009	2010	2011	2012	2013	2014	2015	2016	2017	累計
助成金支払額(千円)	4,947	40,631	31,495	54,365	44,691	50,869	53,426	62,454	65,730	408,608
新商品売上額(千円)	987	20,739	99,171	204,071	617,393	491,738	537,447	707,086	724,316	3,402,948

・年度ごとに、支払った助成金額と新商品売上額を示した。
・助成金支払額累計は 4. 0 億円（平均 4, 540 万円 / 年）に対し、新商品売上額支累計は 34. 0 億円（平均 3. 8 億円 / 年）である。
助成金支払額に対し新商品売高は 8. 5 倍になっており、大きな成果が出ている。

図 11　新事業応援ファンド　年度別の助成額と新商品売上額

数は一九四件となっている。また助成金総額は約四億円であり（年平均四五四〇万円）、新商品売上額累計は三十四億円である。助成金支払い額に対して、新商品売上高は八・五倍で、経済的にも大きな成果があがっているといえる（図11）。具体的な事業項目とそのアイディアの伝統維持力や、新規性、独自性などをみてみると、経済的な金額以上に、まさに滋賀県地域ならではの地域資源の価値を発掘できている。六次産業化への重要な足がかりとなり、地域の魅力発掘や、地域の誇り育てなど、社会的、文化的成果が出ているといえよう。次に具体的にリストを紹介してみよう。

「農林水産物」分野では、

① 滋賀初の自社牧場生乳を活用した「塾生発酵チーズ」製造販売
② 近江八幡の水郷ブランド地酒「権座」副産物の

ゼロエミッション商品開発
③　近江米「米粉」と「豆乳」等でつくる和菓子事業
④　「全国水の郷百選&びわ湖源流の郷」食文化プロジェクト
⑤　「伊吹大根」を活用した加工商品開発
⑥　「ビワマス」を活用したブランド展開プロジェクト
⑦　「万葉の植物ムラサキを活用したシコンコスメの開発」
⑧　「アドベリー」を活用した新たな滋賀の土産開発・販路開拓
⑨　環境こだわり「農産物（しそ）」を活用した海外向け赤シソジュースの販路開拓
⑩　滋賀の地酒、「むべ」を活用したシャーベット商品開発

「鉱工業製品、またはその生産にかかわる技術」
①　「ビワパール」を活用したアクセサリーおよび雑貨の新商品開発事業
②　「艸方窯」を活用した光が透ける信楽陶器作品
③　高島市産建築用木材を活用した木質舗装の施策開発販路開拓
④　「八幡靴」を活用したオーダー八幡靴の開発と販路開拓
⑤　伝統的工芸品木製樽桶技術を活用した新商品の開発と海外展開

⑥「高島ちぢみ」を活用した縫製品の施策開発、販路開発
⑦「近江雁皮紙」を活用した和紙糸商品（ジャケット）の開発事業
⑧「信楽焼」を活用した蓄熱式薪ストーブ開発
⑨湖北の「伝統和楽器糸」を活かした商品・洋楽器弦への進出
⑩「びわ湖材」を活用したオリジナルカロムの販路開拓

「文化財、自然の景勝地、温泉等の観光資源」
①湖北地域の十一面観音・木之本宿等を活用した観光資源イラストを活用した商品開発
②琵琶湖と自転車タクシー・自転車を活用したガイド付きツアーの開発
③比叡山、比良暮雪、雄琴温泉を活用した比良比叡トレイル観光コースの開発
④「西の湖」を活用した地域体験ツアーの開発
⑤「伊吹山・横山岳」を活用した山里宿泊体験ツアーの開発

十年間に事業が終了した二七九件のうち、右にあげたものはほんの一割ほどしかないが、それぞれの事業と製品名をみると、それだけで開発した会社やNPO、また個人の顔がうかぶほど、それぞれに個性的な存在となっている。ここで開発された作品のいくつかは、後ほど紹介

する「ココクールセレクション」に選ばれ、それが二〇一七年に東京日本橋に進出した滋賀県のアンテナショップ「ここ滋賀」での人気商品としても育っている。

「文化財や自然の景勝地」などは、新事業応援ファンドの地域資源数としては二〇〇項目を超えて最も数が多かった。しかし、事業として開発された事例数は少なかった。ここに観光や体験ツアーのようなサービス系の商品開発の難しさがある。そこで最後に紹介するように、文化財を点として単品で紹介するのではなく、琵琶湖の水遺産としてストーリー化してつなぐ、というような物語性が有効であることもわかってきた。観光交流を目指した地域資源発掘として「水の宝100選から水の日本遺産」を紹介しよう。その前に、まずは農畜水産物に注目した地産地消戦略について紹介したい。

農畜水産物を需要側目線をいれて「おいしがうれしが」

私は農学部の出身であり、二〇〇六年に滋賀県知事に就任するはるか以前の一九七〇年代から、滋賀県内の農山漁村の社会調査をして各地をまわってきた。米や牛を中心にしながら、各地で路地の伝統野菜や、琵琶湖の魚介類など多様な食材があるのに、「ここは何もない」と地元ではついつい自らの足元を卑下しがちだった。滋賀県で生産された野菜がお隣の京漬物などでブランド化され、近江野菜というブランドもなかった。いわば「縁の下の力持ち」で本当に

図12　おいしが うれしがキャンペーンでビワマスをもつ筆者（2013年10月）

「もったいない」と思っていた。そして県の農業政策も生産者団体を主眼としての生産政策が多く、消費者向けの政策、あるいは食品加工業や料理を活用する観光業などとの関係が大変弱いと感じていた。

そこで、上流といえる食材の生産から中流部の流通加工料理、そして最下流の消費者まで、川の水が流れるような連携の仕組みが重要ではないか、という政策をねり、二〇〇八年から予算化して生まれたのが、「おいしが うれしが」政策だ。新しい滋賀県の地産地消運動のうねりだ。図12のようなポスターやロゴマークをつくりだした。「食べた人がおいしい　提供した人がうれしい」という食を介したコミュニケーション運動の呼びかけでもある。「自然がおいしい　心がうれしい」「やっぱり地のもんがええなぁ」というフレーズも、自然豊かな滋賀県の風景をイメージして生み出した表現だ。また滋賀県の「しが」のかけ言葉も記憶に残りやすい。この運動は滋賀県内で生産された農畜水産物の販売業者や加工業者を「推進店」とし、また関心ある住民などを「サポーター」として登録をしてもらい、地産地消を進める仕組みで、キャンペーンをはじめた。十年目の二〇一九年一月末段階で推進店が一七〇九店、サポーターは三七二名にのぼっている。

とくに需要側への働きかけとしては三つの領域に広げていった。ひとつはホテルやレストランなどの最終需要者に参加をしてもらって、地元で掘り起こされた伝統野菜や湖魚などの素材を活用して、さまざまな新メニューを工夫してもらい試食会をおこなった。たとえば伝統野菜の甲賀市の杉谷地区でしか育たない杉谷ナスビは、肉厚でありながら皮が薄くて田楽にしたら最高だった。湖南市の小粒の下田ナスはまるごとお漬物にできる。琵琶湖固有種のビワマスの鍋物などは和風旅館でこたつを囲んだら人気が出そうなメニューだ。意外な取り合わせとしては、辛みが強い伊吹大根を埋め込んだロールケーキや、赤カブをチョコレート系でつつんだ「赤かぶのトリュフ」を開発したり、話題性も豊富なメニューが次々開発されてきた。

二点目は、開発した新メニューなどをもとに、滋賀県内だけでなく、県外の一流ホテルなどに素材とレシピセットでの売り込みをおこなったことである。たとえば京都市内のホテルでの発表会では、近江牛・アユやビワマス・伝統野菜に加えて、滋賀県の地酒を持ち込み、セットでの売り込みをした。また民間の努力で、大阪中心部に滋賀県産野菜だけを使ったレストランをオープンする店も応援し、梅田の人気スポットにもなった。一方でホテルやレストランだけでなく、コンビニなどより一般向けの店での地産地消の展開もはかった。セブン・イレブンと協力をして開発した「滋賀の恵み弁当」では、「ビワマス飯」に小松菜、近江牛のすき焼きを

図13　守山市の「おうみんち」での昼食レストラン（2019年3月）

いれて人気商品になった。守山メロンを活用したメロンパンなども生産が追いつかないほどだった。

三点目は、各地の道の駅や農産物の直売所の活用だ。具体的に最も日常的に広がった分野であり、農産物販売所は二〇一八年段階で、全県で八十カ所に広がった。そのうち十九カ所が道の駅に指定されている。滋賀県内の道の駅の先駆的存在は、東近江市の「あいとうマーガレットステーション」であり一九九五年に開所した。もともとこの愛東町地域には農業に熱心な町長が、米作に加えて果物や野菜栽培を振興してきた歴史がある。あわせて、滋賀県発の石けん運動にはじまる「菜の花ネットワーク」の拠点施設も愛東町が建設した。「米」「野菜」「花」「果物」「加工品」などの販売だけでなく、レストランや会合施設も整え、キッズコーナーのような遊び場もある複合施設となっている。国道三〇七号線沿いという地の利もあり、滋賀県内では最も多くの売り上げを誇った施設に成長した。旧野洲川堤防を撤去した跡地にできた守山市の「おうみんち」（図13）では、守山メロンなどの名産品をアイスクリームに加工したり、地元野菜や湖魚を活用した昼食バイキングの工夫をして、「毎週土曜日は家族でバイキング」というような根強い人気の定番も生み出してきた。いずれの施設にも、品質管理や、新しい価値表現に挑む人がいることが思い起こされる。

その後、地元農協（JA）や行政の支援により、県内各地に農産物直売所は広がってきた。県のホームページには「滋賀県農産物直売所」が地図と電話やアドレスなどの連絡所とともに、それぞれの特徴が詳しく記されている。また、レストランの併設の有無や、取り扱い品目も「米」「野菜」「花」「果物」「加工品」としてそれぞれの扱い品の紹介もはいっている。農産物販売所は、地元での活用も多く「生鮮野菜は販売所でしか買わない」という住民も増えている。どこの施設も午前中がヤマで、午後になるとほとんど生鮮品目は売り切れとなってしまっている。また、「毎週水曜日は滋賀県内の農産物販売所で買い物をして、琵琶湖岸をドライブするのが夫婦の楽しみです」という京都や大阪などの県外の利用者も多い。

農産物販売所の効果は需要側の人気に注目が集まりがちだが、季節の野菜などを供給する農家側、とくに高齢者で自家野菜をつくり、消費しきれないで余り野菜に苦労をしてきた人たちにも、「小遣い稼ぎができる」「病院に行くより畑にいく方が健康によい」と、高齢者の生きがいにもなっている。これも新しい価値観の転換といえるだろう。というのも、一九七〇年代から滋賀県内での農村調査を進めてきた私自身、その大きな時代の変化を肌で感じてきたからだ。たとえば生活改善グループがいくら地元野菜を広めようとしても大きな心理的抵抗があった。

一九八〇年代初頭の甲西町（現在の湖南市）の会合で、生活改善グループのリーダーの女性がしみじみと言っていたことが今も耳に残っている。「うちのお嫁さんはつとめ帰りに平和堂で沢庵をこうてくるんにゃ。私が家で育てた大根で沢庵つくっても、〝おばぁちゃんのはくさい〟とか言ってつこうてくれへんにゃ」。身近なところにあるモノや身近な人の価値はなかなか理解できず、お金を出して購入するものの方が価値がある、と思い込んでいた時代が確かにあった。

身近な自家野菜や自家漬物の価値がないがしろにされていた時代が、一九六〇年代の高度経済成長期以降、長い間続いていた。私は一九六九年に大学で農学を学びはじめ、近代化で失われる地域の資源や伝統的価値観に大きな危惧を抱いてきた。そこで「近い食」や「近い人」そして「近い水」「近いエネルギー」の価値と意味を環境社会学的に研究をし、書籍や琵琶湖博物館などで発信してきた。そのような新しい価値観を認めはじめた時代の大きな変化を反映した政策が、この「おいしがうれしが」政策といえるだろう。

この延長として、シンガポールや香港など、海外への売り込みにも知事自ら出かけた。シンガポールでは、デパートで一〇〇グラム一〇〇〇〇円以上もの値段の高級近江牛がどんどん売れるのには驚いた。香港では、小アユの佃煮がご飯に相性がいい健康食品という売れ込みで人気一番。近江米も運びこんだ量がすぐに売り切れ、日本食品への人気のほどがわかった。

シンガポールと香港に滋賀県の産物を売り込みにいってわかったことは、両地域とも、食料はほぼ一〇〇％輸入であり、米一粒、卵一個、地域で生産していないという、農業と食の距離の遠さだ。シンガポール市の教育長にお会いすることがあったので、子どもへの教育的課題を指摘したら、教育長自らも、「できたら子どもたちに農作物の生産現場などを訪問して食材生産についての教育もしたい」と言っていた。

そこで滋賀県では、県庁内の農政水産部と観光交流局が協力をして、「フードツーリズム」の企画をねり、海外からの招待ツアーを開始した。二〇一四年のことだ。Food Tourism であると同時に「風土」を訪問をして、地域ならではの食や食文化をその地域で楽しみ、可能ならば生産現場の訪問や収穫体験などを含むことを目的とした旅でもある。あくまでも、「地域ならではの食・食文化を楽しみ」、可能ならば「生産現場での体験」を含むという「グリーンツーリズム」ともつながる活動でもある。とくに関西全体での役割分担を考えたとき、大阪では買い物、京都では文化観光、そして滋賀県では農業現場の訪問など、フードツーリズムを入れ込むことで、それぞれの地域の個性と特色を活かした相互補完的なツアー企画が可能になる。関西広域連合の知事たちがまとまってアジア地域に出かけたときにも、私は滋賀県の個性と役割を、琵琶湖や山の自然を楽しみ観光に加えて、「フードツーリズム」や「グリーンツーリズム」を強調してきた。

二〇一四年に私が知事を退任してからも、三日月知事も一層力強く「おいしが　うれしが」

キャンペーンを進めている。温暖化にも強い品種として滋賀県で十年以上の年月をかけて独自に開発をしてきた「みずかがみ」の生産増強にあわせ、みずかがみの県外売り出しにも一役買おうと、三日月知事自ら県庁正面でもちつきをしたり、米粒のかぶりもので、愛嬌いっぱいの売り出しをしたり、存在感を高めている。

今、日本の農業はＴＰＰの締結をうけてますます困難な時代に突入している。そんな時代だからこそ、独自の風土の中で先人が育ててくれた近江米・近江牛を中心に、伝統野菜や琵琶湖の魚介類をも含めた地産地消「おいしが うれしが」のローカルキャンペーンが、今後グローバルな広がりをもって展開していくことを願っている。

ところが二〇一七年三月に「主要農作物種子法を廃止する法律」が、地方自治体や農業団体の意見などを聴くことなしに突然成立し、二〇一八年四月をもって「種子法」が廃止された。上記の「みずかがみ」など、県独自の品種改良が進められてきたのも、種子法が存在したからであり、自治体にとっても農業者にとっても唐突な廃止であった。日本中、各地の議会や農業団体から「公的資金の支えによる品種育成がなくなれば、現在三〇〇種ある各地の米の中には消えるものがあらわれ、民間企業による種の私物化が進むのでは」「種子の価格が上昇するのではないか」などの懸念が提起された。滋賀県では一端要綱を定めたが、大津市や東近江市など県内十四市町の議会から、種子の安定供給を維持するための条例化を求める意見書が提出された。そこで二〇一九年二月議会で、三日月知事は種子法の規定を引き継ぐ条例の制定を目指す方針を県議会で示した。今後の条例化の実現が期待される。

十年目を超えて継続されている「おいしが うれしが」。縁の下の力持ち、何もないと卑下しがちな滋賀県で掘り起こされ育てられてきた食の文化が根を張り、広がりはじめている。そこから、地域の自信と誇りが確かに育っている。食こそ個々の暮らしを豊かにするだけでなく、人と人をつなぎ、社会関係の融和剤でもある。ローカルにアイディアをねって、グローバルに展開、そのための重要な素材でもある。「近い食」をおいしく楽しみながら、滋賀から、近江からの「おいしが うれしが」の国際化に挑戦したい。

「ココクール」から東京進出の「ここ滋賀」人気へ

京都や大阪という巨大地域ブランドをもつ地域に隣接する滋賀県は、各種のイメージ調査でも存在感が薄いと言われ続けてきた。外部からのそのような評価を県民自身も認めがちで「滋賀県には何もない」「びわ湖しかない」というある意味奥ゆかしい卑下も多くきかれた。それゆえ二〇〇六年の知事マニフェストでは、滋賀県の自然や文化、歴史、また農畜水産物の発信を埋め込み、全体としてのブランド化を企画した。「新事業応援ファンド」や「おいしが うれしが」政策もその一環であるが、さらに自覚的にブランドづくりを進めようと、二〇一二年から「ココクール マザーレイク・セレクション」事業を開始した。「かっこいい日本」をあらわす「クール・ジャパン」に摸して「クール」で、「湖国」である滋賀県にかけて、「ココクール＝kokocool」と名づけて、滋賀県内の農畜水産物加工品や工芸品、旅行サービスなどを公募して、専門家による「選定」プロセスを経ての「認定制度」とした。滋賀の「湖と土と風が育てる滋賀のモノとコト」とし、二〇一八年度末までの七年間で六十九件を選んだ。選考基準は「①滋賀らしさ・創造性、②自然との共生、③三方よし、④上質な暮らしぶり、⑤市場創造性」の五点である。初年度の二〇一二年のセレクションは次の十点であり、その意図が読み取れるであろう。

①「絹の花嫁」浜ちりめんブライドシルクウェディングドレス（長浜市）
②針葉樹が燃やせる国産薪ストーブ「Ritsh」（東近江市）
③琵琶湖・淀川水系のヨシからできたエコ文具「ReEDEN」（愛荘町）
④「北川木工」の日野椀（日野町）
⑤「かたぎ古香園」の朝宮紅茶「紫香楽」（甲賀市）
⑥「工房しゅしゅ」の「湖のくに生チーズケーキ」（東近江市）
⑦「鮎家」の「琵琶マス巻」（野洲市）

⑧「ブリーベリーフィールズ紀伊國屋」（大津市）
⑨ Art × café × shop つくるよろこび「ファブリカ村」（東近江市）
⑩「サンライズカヤックツアー&メロンパン作り」琵琶湖　BSC（大津市）

モノとしては、浜ちりめんのウェディングドレスや、薪ストーブやエコ文具、日野椀、チーズケーキ、琵琶マス巻などであるが、これらのモノはいずれも、右の五つの基準を満たしている。これらのモノ項目に加えて、コト項目が選ばれているところが、ココクールの特色といえる。たとえば、Art × café × shop つくるよろこび「ファブリカ村」は、かつての湖東麻の地場産業の拠点であった工場の設備をそのまま残し、そこに手おりや手づくりアート作品制作の場をしつらえた。主催者は北川陽子さんというかつての麻工場の経営後継者でもある。同時に、カフェとして人びとが集まり、新たな出会いの場となり、モノづくりのアイディアを深める、というまさに創造的で想像的な舞台づくりがテーマの場となっている。毎週末のカフェにプラスしてさまざまな展示即売会もなされ、ショップとしての楽しみも埋め込まれている。また、琵琶湖岸にあるBSCは、今から四十年以上前の一九七六年に水上スポーツの体験スクールを開業し、海外からの修学旅行なども受け入れてきた。創業者は井上良夫さんという自らもイギリスでヨットの教授免許をとってきたスポーツ万能選手だ。このBSCはちょうど湖西にあり琵琶湖上から昇るサンライズ（ご来光）を楽しめる地の利を生かし、そこに関西地方ではサンライズと呼ばれるメロンパンづくりを組み合わせて、スポーツと食を楽しもうというオリジナル企画を提案し、選定された。

これらのモノやコトを生み出す主体は、エコ文具を生み出すコクヨ文具のような大企業から、琵琶マス巻の鮎家という中規模の企業から、浜ちりめんでウェディングドレスをつくる新規のデザイン会社まで多様だ。また日野椀の木工所は職人さんの手づくりであり、甲賀の朝宮紅茶は茶の栽培農家が手工業的に進める製茶業である。先ほど紹介した北川陽子さんや井上良夫さんなどは個性溢れる事業家でもあり芸術家、スポーツマンでもある。さらに生チーズケーキが生み出されたのは、チーズケーキに日本酒製造後の酒粕を加えてまろやかな味に仕立てており、生まれた母体は福祉作業所である。ここのキーパーソンは市田恭子さんというつなぎ役だ。二〇一八年までにココクールに選ばれた六十九件は、第一回目に選ばれた応募母体と共通の多様な制作・創作母体に根ざしている。そしていずれも、アイディアを出したキーパーソンたちが見えやすい仕組みとなっている。

一方で、これらのモノやコトの市場性を考えると、滋賀県内だけの需要ではなく、全国展開を目指しての地域ブランドの向上が必要であろう。そのことで、結果的に地域経済の振興にも役立つものとなる。そこで必要とされるのが、大都市需要者向けのアンテナショップである。

私が知事に就任した二〇〇六年当時、滋賀県のアンテナショップは東京駅近くの交通会館の奥深いところの三階にあり、そこを目指していってもなかなか探しにくい立地だった。またそこに置かれているものも、当時人気が出ていた「ひこにゃん」のぬいぐるみや、県産の日本酒など、種類も限られ、来場者も少なかった。一期目に、内装の改善や販売品の拡大をおこなったが何よりも立地が悪く、また滋賀県としてのモノやコトの発信力も乏しかった。そこで二期目が始まった二〇一〇年にはいってからは、他府県のアンテナショップの見学や研究をし、以下のような方向を示した。ひとつは、海産物や野菜などが豊富な三重県や長野県などとは異なる、生鮮食品などに頼らない滋賀県ならではの発信力を高める新たなモノの開発が必要であること。そのために、「おいしが うれしが」や「ココクール」政策とつなげること。あわせて、今の時代が求める「コト消費」も意識しながら、琵琶湖と滋賀県の歴史や文化に隠されたストーリー性を発信し、滋賀県への誘客の入口の場となるようにする、という二点である。また財政的に厳しい時代、新しい施設を立地させるには県議会や県民の納得を得る見通しが求められる。そこで、永久施設を意識するのではなく、滋賀県で国体が開かれる二〇二四年をめどに時限の企画もありではないか、という提案をした。また何よりもこのような施設は立地が重要である。近江商人が江戸や関東・東北地方に進出した拠点は日本橋であり、日本橋付近での立地を求めて、東京事務所での企画を二〇一四年度からはじめた。

図14　2017年10月に日本橋にオープンした滋賀県のアンテナショップ「ここ滋賀」

その後三日月知事になってから、新知事の方針も加え、三年近くかけて、二〇一七年十月二十九日、東京日本橋に滋賀の魅力を体感できる窓口として「ここ滋賀」がオープンした（図14）。メインコンセプトは、「全国・世界から選ばれる滋賀」とし「東京で滋賀の魅力を体感できる場所」とした。具体的には、滋賀の魅力を実際に見て、触れて、食べることができる体験型の発信をおこなうとともに、滋賀への誘引の役割を担う拠点企画催事に力をいれ、地域のヒト、コト、モノや四季などさまざまな角度から滋賀を切り出して演出し、販売（マーケット）や食の体感と一体で魅力を深掘りして伝え、来館者に体感いただく場として発足した。オープンした十月だけでメディアで取り上げられた件数は九十七件に及び、関心の高さが示された。

　現在、「ここ滋賀」の一階は、一〇〇〇種類を超える滋賀県ゆかりの食品や加工品の販売ショップとなっている。二階には独自のレストラン、三階の屋上エリアはイベントスペースである。一階にはまさに「新事業応援ファンド」により生み出された食加工品や工芸品、「おい

しが　うれしが」や「ココクール」で生み出されてきた作品群がところせましと並んでいる。これらの地産地消の政策があったからこそ、ここ滋賀の内実が充実したといえる。

オープン翌月の十一月には「秋の収穫祭」をテーマとし、「近江牛」にフォーカスし店内モニターやデジタル広報で近江牛PR動画も配信された。十二月は「琵琶湖の恵み」をテーマとし、びわ湖真珠のブローチ展や湖魚商品の特集などを実施した。その他、近江米・みずかがみフェアなどもおこなった。人気商品としては、近江牛関連商品、鮒ずし、赤こんにゃく、丁子ふ、日本酒などである。

開設から一年後には来館者は五十七万人を超えた。目標が四十二万六〇〇〇人だったので、予想の三割増しであった。滋賀の「コト・モノ」の魅力を発信する多様な企画催事数は合計一九六回、延べ四四七日だった。売り上げでは、一階の物販店が一億一一〇〇万円（目標八四〇〇万円）にのぼった半面、二階の飲食店は六五〇〇万円（同一億円）にとどまった。目標達成率は合計で九六％だった。情報発信による県内への観光誘客やメディア露出などを含めた経済効果は十一億二二〇〇万円と試算され、目標（八億七四〇〇万円）を上回った。来館者アンケートでは、滋賀に魅力を感じた人や行ってみたいと答えた人がいずれも九割に達し、出品事業者からも「商品の認知が上がった」など七割から高評価が得られたと報告されている。

一年間で一九六回に及ぶ企画は、大変な企画力と言えるが、このような多彩な企画が可能となったのも、モノやコトを提供する主体の人と、企画者が分野を超えて強固につながっていたことが背景にあると言える。筆者が参加したひとつの企画事例を紹介しよう。これは二〇一八年六月三十日に企画されたもので、琵琶湖漁師の中村清作さんと漁師から湖魚を仕入れて佃煮やフナズシに加工する魚治を経営する、左嵜《さざき》謙佑さんのコラボの企画である（図15）。中村さんは、漁師が日常で使う網を「ここ滋賀」に持ち込み漁業の技術を解説し、その後、左嵜さんがフナズシづくりの秘訣を語る。フナズシはつくるのではなく、先祖代々のすし蔵に居付いた菌が活躍するのであり、自分たちはその菌を「守りをするだけ」という。そしてフナズシ懐石料理を準備し、来場者は味覚を味わうだけでなく、その背景にある発酵技術や漁業生産の妙、そして琵琶湖の自然の価値をすることができ、全体としての満足

図 15　漁師の中村清作さんとフナズシ老舗魚治の左嵜謙佑さんの語り（2018 年 6 月）

度を高めてくれた。

「ここ滋賀」を活用できる主体としては、滋賀県のほか、滋賀県内市町や、滋賀県内の商工会議所・商工会・観光協会・農業協同組合等の公益的または公共的団体、滋賀県内に事務所または事業所を有する企業・団体・生産者、滋賀県にゆかりのあるもしくは滋賀県と新たな関係を築こうとする企業・団体等であり、かなり幅が広がっている。

そして県の観光交流局が中心となって企画募集もしている。二〇一九年の月別企画は次のようである。

四月「湖国は春真っ盛り」、五月「レッツゴー！新緑の滋賀へ」、六月「健康長寿日本一の滋賀！」、七月「マザーレイク～守り継ぐ様々なスタイル～」、八月「夏の避暑トリップ」、九月「わくわく秋色」、十月「琵琶湖・暮らしを守る『山活！』」、十一月「戦国ワンダーランド滋賀・びわ湖」、十二月「滋賀流・冬の嗜み」、一月「近江の祝宴、二月来て、見て、ふれて「メイド・イン滋賀」」、三月「滋賀まるごとツーリズム」

最近は、滋賀県で生まれたアート作品の展示会の場にも活用され、日本橋という地の利を活かし、「ここ滋賀」のますますの活用が期待される。次の節では、この章のまとめとして、滋賀県での観光交流の拠点化の新しい方向として、「水の日本遺産」について紹介したい。

観光交流で地域資源発掘──水の宝100選から水の日本遺産

地域の歴史的魅力や特色を通じ、日本の文化および伝統を語る「ストーリー」を認定する文化庁による事業が「日本遺産」である。二〇一五年から始まり、二〇一八年度末で六十七件が認定されている。文化庁は東京オリンピック・パラリンピックが開催される二〇二〇年までに一〇〇件程度を認定するとしている。

ストーリーは単一の市町村内で完結する「地域型」と複数の市町村にまたがって展開する「シリアル型」がある。日本遺産として国内のみならず海外にも戦略的に発信することで地域の活性化をはかることを目的としている。つまり、個々の遺産を「点」として指定・保存してきた従来の文化財行政とは異なり、点在する地域の遺産である有形・無形の文化財を「面」として活用し発信することによる地域のブランド化の促進をねらいとした。

「物語性」を重視したため、地域に受け継がれている有形・無形のあらゆる文化財が対象となったことや、地方指定あるいは未指定の文化財も含めることができるなど、日本のこれまでの文化財の考え方を大きく広げるものとなっている。また、文化の保護よりは、地域の活性化と、海外に向けた魅力発信といったことが目的とされている点も、これまでの文化財行政から大きく舵をきったところともいえる。

その中で「琵琶湖とその水辺景観──祈りと暮らしの水遺産」は、初年度の二〇一五年度にシリアル型として、大津市・彦根市・近江八幡市・高島市・東近江市・米原市・長浜市をカバーし、琵琶湖やその周辺にある三十六の構成文化財をつなぐ遺産となった。とくに「ストーリー」は、地域の歴史的特徴・特色を示す興味深さ・斬新さなどを有し、日本の魅力を十分に伝える内容になっていること、地域づくりの将来像とその実現に向けた具体的な方策が示されていること、日本遺産を通じた地域活性化の推進が可能となる体制が整備されていることが、認定の基準とされている。認定されると、多言語によるホームページの作成やガイド育成などの事業費が国から補助される。

「琵琶湖とその水辺景観」は、「天台薬師の池」と平安時代から認識され、水の浄土の教主ともいえる薬師如来が比叡山を中心に広く信仰され、琵琶湖辺には水にまつわる多くの社寺や景観が受け継がれてきた。このような古来より穢れを除き、病を癒すものとして祀られてきた水の精神性・宗教性を一方の柱として、もう一方には、縄文・弥生の時代から湖水を生活の水として日常的に活用しながら、湖に流れ込む河川や湧水、山水など、暮らしの水を質量ともに守ってきた水の生活文化を柱としている。ここからは「水と祈りの文化」と「水と暮らしの文化」がストーリーとして析出されてきた。さらに古代湖として固有の魚介類が多く、古代から発展してきたエリやヤナなどの固有の漁具・漁法に基づく漁業文化を基盤として、固有の食文化も育まれてきた。「水と食の文化」である。

図16　湖中の大鳥居白髭神社の前を通りぬける琵琶湖周航をおこなう京大クルー（2017年6月）

少し具体的にみてみよう。「水と祈りの文化」の構成文化としては、琵琶湖中に立つ鳥居をもつ湖西の白髭神社や、インドの水の神・サラサバーティの系譜につながると言われる弁財天をまつる竹生島、千体仏をまつる御堂が湖中につきだす浮御堂、それとみてわかりやすい水の文化的景観をなしている一群の祈りの拠点があげられる。一方で、水の教主・薬師如来を照らす琵琶湖からのぼるご来光に特別の価値を見出す比叡山や、全国の山王総本宮といえる日吉大社、湖西の安曇川の中流から上流に受け継がれてきた河童伝説のひとつである「シコブチ信仰」など、山間部まで拡大する祈りの文化も含めている。実は琵琶湖に流れ込む小さな水路や河川すべてがそれぞれに山の頂上までつながり、祈りの水文化の拠点となっているのである。

「水と暮らしの文化」では、世界でも珍しい淡水湖の中の人が暮らす島、沖島が典型的であるが、昭和三十年代に水道が導入されるまで湖水のみが人びとの日常の暮らしの水であり、飲み水から洗い水まですべて湖水が使われていた。そこでは水を汚さない地域コミュニティとしての汚染を避ける仕組み、具体的には汚れものを洗う場所と飲み水を汲む場所を使い分けをし、あるいは屎尿は田畑の肥料として活用し絶対に湖中には流さないという「用排水分離」の水の文化が生み出されてきた。同じような湖辺の暮らしの水文化は、高島市海津地区など、ほとんどの湖辺集落で受け継がれ、湖辺の洗い場である「橋板」文化は今も継承されている。また少し上流部にいくと、たとえば高島市の針江地区では、「カバタ」がある。これは、台所に湧水がわき、コイなどの魚類が飼われご飯粒などの残飯を食べるという、水を取り入れた暮らし文化であり、今も受け継がれている。湖東の伊庭地区では、集落内部にクリークが張り巡らされ、川が洗い場や遊び場として今も活用されている。

図17　日本文化遺産、高島市海津の「暮らしの文化」である「橋板」の上で水使いの歴史を観光客に語る筆者（2016年10月）

　さらに、湖辺の集落や湖中の島では、米と魚を活用した鮒ずしなどの独自の食文化やエリなどの伝統的な漁法が育まれてきた。歴史的にたどると、琵琶湖辺に人びとが住みはじめたのは清浄な水と豊かな魚介類を食料としてあてにしてきたからであろう。縄文時代の貝塚遺跡からは、数メートルも積み重なったセタシジミの貝の間からフナやコイ類の骨類が発掘され、古代から重要な食料であったことがわかっている。縄文時代の漁具は舟を使って沖合で網を使うものであったようだが、弥生時代になると舟と網の漁法は極端に減り、湖岸のエリや川のヤナなど、湖辺に漁具が集中し、待ちの漁法が増えてくることがわかる。この時代、米も琵琶湖辺に導入されてくる。そして生まれてきたのが、フナの塩漬けを米に漬け込んだフナズシのようなナレズシであろう。「水と食の文化」は、伝統的な漁具・漁法にプラスして、固有の料理方法も含まれる。琵琶湖固有のニゴロブナを米に漬け込んだフナズシを代表として、やはり固有種のビワマスを炊きこんだマス飯や、固有種のイサザと大豆を炊いたイサザ豆などの多様なレシピを特筆することができる。いずれも古代から現在まで受け継がれてきた。しかもこれらの料理は、人間だけでなく、豊穣を願う神社の祭りでは、神に供える「神饌」という神の食物にもなっていることは特徴的といえる。

図18　橋板見学にきたオーストラリアからの客人　手前は地元の橋板保有者の浜口喜三郎さん

「日本遺産」として「琵琶湖とその水辺景観――祈りと暮らしの水遺産」が初年度に認定された背景には、それまでの滋賀県の文化景観行政の二つの系譜が深くかかわっている。実は、二〇〇六年に私が知事に就任してから、滋賀県内に豊富に存在する文化財が個別点的存在であり、「仏像」「建物」などの要素的存在であった。琵琶湖を中心としてみると、比叡山や白髭神社、竹生島などの水にまつわる仏教文化と、琵琶湖水を暮らしに活用する生活文化とに共通するストーリーがあることを探そうと「水の宝100選」の発掘を進めてきた。この作業は主に文化財保護課がおこなってきたが、文化財を観光に活用するために、二〇一二年度以降は観光交流局に文化財担当を兼務配置し、個別の水の宝が観光客の目線でどのように評価できるかの検討をはじめた。つまり「水の宝100選」を観光交流につなぐ流れである。これは滋賀県独自の動きであった。

もうひとつの流れは、一九九〇年代の平成初期にさかのぼる。当時、風景や景観などを文化的資産として評価する動きはきわめて弱かった。自然公園など、人間の手がはいらない自然は風景として価値づけられていたが、人びとの暮らしの風景は文化財として認められてはいなかった。実は琵琶湖博物館の企画・運営の準備段階で、滋賀県では水辺の生活用利用や暮らしの場を「水と文化研究会」を母体として住民参加の調査をして六〇〇集落の水利用資料を集め、博物館展示として一九九六年には公開をした。それと併行して地域の自然と人びとの暮らしが交じり合うことでつくりあげられた景観を文化財として評価する動きが文化庁で始まり、そこに参加した京都大学や琵琶湖博物館研究者が、とくに人びとの生業とかかわりが深い自然として琵琶湖辺の水辺景観の価値を表明してきた。

文化財保護法に景観が正式に制度として位置づけられたのは二〇〇四年六月であり、二〇〇五年四月に施行された文化財保護法の改正により、新たに「地域における人々の生活又は生業及び当該地域の風土により形成された景観地で我が国民の生活又は生業の理解のため欠くことのできないもの」を「文化的景観」と定義づけた（第二条一項五号）。そして当該都道府県または市町村がその保存のため必要な措置を講じている文化的景観のうち、とくに重要なものを選定し重要文化的景観と定めた。その全国での第一号は二〇〇六年一月に選定された近江八幡の水郷であり、第二号が二〇〇八年三月に選定された高島市海津・西浜・知内の水辺景観である。その後日本全国各地で選定が進むが、滋賀県内では二〇一〇年八月に高島市針江・霜降の水辺景観、二〇一四年三月に米原市東草野の山村景観、二〇一四年十月には長浜市菅浦の湖岸集落景観、二〇一五年一月に高島市大溝の水辺景観が選定された。二〇一八年二月段階での全国での選定件数は六十一件であり、そのうち六件、つまり約十分の一が滋賀県内である。ということは滋賀県、とくに琵琶湖をめぐる水辺の生活・生業景観の総体的価値の高さを指摘することができるであろう。

琵琶湖とその水辺は、多くの生き物を育むとともに、近年では、水と人の営みが調和した文化的景観として、多くの現代人をひきつけてやまない。ここ滋賀には、日本人の高度な「水の文化」の歴史が集積されているともいえる。そして、京都や大阪などに押し寄せる海外からのインバウンドの観光客の中でも、ヨーロッパやアメリカからは「日本人の暮らしの風景と体験」を求めてくる人たちも次第に増えている。水辺景観のひとつでもある橋板文化の場にも海外からの見学者が来ている。「湖水がそのまま飲めるの!?」と、驚きとともに、日本人の水への信頼と永いながい文化的背景に共感をいただいているのである。

琵琶湖の水の文化こそ、今地球規模で求められている清浄な水を供給する伝統的な知恵であり、人類の未来に希望をもたらす工夫であることを、今後とも自信をもって発信していきたい。

第3章　高齢化社会の不安に対する〈新しい答え〉

滋賀県の男性寿命日本一はなぜ？

長寿県といえば、長い間長野県がトップであることは多くの日本国民が知るところだった。ところが、二〇一五年の都道府県別生命表では、滋賀県の男性が日本一で、八一・七八歳、女性が八七・五七歳で第四位と発表された。当事者の滋賀県民自身も驚いた順位だった。男性の二位は長野県、三位は京都府、四位は奈良県であった。

図1に示したが、その五年前の二〇一〇年のトップは長野県で滋賀県は二位、三位は福井県、四位は熊本県だった。さらにその五年前の二〇〇五年は、長野県が一位、滋賀県は二位、三位は神奈川県、四位は福井県だった。

女性については、二〇一五年の一位は長野県で、二位が岡山県、三位は島根県で四位が滋賀

男性平均寿命順位

	2005 年
1	長野
2	滋賀
3	神奈川
4	福井
5	東京

	2010 年
1	長野
2	滋賀
3	福井
4	熊本
5	神奈川

	2015 年
1	滋賀
2	長野
3	京都
4	奈良
5	神奈川

女性平均寿命順位

	2005 年
1	沖縄
2	島根
3	熊本
4	岡山
13	滋賀

	2010 年
1	長野
2	島根
3	沖縄
4	熊本
12	滋賀

	2015 年
1	長野
2	岡山
3	島根
4	滋賀
5	福井

図１　2005 年から 2015 年までの滋賀県の男女の平均寿命の順位
（滋賀県健康医療福祉部）

県で、八七・五七歳だった。その五年前の二〇一〇年のトップは長野県で、二位は島根県、三位は沖縄県、四位は熊本県で滋賀県女性は十二位だった。さらにその五年前の二〇〇五年は、沖縄県が一位、島根県が二位、熊本県が三位、岡山県が四位で、滋賀県は十三位だった。

世界的にみても香港などと平均寿命でトップを争う日本であり、滋賀県男性が日本一ということは、世界的一ともいえる長寿社会となったということでもある。滋賀県のこのような長寿は、実は長年にわたる県と市町の協力による行政計画と県民運動の相互努力の結果、近年になってようやく達成されたものである。

図２に長期的な平均寿命順位を示したが、一九六五年には男性は二十七位で平均寿命は六十七・七四歳だった。一九七〇年で十七位、そして一九七五年では二十二位と四十七都道府県の中で中位から下位に位置していた。女性の

方はもっと順位が低く、一九六五年は三十一位であり七二・九二歳、七〇年に三十位、七五年には三十七位と、全国的に下位に低迷していた男性については、昭和後期から平成に入り着実に順位をあげていくが、女性については、九〇年に三十七位だったものが、十年後の二〇〇〇年には十五位まで急速にアップ。その後一貫して上昇し、二〇一五年には四位になった。

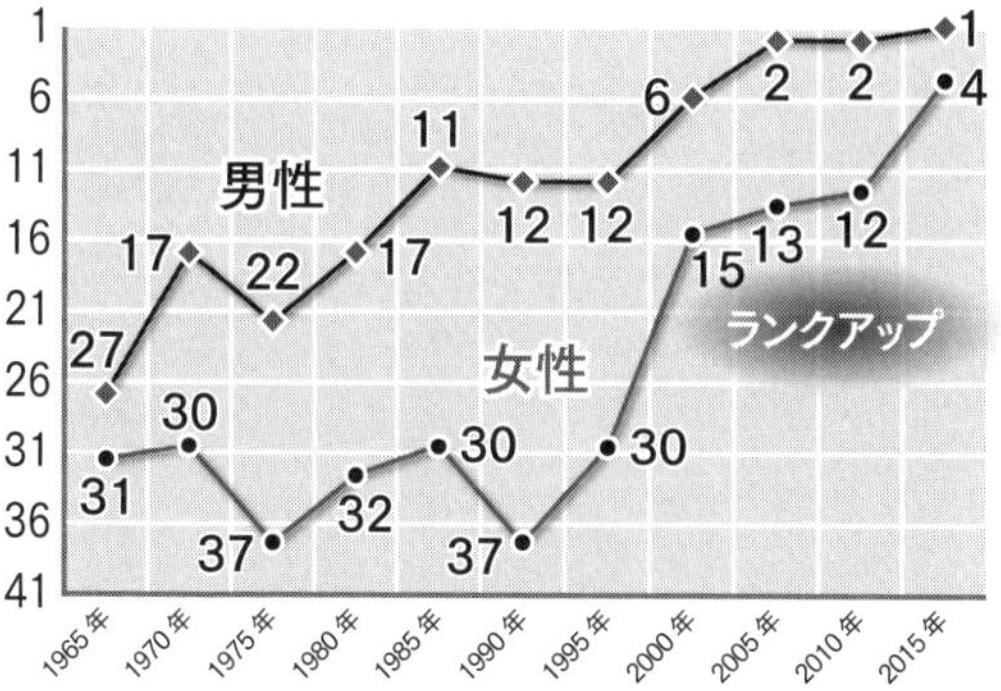

図2　滋賀県平均寿命の都道府県別順位の推移（1965年～2015年、滋賀県健康医療福祉部）

　さらに「日常生活活動が自立している期間」をめやすとする「健康寿命」でみても、二〇一五年で滋賀県男性は二位、女性は三位となっている。

　全国的な動向の分析は他書にゆずるとして、本章では、滋賀県にしぼって、なぜ男性長寿日本一が達成されたのか、そして女性もなぜ急速に順位が改善をしたのか、また健康寿命についても、男女ともなぜ全国順位が急激に上がったのか、滋賀県の健康づくり政策をたどりながらフォローしたい。

医療・生活習慣・生活環境の三領域改善がポイント

滋賀県健康医療福祉部では、二〇一八年になって、滋賀県の長寿化の背景を全国四十七都道府県の統計データをもとに平均寿命・健康寿命と生活習慣・生活環境との関連を分析し、どのような要素が寿命改善に貢献したのか、統計的裏づけをおこなった。

滋賀県での寿命がのびた直接の理由は、死亡率の低下という。図3には、滋賀県の死亡率の都道府県順位の推移を示したが、男女とも図2の平均寿命の順位と類似した傾向となっていることがわかるだろう。とくに死亡率の低下に影響した疾病としては、「がん」と「脳血管疾患」があり、がんの死亡率の低下率は男性で全国二位、女性で全国十四位、脳血管疾患では、男性で一位、女性で二位となっている。

ではこれらの疾患死亡率の低下は何によってもたらされたのか？　社会的現象に対して直接的な因果関係をたどることは困難だが、相関関係としては、①医療施設と人材の充実、②県民意識・生活習慣の改善、③生活・社会環境の改善の三領域が指摘できる。

医療施設と人材の充実としては、一九七〇年に滋賀県立総合病院（旧成人病センター）が設立され、一九七八年には滋賀医科大学が開学して、医療施設の充実や人材育成がはかられた。

男性の死亡率の改善は一九七〇年代から八〇年代であり、これらの医療施設が整備されたことによるものといえるだろう。

そして二〇〇〇年代以降は「がん診療機関の機器整備」や、さらなる「人材養成」、そして住民の間での「健診受診率の向上」を目指してきた。二〇〇二年には、当時の成人病センターを「地域がん診療連携拠点病院」に指定し、二〇〇九年には、「都道府県がん診療連携拠点病院」の指定を、県立成人病センター、滋賀医科大学、大津日赤病院の三カ所で受け、早期発見・早期治療を目指す検診を推進してきた。第1章でも解説したが、新生児の死亡率を低くする医療改善も、寿命改善に効果があったといえるだろう。

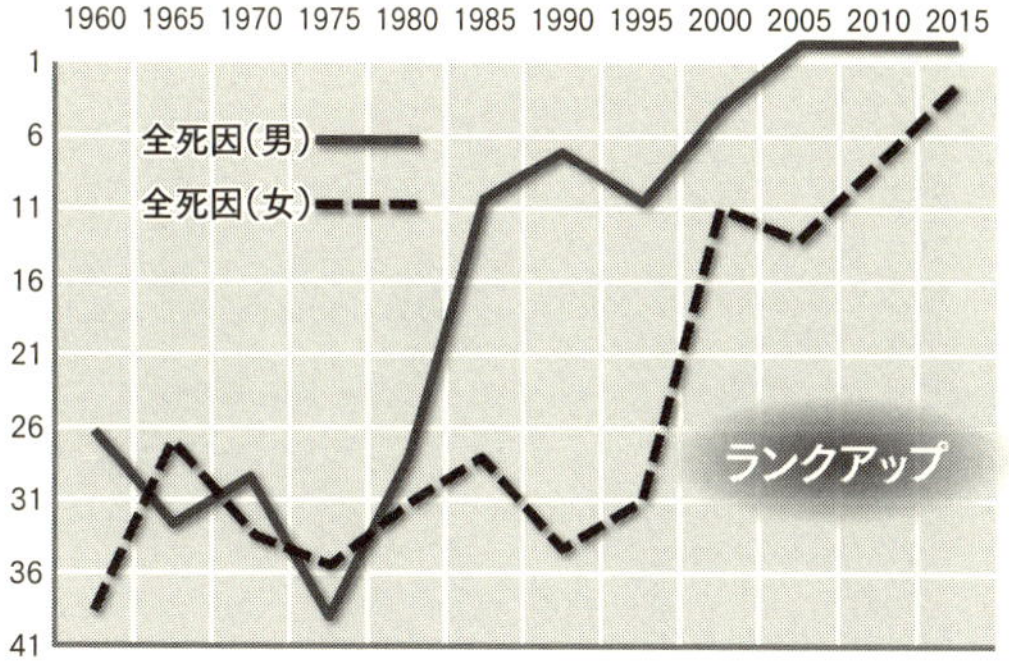

図3　滋賀県の年齢調整死亡率の都道府県順位の推移（滋賀県健康医療福祉部）

　県としてのがん対策を総合的にまとめて前進させるために、二〇一三年には「がん対策推進条例」を制定した。ここでは「質の高いがん医療」「医療従事者の確保」「在宅医療」の充実を示し、同時に患者目線を埋め込み、「患者・家族の苦痛の軽減と療養生活の質の向上」「緩和ケアの推進」「〝患者力〟

向上」「相談支援体制の充実」を規定した。さらに「患者・家族の安心を支える社会の構築」として、「就労等の支援」「小児がん患者への支援」などを規定した。最後には、これらの条例項目が単なる理念で終わらないよう、財政措置も規定した。実は私は一九九二年に初期の胃がんを患ったがんサバイバーであり、二〇〇六年に知事就任後も、県立成人病センターや日赤病院の整備などに力をいれてきたので、その総まとめとしての条例設置でもあった。

県民の意識や生活習慣の改善対策も、今から三十年以上前の一九八〇年代にさかのぼる。ここでは、二つの「エン」の改善があった。ひとつは「減塩」であり、もうひとつは「禁煙」だ。一九八〇年代、県の統計データの中に健康や栄養に関するデータが不足していることに気づいた職員が、八六年に「健康・栄養マップ調査」をはじめた。当時は、塩分濃度の高さが、脳卒中などの脳血管疾病にかかわるということで、徹底的な減塩運動を進めた。そのためにすべての市町村に「健康推進員」を指名し、毎年全県で三〇〇〇名を超える推進員が活躍したのである。

わかりやすい活動としては、各家からみそ汁を持ち寄り、塩分濃度をはかり、塩分が少なくてもおいしく食べられるみそ汁や料理の工夫などを広めた。その結果、一日の食塩摂取量は、二〇〇〇年に男性で一日一四・三グラムであったのが、二〇一五年には一〇・七グラムへと減少した。女性ではこの数値は一二・六グラムから九・二グラムに減少し、都道府県別順位では、男性で全国五位、女性で全国七位まで改善された。

二点目の「禁煙」も、息の長い行政政策と住民運動の成果である。二〇〇〇年の滋賀県での男性喫煙率は全国平均より八・八％高い五六・二％だった。ここで危機感をもった県の担当部局は二〇〇一年に喫煙率の半減を目指し、「健康しが たばこ対策指針」を出し、禁煙支援や防煙を掲げた。外食の店では反発もあったが、二〇〇四年には「受動喫煙ゼロのお店」の登録をおこない（図４）、担当が代わっても変わらず継続して運動を続け、息のながい取り組みとした。

図４　受動喫煙ゼロのお店マーク
（滋賀県健康医療福祉部）

その結果、二〇〇九年には男性喫煙率は三八・四％、二〇一六年には二〇・六％と全国一低くなった。肺がん死亡率は二〇〇〇年に高い方から一位だったのが、二〇一五年には二十一位にまで改善している。喫煙率の減少は肺がん死亡率に反映され、平均寿命も一気に延伸させた。

現在も「健康推進員」は全県で活躍中だ。市町における食・栄養や身体活動・運動の支援や、学校における禁煙教育、市町における介護予防の体操などを進めている。十三市六町ある滋賀県内の自治体すべてが、「市町健康増進計画」と「市町食育推進計画」を策定している。とくに学校における食育教育では、健康推進員に加えて、栄養専門教員を配置し、減塩や栄養への配慮に加えて、郷土食の推進など、総合的な「食育」教育を進め、将来の大人の食育・健康教育も進めている。食育計画に基づく関係者連携健康づくり県民会議も全県で毎年開催し、食育カレンダーづくりなど、全県運動として展開中だ。

四十七都道府県データ分析でみえてきたのは、長寿化と社会参加の関係である。長寿要素と関連が深い社会活動としては「スポーツ」「ボランティア」「学習・自己啓発」などがある。

滋賀県の場合、スポーツをする人の割合は、男性で全国二位、女性で全国六位、ボランティア活動は男性で全国二位、女性で全国四位、学習・自己啓発をする人では、男性五位、女性六位となっている。滋賀県の農村部はもともと水田農村として、伝統的に水利施設の共同や神社祭祀、水害防除などでコミュニティ意識が強いという地域性がある。新興住宅地でも、持ち家率が高く、幼稚園・保育園や学校教育場面での近隣集団のネットワークは強い。近年は、県が推奨し支援をしてきた「スクールサポーター」は県内二三〇のほぼすべての小学校区で設置されており、朝晩子どもたちを見守る高齢者の姿はごく日常的な光景となっている。高齢者からも、「生活時間が規則正しくなっていい」「子どもたちの顔をみると元気をもらう」というような前向きの意見も多く、相乗効果が出ているようだ。通学時間内の交通事故比率の統計をみると、滋賀県は全国最下位に近い。実効性もあがっているといえるだろう。

三点目の長寿と生活・社会環境との関係項目では、「失業率」「県民所得」「ジニ係数（所得格差）」「図書館数」「高齢単身者数」などが、長寿化と正の相関を示しているという。具体的には、滋賀県の数値では「失業率の低さは全国二位」「県民所得は全国四位」「ジニ係数は全国二位」「図書館の貸し出し冊数は全国二位」「高齢単身者数は全国最下位」となっている。このような生活・社会環境の改善は、短期間で達成できるものではない。長期的な社会投資が必要な分野である。

以上をまとめてみると、滋賀県の長寿の秘密は、①医療施設と人材の充実、②県民意識・生活習慣の改善、③生活・社会環境の改善の三領域がバランスをもって改善してきたことにあるといえるだろう（図5）。

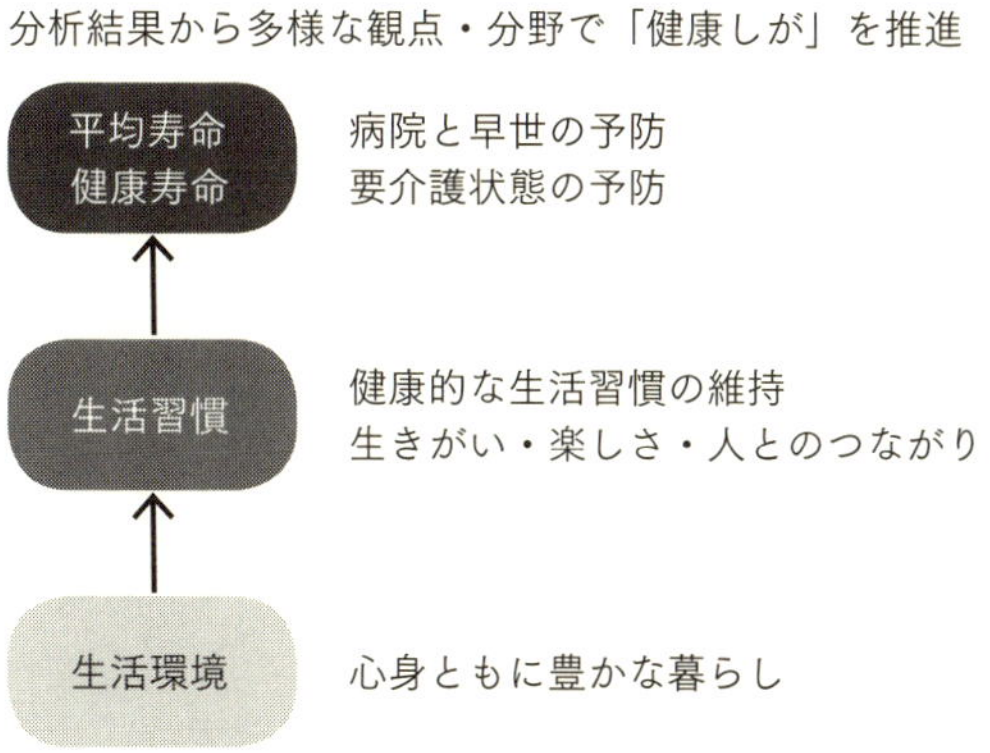

図5　滋賀県の長寿の秘密は、「医療」「生活習慣」「生活環境」の3領域のバランスある改善（滋賀県健康医療福祉部）

このような滋賀県内での長寿達成の背景には、県としての健康福祉政策の基本的な価値観がある。それをイメージ化したのが図6と図7だ。図6には、個人の健康状態の良い悪いは、それぞれの「自己責任」であり、しかも表向きの「健康」という要素にしか目がいかない状態を示している。その一要素にしか

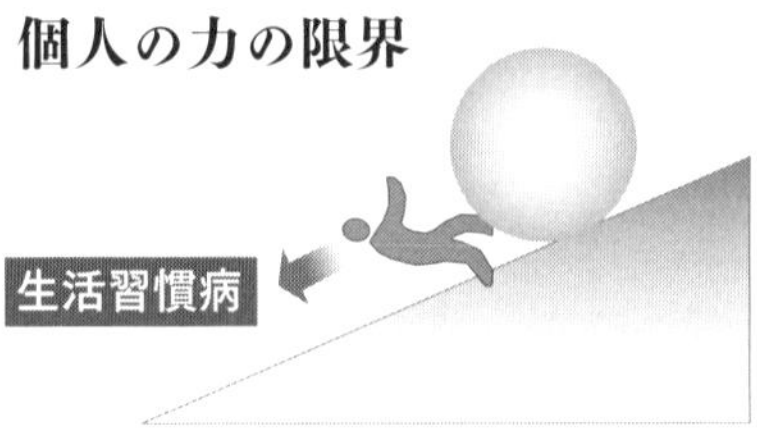

図6　自己責任社会での個人努力の限界（滋賀県健康医療福祉部）

図7　多重防護を埋め込んだヘルスプロモーションの連関図（滋賀県健康医療福祉部）

目がいかないと、生活習慣の背景にある多様な生活環境や社会環境の構造がみえず、結局、個々人はさまざまな病の中で坂を転がりおちてしまうことになる。

　それに対して図7には、個人の知識や動機づけにはそれぞれの知識の注入が必要と考え、健康づくりは、個人の努力だけでは達成できないと判断する。そこで個人や家族による「自助」に加えて、近隣による「互助」、コミュニティによる「共助」があり、そこを行政の「公助」が底支えをすることになる。その背景には、個人の健康を構成する要素の根本には「生活環境」や「社会環境」があるという姿勢が維持されている。その根本には、「健康」という要素を個別にばらさず、生活現場や社会構造の中に埋め戻して総合性を担保することを意味している。これが序章でも展開したように、

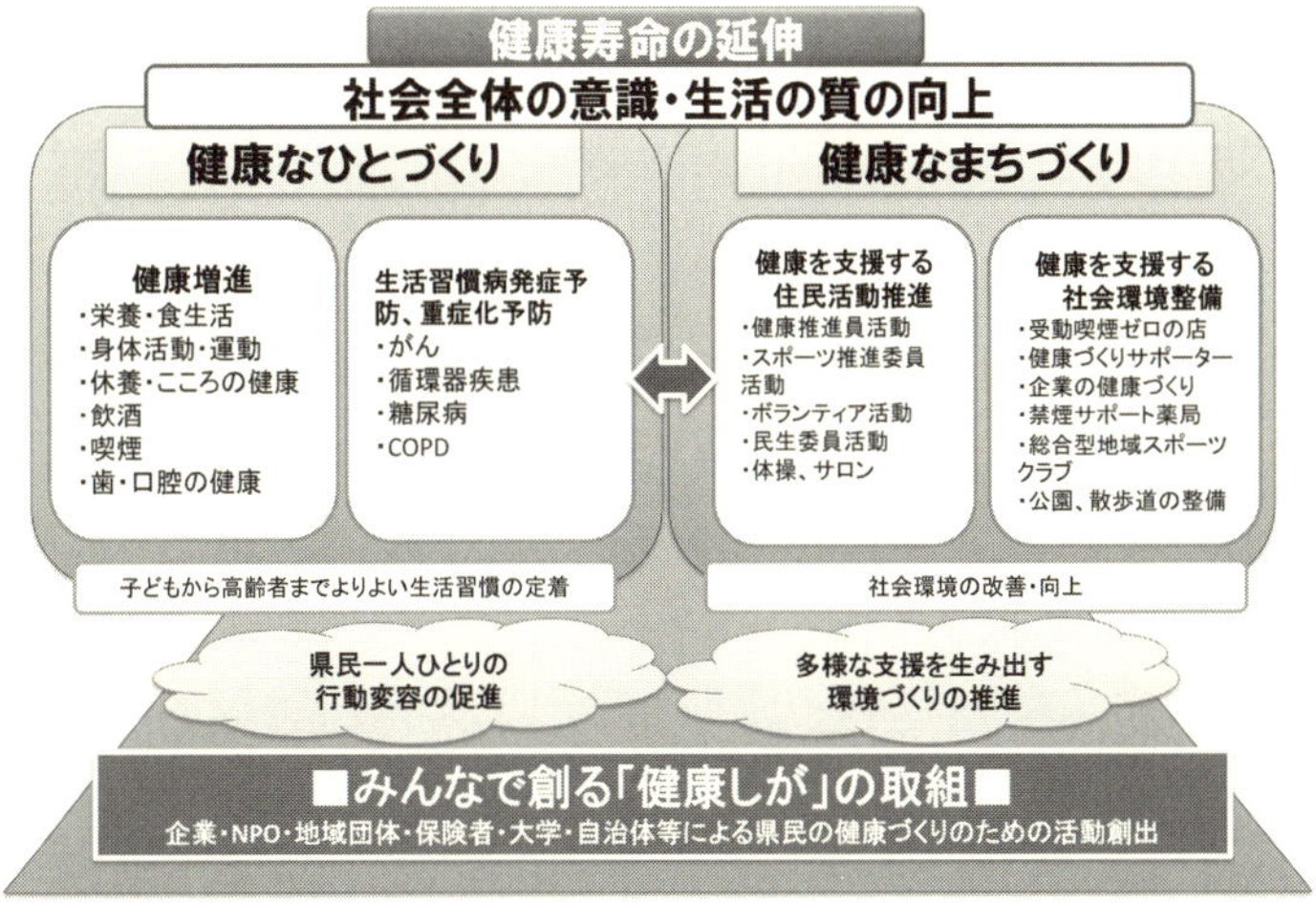

図8　みんなで創る「健康しが」のイメージ

「現象後追い型」政策ではなく、予防的な「事前対応型」の政策といえる。事前対応には、人間とは何か、社会とは何か、環境とは何かという対象に対する総合的理解がベースにあることが大前提である。

このような考え方を背景に、二〇一九年現在、滋賀県では寿命だけでなく、元気で暮らすための「健康寿命」をのばすための総合的な政策として関連づけている。図8にその関係図を示してあるが、健康な人づくりには、健康なまちづくりが必要であり、個人や家族の健康は、社会的な環境と、生活環境の両方とが深くかかわりあっていることを明示化している。そして行政の政策はまさに、人と町とが相互にかかわる予防的な横串政策が必要であることをあらわしている。

高齢化社会の医療費の高低をどう解釈するか？

人は死を避けることはできない。いつか人は死ぬ。しかし、いかに死ぬかという問題は個人だけでは解決できない。家族や地域社会、そして社会的な制度など、大きな社会的課題でもある。まず本節では、現代日本社会で大きな構造的課題となっている、高齢化社会と医療費の関係について考えてみたい。

第1章でみてきたように、日本全体の社会保障給付費の総額は二〇一六年予算ベースで一一八・三兆円であり、そのうち年金が五六・七兆円（四七・九％）、医療費三七・九兆円（三二・〇％）、福祉二三・七兆円（内介護一〇・〇兆円、子ども・子育て五・七兆円、一八・一％）である。

とくに医療費支出についてはそのほぼ半分は七十五歳以上の高齢者であり、また医療費全体の三六・八％は入院医療費（二〇一五年）となっている。つまり高齢者の入院医療費が、国民医療費の負担を大きくしていることになる。そのようにみてみると、長寿化そのものを手放しで喜べないという意見も出てくるかもしれない。私は「不老長寿」の人生を多くの人が手にいれられることは、社会としても歓迎すべきと考えている。しかし、病は病院で治せるが、老いそのものは病院では治せない。家族や地域社会で老いそのものを受け止めきれず、病院や施設に依存しがちになっているという社会的傾向もある。それが高齢化と医療費の関係を考える問題意識でもある。

まず滋賀県のデータをみてみよう。前述のように日本一の長寿を達成した滋賀県であるが、本章の図2でみてきたように、寿命が急速にのびたのは二〇〇〇年代にはいってからである。その時期の滋賀県の医療費を表1に示したが、たとえば一九九九年の全国での一人あたり医療費は二十四万二三〇〇円であるが滋賀県では二十万五〇〇〇円で、全国の順位は低い方から四位である。一九九九年から二〇一五年まで、全国での一人あたり医療費は約十万円アップしており、滋賀県でも九万円ほどアップしているが、全国での順位は低い方から四位を保っている。滋賀県では寿命順位はあがっているが、医療費負担の順位はあがっていないといえるのである。

表1　滋賀県と全国の国民医療費金額と滋賀県の順位（1999年～2015年）

年	全国	滋賀県	
	金額（千円）		順位（少ない順）
1999	242.3	205.0	4
2002	242.9	209.0	3
2005	259.3	228.0	1
2008	272.6	241.4	4
2011	301.9	270.4	5
2014	321.1	288.4	4
2015	333.3	298.8	4

資料：滋賀県健康医療福祉部

では、全国的にみて医療費の高低を左右する条件には何があるだろうか。煩雑になるので四十七都道府県の全データは示さないが、二〇一六年度の全国順位をみると、一人あたり医療費が最も低いのは埼玉県で、次いで千葉県、神奈川県、滋賀県、茨城県、栃木県、静岡県となっている。どちらかというと大都市近郊地域で、高度経済成長期に急速に人口が増えた地域でもあり、現在の人口構造も若い世代が割合として多い。これら七県では、一九九九年の段階でも順位は低く、ほとんど変化していない。一方、二〇一六年度の一人あたり医療費が最も高いのは高知県で、次いで長崎県、鹿児島県、山口県、大分県、北海道、佐賀県と続いている。これらの地域はどちらかというと大都市からの遠隔地で、人口は減少傾向にある地域であり、高齢者の比率も高い。これら七道県の医療費は、一九九九年にも高い方からトップテンにはいっている。つまり医療費の低い県と高い県は、ここ十五年間の順位はあまり変わっておらず、固定化されているということになる。

さらに厚生労働省の「国民医療費」「医療施設調査」「人口動態統計」からみえることは、医療費の高い道県では総じて一人あたり病床数が多く、平均在院日数が多いことである。人口減少率も高く、高齢化比率も高く、一人あたり病床数も多く、平均在院日数も長くとることができる、いわば医療資源が豊富な地域といえる。同時に、これらの道県では在宅での死亡率が低い傾向にある。一方、医療費の低い県では、高齢化比率も低く、総じて一人あたり病床数が少なく、平均在院日数も短い。大都市近郊部で人口増加地域であり、いわば医療資源は不足しがちで、またこれらの県では在宅での死亡率が高い傾向にある。

医療費と在宅死の関係を統計でみてみると、滋賀県では医療費が下から四番目であるのとあわせて、人口十万人あたりの病床数も少ない方から六番目であり、また平均在院日数も下から八番目である。また死亡者総数に占める在宅死の割合は、一三・九九％である。在宅死の割合は、全国的にみて、高い方から九番目である。

ここで、在宅死について注目してみよう。死亡者総数に対して最も在宅死比率が高いのは東京都で、割合は一七・四九％である。二番目は神奈川県で一六・六二％、三番目は奈良県、四番目が兵庫県、五番目が大阪府、六番目が千葉県、七番目が京都府、八番目が宮城県で、九番目が滋賀県だ。これらの地域は大都市近郊部で医療資源がどちらかというと不足している地域でもある。結果として一人あたりの医療費が少ないところと総じて相関している。

さらに厚労省の分析によると、在宅死の多い地域は、一般病床数や療法病床数が少ないだけでなく、介護老人保健施設の定員も少なく、養護老人ホームや経費老人ホームの定員数も少ない。一方で、生活の場への訪問看護サービスの年間受給者数は多い。また、高齢者の居住形態との関係でみると、在宅死が多い地域は高齢単身者の割合が低く、在宅死を可能とする同居家族がいる割合が多いということがいえる。逆に、人口減少率が高く、高齢者の一人暮らしの多い地域では、在宅死を可能とする同居家族などの人的資源が少なく、病院や老人ホームなどの施設に依存する割合が高いといえるだろう。

日本の戦後の時代的な変化をみると、農山漁村が近代化される中で病院や施設に依存する生活が可能となってきたのであり、かつては在宅死が圧倒的に多かったのである。在宅死が次第に減少し、病院死が増えてきたのは一九七〇年代で、全国的にみると病院死亡者数が在宅死亡者数を抜いたのは一九七六年（昭和五十一）である。滋賀県はそれより遅れ、一九八一年（昭和五十六）を境にして病院死亡者が自宅での死亡者数を抜いたのである。高齢者にとって、望ましい死に方とはどうあるべきなのか？　医療資源が不足しているので、当事者が希望をしても入院など施設に依存できないので、在宅の死亡率が高くなるのか、あるいは在宅をあえて選び、結果として施設などに依存しなくていいのか？　このあたりの判断は、現場での当事者の意見や、社会的状況を丁寧に把握する必要があるだろう。最終的には当事者にとって、人生の質（ＱＯＬ）が高く、家族にとっても望ましいかたちとなり、また社会にとっても「大往生でおめでとう」といえる社会づくりが望ましいのではないだろうか。

死をどこで迎えるか、生老病死が家族から消える

前述のように、全国的にみて病院死亡者が在宅死亡者の数を抜いたのは一九七六年（昭和五十一）である。滋賀県はそれより五年ほどおくれ、一九八一年（昭和五十六）を境に病院死亡者が在宅死亡者の数を抜いた。この数値は数値以上の意味をもっている。家族生活の側面からみると、生老病死が病院や施設という専門家空間に閉じ込められ、家族生活から次第に消えは

じめたということだ。これはある意味、近代的な医療サービスを多くの人が受けられるようになり歓迎されたことでもある。

それから三十年、一世代を経て今、病院や施設での死亡に疑問が生まれている。何よりも大きな背景は、病院は病を治すところだが、老いを受け止めるところではないということが具体的にわかってきたことにある。寿命がのびて、「病→死」から「病→老→死」のプロセスが長くなり、老いを個人として、社会としてどう受け止めるかが社会的課題となっているのだ。その証拠に、世論調査などで「どこで死を迎えたいか」を尋ねると、調査によっても異なるが、意外と「自宅で」という人が多いのも最近の傾向といえる。

滋賀県として初めておこなった二〇〇九年時点での滋賀県政世論調査の結果をみると、「自宅で死を迎えたい」という人が五割を超えており、次いで「わからない」となっており、「病院」を希望する人は二割以下となっている。つまり、実態として八割以上の人が病院で死んでいるが、必ずしも希望して病院で息をひきとっているのではないということが、これらの数値からみてとることができる。

私のある友人は、自分の親を病院で見送ったが、「胃に穴あけて、栄養分を流しこんでもらい、酸素吸入をされながら白い壁の病院のベッドで人生の最後を迎えた。親自身はこのような姿を望んでいたのか心残りだ。もっと人間らしく、馴染みの部屋で、馴染みの庭を眺めながら見送ってやれなかったのか」と述懐していた。このように思う人たちは最近ますます増えているのではないだろうか。ただ、思ってもなかなか口に出せない。病院で親を送ることが「近代医学の手をつくした」「親孝行をした」と思われがちで、なかなか自宅にひきとれない。ふだん一緒に暮らしている家族が、親の希望である在宅を選ぼうとしても、遠隔地からきた家族が「病院にいれろ！」と主張するケースも多いときく。家族内部での話し合いがなされていないのだ。また病院側も医療放棄をおそれ、なかなか病院から自宅にかえせない。往診、訪問看護、ヘルパーと必要な人的支援が確保できなければ、病院や施設側も迷うことになる。

一方で、病院側の受け入れ体制はどうか。二〇〇八年には年間一万一一〇人が亡くなり、そのうち八七七八名（七九％）が病院で死亡している。自宅死は一七一三人である。高齢化を迎えている滋賀県では、二〇三〇年には、毎年一万六〇〇〇人以上を看取る必要がある。病院での死者割合を今のまま八割とすると、一万三三〇〇人あまりを病院で受け入れなければならない。現在の病院死者数と比べると一・五倍の人数を病院で受け入れるということになり、それに見合うだけの医師、病院施設、医療費が確保できるのか、まさに将来的に高齢者の見送り施設はパンクする。前の節でみたように、病院や施設が多い地域では一人あたり医療費も高くなっており、社会的にも支えきれない状況が想像できる。

それでは県民の半分以上が希望する在宅看取りを増やすためにはどうしたらいいのか。二〇〇六年に知事に就任してからの私の一貫した問題意識だった。半数が自宅での死亡を希望しているとしたら、二〇三〇年に予想される総死者数一万六〇〇〇人のうち、病院以外の看取りの人数を八〇〇〇人に増やす必要がある。家族意識、医療体制、結果が出るのには十～二十年かかる。すぐにでも本気で準備をする必要がある。そのためにはどうするのか。そこで滋賀県としては知事が率先して、県民が希望する「在宅看取り」の割合を増やすことを目指して「在宅看取りシステム」づくりを二〇〇八年からはじめた。当時、この分野での先駆的な思想と実践をおこなっていた辻哲夫元厚生労働事務次官に座長になってもらい、検討会をはじめた。参加者は、在宅看取りをすでに実践している医師や、二十四時間介護サービスをしている施設の責任者、日本の医療システムの将来的破たんを懸念する医療政策研究者などだ。私もできるだけ参加して「今後の日本人の死生観まで含めて幅広く審議してほしい」とタブーにとらわれない議論をお願いした。数回の検討会で得た結論は、「医療福祉」という考え方だ。つまり「医療」と「福祉」をつないで「医療福祉」として、「住み慣れた地域で、その人らしく住み続け、安心して死を迎えることができる環境を構築するため、保健・医療・福祉が一体となり生活を支える」ということだ。

そのためには、①往診できる医師、二十四時間サービスできる介護など、多職種の専門家が協力体制をつくること、②死生観まで含めて、近代化で失われた家族の中での生老病死の意識をとりもどすこと、③県民自身による理解がまず必要であり、県民自身が主体的に仕組みをつくり、育て守る運動的活動が必要であることなどが提案された。そしてすでに始まっていた東近江市や高島市など、いくつかの地域でのモデル的取り組みを一層広めるための準備が始まった。

死をタブー視しない政策を知事選挙で訴え、地域包括ケアシステムを展開する

二〇一〇年の四月、私は二期目の選挙公約、「もったいないプラス」をつくるために、地域住民の意見を聴く場として「茶話会」をもちはじめた。十六カ所で合計二〇〇〇名近い人たちから直接意見を聴かせてもらった。雇用、経済、教育、介護、福祉、交通、環境、地域の皆さんのさまざまな願いや思いに耳をかたむけた。そこで私は「皆さん、自分の最期はどこで迎えたいと思いますか。自宅ですか。病院ですか、介護施設ですか？」と尋ねた。すると、かなり多くの人が「自宅」と応えた。ただし「それができればね」と願望を込めて言う人も多かった。

そこで、「なぜ、自宅で最期までいられないのでしょう？」と尋ねた。理由は主に三点あった。「病気が急に悪くなったときにお医者さんが来てくれるかどうかわからない」という。医師や看護師など専門家からの支えの問題だった。二点目は、「自宅に帰っても食事の世話、買

い物など、暮らしの支援がない」という生活支援の問題だった。三点目は、「家族に迷惑をかけたくない。高齢者の世話で、お嫁さんも仕事に出られない」という介護家族への負担や気兼ねである。

次第に大きな選挙演説会でも私は、「死の問題をタブーとせずに、皆で向き合って解決の方向を探しましょう」「幸せな死に方を皆で考えましょう」と訴えた。公の政治の場で「死の問題」を取り上げることに自信はなく、最初はおずおずと話題を出した。しかし、どの会場でも、この話題を持ち出すと、会場がシーンとなって、一言も漏らさずに聴こうという眼差しが迫ってきた。県民の皆さんが心から求めている政策なのだということを受け止めた。

そこで、二〇一〇年に知事二期目が始まってから、滋賀県内での在宅看取りについて情報を集めはじめた。まず紹介されたのが、米原市・伊吹診療所と東近江市・永源寺診療所の二つの診療所だった。いずれも自治医科大学を卒業して地域医療に夢をもって実践している医師たちが中心となっていた。

伊吹では畑野秀樹医師をリーダーにして数名の医師を中心として、看護師、理学療法士、介護ヘルパーなど多数のスタッフが、図9で示す「地域包括ケア」という概念のもと支えあう仕組みをつくっていた。住民、利用者の家を真ん中におき、周囲に診療所医師による訪問診療、看護師による訪問看護、居宅介護、訪問リハビリなどのサービスが配置され、介護の家族が留

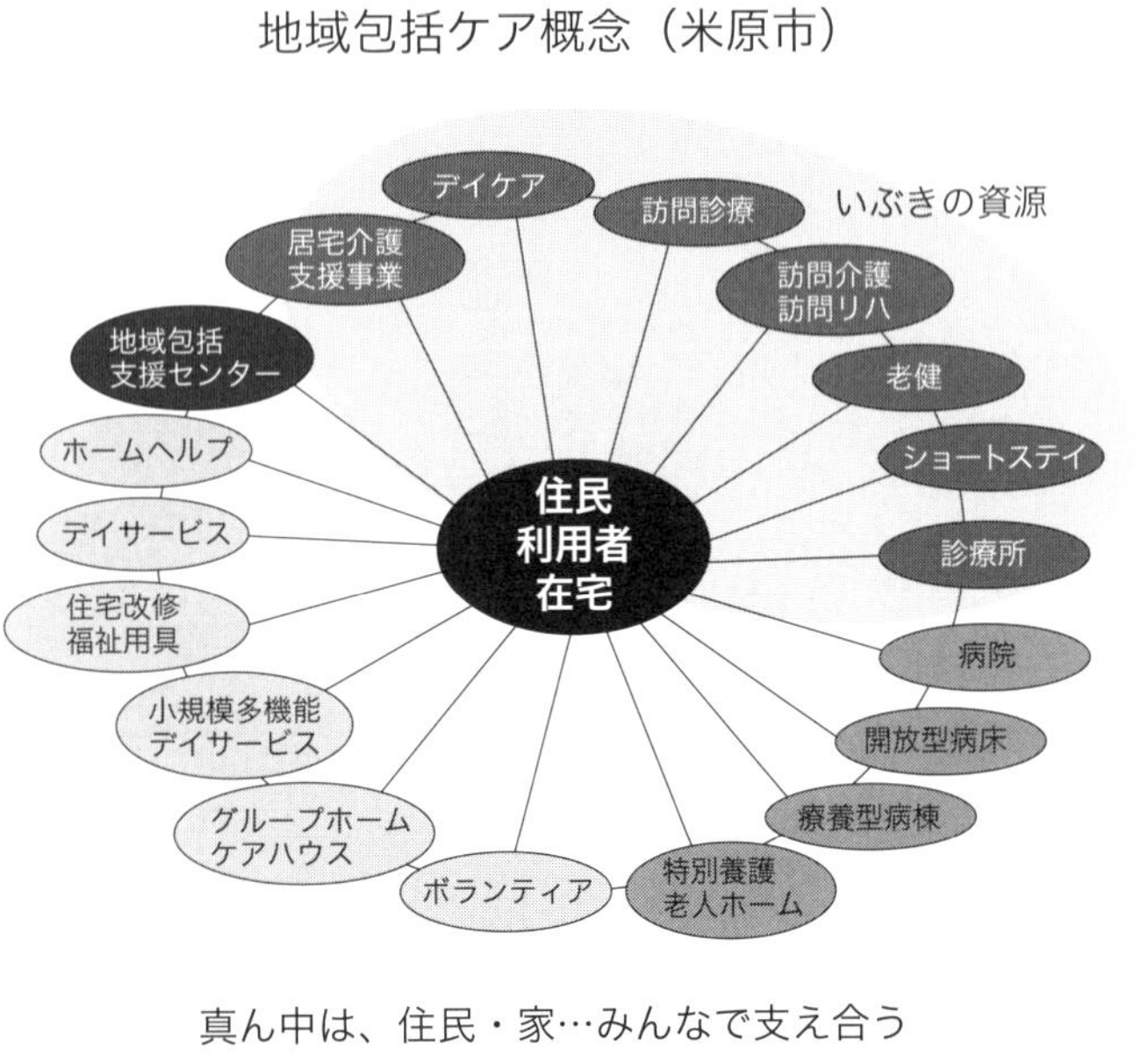

図９　伊吹診療所における「地域包括ケア」の考え方

守になるときにはショートステイや老人健康施設で一時預りをする。診療所で扱えない手術を伴う高度医療は、長浜市内の病院と連携をとる。伊吹では、人びとの生活の質を維持するため、できるだけ馴染みの自宅に帰れるような働きかけを続けている。

在宅看取りを家族が支えきれないという問題に対する畑野医師の基本方針は、「お嫁さんが仕事に出られる在宅介護」という考え方である。嫁など介護家族に加重な負担がかかると在宅看取りは成り立たないという現実をふまえた方針だ。畑野さんは「命のバトンタッチ」を家族の中でつないでいきたいと、理想を語る。

畑野先生の訪問診療に同行させてもらった。畑野さんはまず家族に呼びかけ、認知症がかなり進み、意識も朦朧としている患者さんの様子をみる。看護師さんが、家族が記入していた医療カレンダーをみて、家族の質問にも答えている。日当たりのいいおばあちゃんの部屋の窓からは、庭に植えた花が美しく、となりにある小学校からは、子どもたちの声も聞こえる。これが「生活だ」と私は思わずつぶやいた。「在宅看取り」の穏やかな「命のバトンタッチ」という、畑野さんの実践の場に居合わせてもらった幸せを感じた。

東近江市の永源寺診療所は、鈴鹿山麓に広がる水田地帯の真ん中にある。スタッフは花戸貴司医師を中心にして、複数の医師、看護師などが、伊吹と同様の在宅看取りの仕組みをつくり、リハビリ施設なども備え、在宅看取りの実践をしている。花戸医師は、「患者さんに、いつでも医師に連絡できるという安心感をもってもらうことが大切だ」と、自分の携帯電話番号を患者さんに教えている。「でも真夜中に電話がかかってきたことはありませんわ。『先生に気の毒やから』と言って翌日まで待ってくれます」と笑顔で言う。

花戸医師の往診にも随行させてもらった。九十歳のある女性は「病院から家にかえったら、庭もみえるし、ここがええ」としみじみと言っていた。基本的には一人暮らしが可能で、近くに住む娘さんが時々のぞきにきて、生活必需品などを備えてくれるという。ベッドの横にはお薬カレンダーがはられ、日ごとにどの薬を飲むのか、わかりやすく示されている。また九十四歳のある女性は、意識も朦朧として、臨終寸前だった。息子夫婦と同居しており、ベッドの横でひ孫さんが声を出すと、目をピクリと動かし反応した。大勢の子や孫やひ孫などの家族に囲まれ、幸せそうな最期の時だった。

伊吹診療所や永源寺診療所の地域包括ケアシステムを見せてもらってから、私は二つの方向を模索した。背景には二〇〇八年の辻哲夫委員会での三つの提言があった。

①医師や看護師など、多職種の専門家の協力体制づくり
②死生観まで含めて、家族の中での生老病死の意識をとりもどすこと
③県民自身による理解と主体的に育て守る運動的活動

まずは②の課題については、「死の問題をタブーにしない」「子どもたちに伝える看取りの場」など、普通の暮らしの中に改めて死の問題を埋め込むための「死の見える化」という社会的展開を想定した。①については、行政機関や医師など関連の人たちが集まって横串をさして現場に根ざした仕組みを実践できるようなネットワークづくりである。両者は社会的には深くつながっており、①と②を相互に展開する中で、③の県民運動への展開を期待した。

まず「死の見える化」では、社会学調査や琵琶湖博物館づくりで写真の重要性をかねてから感じていた私は、地域包括ケアシステムに関心をもつ写真家がおられないかと探っていた。そ

のとき大津市内在住の國森康弘さんの存在を知った。國森さんはもともと新聞記者だった経験を活かして、アフリカや中東での戦争で亡くなる子どもたちの姿など、「不幸な死」の場面に出会い、写真に残していた。國森さん自身に知事室で最初に出会ったとき「幸せな死の場面に出会いたい」と言っておられた。そこで花戸さんをご紹介させてもらい、看取り現場の見える化をおすすめした。國森さんは一年以上、永源寺での花戸さんの診療活動や地域生活をまるごと取材し、二〇一二年には、写真絵本として全四冊からなる『いのちつぐ「みとりびと」』をまとめて出版した。

この写真集の出版は高齢者から子どもまで多くの世代と、多様な専門家に底知れぬ影響を与えた。まず死の問題を忘れがちな子どもたちの世界に、小学生の恋ちゃんが九十二歳のおおばぁちゃんが亡くなり、死の世界に送りだす中で、死の姿を自ら理解をしていくありさまをビビッドに伝えた。その中には自分が生まれてから可愛がってくれたおおおばぁちゃんとのやりとりや、おおおばぁちゃんの人生を通しての時代の変化も語られる。まさに「命のバトンタッチ」が埋め込まれていた。

一方、専門家の花戸貴司医師が、看護師さんやヘルパーさん、くすり屋さんと一緒に永源寺で訪問診療を続ける中で、いつのまにか「白衣をぬぎ」「私の専門は永源寺です」と自信をもって言えるようになるプロセスを描く。患者さんの患部を診るのではなく、その人らしい生

図10　死の見える化で大きな反響がある『いのちつぐ「みとりびと」』シリーズ

活を支え、元気を増やすことに力を注ぐ。村まるごとケアそのものだ。「病院のベッドが皆さんのお宅、病院のろうかが町の道路、ナースコールが携帯電話……」。自分が住み慣れた家で、住み慣れた村で、土を耕し、人とかかわりながらいつお迎えがきてもいいように、備えながら満足して暮らす。まさに「幸せな大往生」がそこでは実現されている。

その後、花戸医師と國森写真家の連携は各地での講演会活動などとともに、さらに出版活動となって、滋賀県だけでなく全国的に広がっている。上の写真集に加えて、図10の二冊は今、各地で受け入れられている（『ご飯がたべられなくなったらどうしますか？』花戸貴司／國森康弘、農山漁村文化協会、二〇一五年）（『最期も笑顔で――在宅看取りの医師が伝える幸せな人生のしまい方』花戸貴司、朝日新聞出版、二〇一八年）。

二〇一九年五月の新緑が美しい中、久方ぶりに、花戸貴司医師の家庭診察の場を訪ねた。一〇二歳のOさんは、心筋梗塞や骨折などの経験はあるが、それ以上の病もなく今も、骨折後もリハビリのおかげで、自分でトイレにも行き、食事も「何でもよばれます」と普通食をいただけるという。かなり「自立」できている。家族は長男のお嫁さんと二人。旦那さまも長男さんもすでに亡くなっている。

三日ほど前に熱を出して花戸医師から往診をうけて、その確認のために訪問。看護師の奥さまが熱や脈をはかり、その後花戸医師が聴診器で診察。「心音は順調ですよ！」。診察中、Oさんはずっと手を合わせ、「はよまいらせてほしい」と言い続ける。花戸さんが「ご飯が食べられなくなったらどうしますか？」と尋ねると、「はよまいらせてほしい」と返事。お嫁さんも「病院にはいきません。救急車もよびません」と確認。

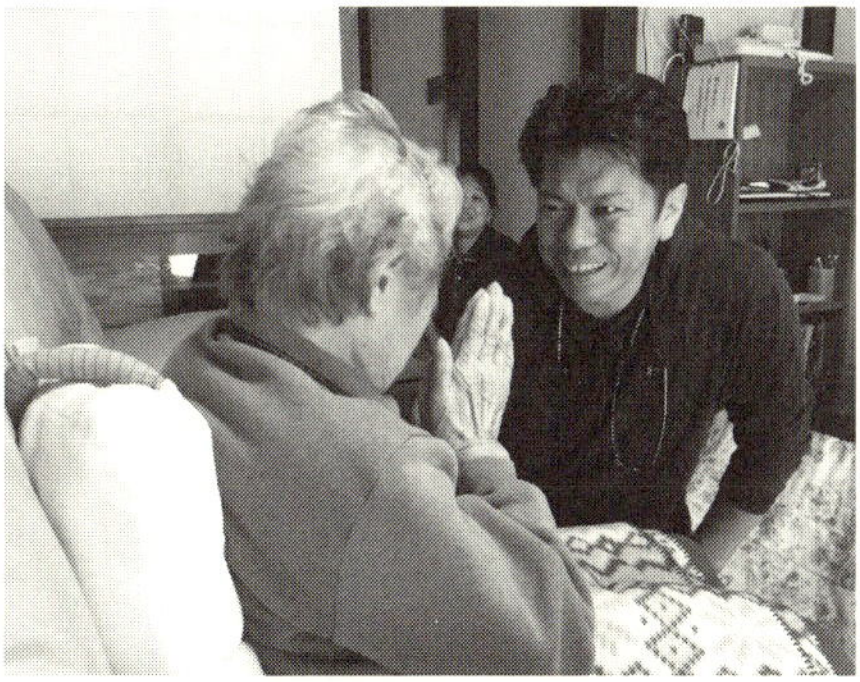

図11　「はよまいらせてほしい」と花戸貴司医師に手を合わせる102歳のOさん、後は看護師の奥様（2019年5月6日）

帰りの車の中で永源寺に来られてからの二十年間の活動について花戸さんに尋ねた。十年前に永源寺の人口は六五〇〇人で高齢化率は二四％だったが、十年たった今、人口は五四〇〇人で高齢化率は三五％。日本全体の高齢化率を十年先取りしている。今定期的に訪問している患者さんは七十人。月平均二回往診で延べ一四〇〇回。二十年間で三万六〇〇〇回。その間に、次に紹介するような「三方よし研究会」などの仲間とともに今の永源寺の仕組みができあがってきた。

医療・看護の専門領域を超えて、まさに高齢者の生活重視の支援が「チーム永源寺」で実現できている。食料の移動販売のお店や、本を届ける図書館司書、地域の安心をつかさどる警察官など、すべての職種、そして近隣の人たちが「チーム永源寺」であり、「地域まるごとケア」の構成員だ。そして花戸さんは、農村部だけではなく都市部でもそれぞれの地域やグループごとに人づきあいのコミュニティがあるはずなので、それを活かしていけば都市部でも「まるごとケア」の仕組みづくりは不可能ではない。そのためにはお金ではあらわしきれない人づきあいのわずらわしさを受け入れる「互助」を元気な間に蓄えておくことが大切だという。

多職種連携のネットワークは県民の安心づくりのために

二〇〇八年の辻哲夫委員会での提言を受けての二つ目の方向は、専門家同士の間でのネットワークの強化である。実はすでに二〇〇七年に東近江地域では、滋賀県東近江保健所の角野文雄所長が呼びかけ、地域の小串輝男医師を中心に、医療福祉関係者や市民がつながり、高齢化しても地域で安心して暮らしていける地域づくりに寄与する目的で、「三方よし研究会」が発足していた。名づけの意味は「自分よし・相手よし・地域よし」の三方よしから来ている。ここでの最も大切な運営方針は「顔の見える関係」であり、専門領域に加えて、生活感覚なども含めて全人的なつながりを目指して活動してきた。月一回の関係者の発表とともにグループワークを重視し、参加者自身が声を発して対話力を高める活動を進めてきた。二〇一九年四月段階で一三七回もの会を開催している。その内容はホームページでフォローすることが可能である。あわせて、三方よし仲間でのメーリングリストによる情報交換もきわめて活発で、登録メンバーは全国からの参加者、四〇〇名を超えている。

この研究会での議論を参考にして、数多くの成果が出ている。代表的なものとしては、近年顕在化してきた、市町合併を経てそれまでの町立病院と国立病院とがいかに連携、再編成するかという課題にも一定の方向が示せた。具体的には国立病院が医師不足などで赤字経営となり、運営危機に陥って閉鎖の危機にあった。一方、市町合併を経て、それまでの複数の町立病院を、在宅看取りを前提とした再編をすることが必要になった。結果的には滋賀医科大学からの医師派遣などをいれ、市と県が連携して医療資源の再編が可能となり、旧町立病院を在宅看取りの中心として地域ネットワーク化をはかる仕組みができた。

この東近江地域の「三方よし研究会」をモデルとして、滋賀県としての県全域のネットワーク化を目指したのが「医療福祉・在宅看取りの地域創造会議」である。医療福祉・在宅看取りにかかわる「滋賀モデル」の実現が目的であり、二〇一一年八月に、滋賀県医師会会長と市長会の医療審議会委員が呼びかけ人となり、一般市民も含めて発足した。図12にその概念図を示した。「日常生活圏域での地域包括ケアシステム」「地域支えあいシステム」を充実させながら、結果として「病院・施設完結型から地域完結型へ」と移行させていくことを目指している。イメージとしては、先に紹介した永源寺モデルや伊吹モデルを全県的に広めるという方向が理解しやすいだろう。そのためには、医師、薬剤師、看護師、介護ヘルパーなど「多職種協働の人材づくりのシステム」がまず必要である。

在宅看取りでの最初の壁は、家庭での看取りを支える訪問診療、いわゆる「往診」してくれる医師の存在だ。医師会の皆さんとの交流が深まる中で、実は、家族医として当たり前に地域医療に力をいれている開業医がそれぞれの地域でかなりおられることがわかってきた。東近江市のO医師、近江八幡のA医師、彦根市のM医師、長浜市のH医師やA医師など、親の代から地域を知り尽くして、まさに地域住民として往診を組み込んでいる医師だ。滋賀県医師会でのアンケート調査では、医師会会員の開業医の半分近くが、条件さえ整えば訪問診療をおこなうという回答だった。条件の中で最も大きなものは、一人の医師で支えきれない患者に対して、「副主治医」などの仕組みを導入し、地域での医師同士のネットワークをつくることだった。このような仕組みづくりのために、「医療福祉・在宅看取りの地域創造会議」は中心的なプラット

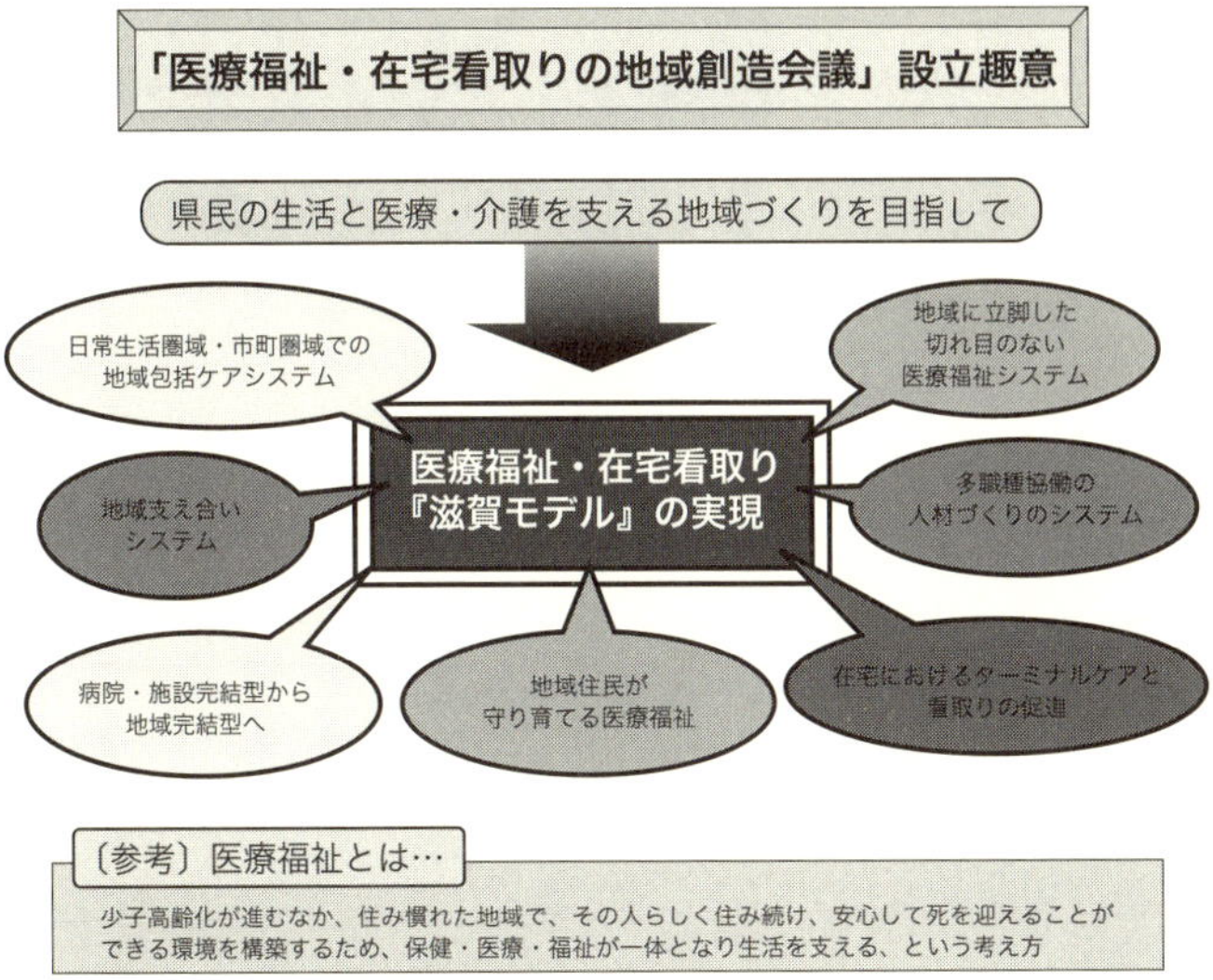

図12　医療福祉・在宅看取りの地域創造会議の仕組み

ホームを目指した。

開業医が家族医として在宅看取りを完結するには、地域の開業医同士のネットワークに加えて、看護師やホームヘルパー、薬剤師やケアマネージャーなど、多職種の連携が不可欠だ。そこで、これらの人たちも創造会議での主体的参加者となっていただいた。

人材育成としては、大学の役割が大きい。滋賀医科大学では、専門医養成に傾きすぎた医科大学の役割を見直し、地域医療を担うことができる医師養成のためのプログラムを独自につくり、滋賀県内各地での実習もおこなってきた。ユニークな試みとして、「医師の里親制度」をつくり、医師の卵をわが子のごとく家庭に受け入れ、地域生活に馴染みをもってもらうプログラムも進めてきた。この創造会議には、大学関係者も数多く参加して、現場の実践者との対話を進めてきた。

さらに、というか最も大事な視点は、これら一連のシステムづくりを実現するためには、サービス供給側の論理ではなく、サービスを受ける需要側、住民側の自覚的な理解と支えが必須であるということだ。それを「地域住民が育てる医療福祉」と表現している。創造会議には、住民自身で、自ら在宅看取りを経験した人や、あるいは、今後自らが看取られる場面があるかもしれないという想定のもとでの住民参加者を積極的に増やしてきた。

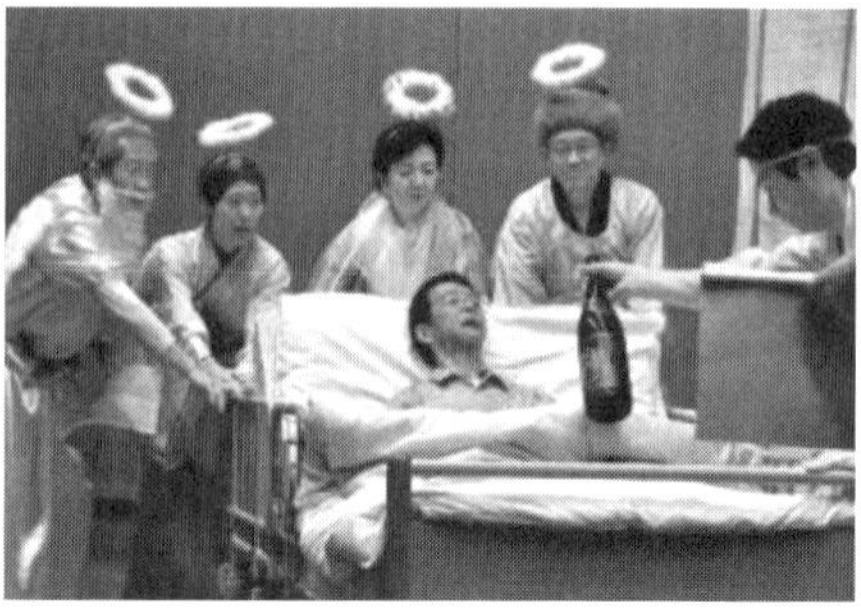

図13　第1回目の県民フォーラムでの啓発劇では行政職員や福祉担当者が演技者となっている（2012年11月25日）

そのために、一般県民向けに、在宅看取りの重要性を伝えるための「滋賀の医療福祉を守り育てる県民フォーラム」を毎年開催しており、専門家や経験者の講演とともに、創造会議のメンバー自身が演技者となり、啓発劇を創作し、舞台上で演じてきた（図13）。

実は二〇一二年から知事の引退時まで、私もこの啓発劇に一役者として参加してきた。初年度のテーマは「また逢う日まで」というタイトルで、ターミナルケアから死に至る段階での、

「救急車利用」と「阿弥陀さんに導かれて」という対比がハイライトだった。最新の二〇一八年の啓発劇は「もし、わたしが認知症になったら」というテーマであったが、会話そのものが日常的な現場から取り出された発話内容であり、劇で発話したことが現場での仲間同士の対話を促してきたということもわかってきた。シナリオライティングには、医科大学の学生など若手も加わり、とても賑やかで、楽しい創造会議となっている。

この創造会議では、二〇一一年の発足時から毎月ワーキンググループ会議を県職員を中心におこなっており、二〇一九年四月段階で七十四回となっている。またワーキンググループでの議論をまとめた「通信」も、二〇一九年四月段階で第六十八号となっている。具体的な内容はこれもホームページに掲載されているので細部については参考にしていただきたい。

大往生でありがとう——守山市Mさんと日野原重明さん

本章の最後に、人間である限り避けることのできない死に向かう心構えと備えのヒントを、二人の人生からたどり、「大往生できてありがとう!」と人生最期に言えるような人生はどうしたら実現できるのか、生身の人間の生きるヒントとして探ってみたい。

お一人は、滋賀県守山市在住で元小学校の教諭だったMさん（一九二九年〔昭和四〕生まれの八十九歳でご存命、ご本人のご希望で匿名とさせていただきました）だ。Mさんは八十歳になったことを記念して自分史『思いまっしぐら　夢叶う』を自ら記述、出版し、その中に「人生最期の要望書」を書いてまさに「在宅看取りの実践」のようなエンディングノートを記している。この自伝に出会い、私はMさんの人生に秘められた、まさに図書館ひとつに相当するほどの、激動の昭和時代を証言する人生の足跡に感動した。

もう一人は、聖路加国際病院の名誉院長として一〇五歳まで現役で活躍し、元気な老人として生き方を自ら示した日野原重明さん（一九一一年〈明治四十四〉〜二〇一七年）だ。日野原さんは医療における予防の大切さから人間ドック制度を日本に導入し、あわせて「成人病」を「生活習慣病」と名づけ直し、医療だけでなく食や運動、生活習慣など元気な老人として生きる方針を示した。

Mさん、日野原さん、お二人に共通する人生訓が私には見える。それはとことん人生を楽しみながら、死を恐れず、自分の人生の終わり方を自覚し、大往生に備え、それを楽しもうという前向きの人生観・死生観だ。それゆえ、ここではお二人の人生観を紹介し、超高齢社会における不安を安心にかえるために、個人としてできる備えを探ってみたい。

まずはMさんについて紹介したい。私がMさんに出会ったのは、二〇一〇年に自費出版した自分史をある人が知事室に届けてくださり、その内容に感動して、直接にご自宅にうかがったときだった。自伝の最後のところには「人生最期の要望書」が自筆の美しい毛筆文字で示してあった（図14）。これは一種のエンディングノートだ。

エンディングノートとは、自らが健康で自己意思をしっかり表現できるときに、自らの死に備えて、家族への伝言や、病に伏した場合の介護や治療法、認知症時の対応、葬儀や埋葬方法、財産や保険などについて、また場合によっては、家系図、自分史などを書き留めておくものだ。最近、自己記入式のノートが各種市販されており、記入する人も増えている。

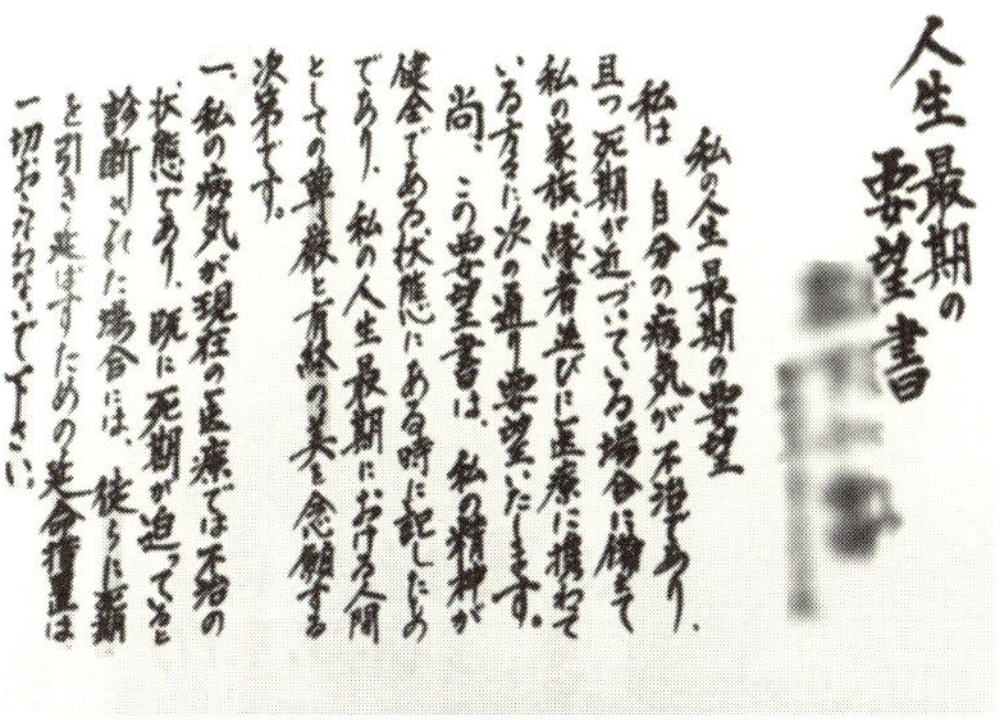
人生最期の要望書

私の人生最期の要望
私は　自分の病気が不治であり、
且つ死期が近づいている場合に備えて
私の家族、縁者並びに医療に携わって
いる方々に次の通り要望いたします。
尚、この要望書は、私の精神が
健全である状態にある時に記したもの
であり、私の人生最期における人間
としての尊厳と有終の美を念願する
次第です。
一、私の病気が現在の医療では不治の
状態であり、既に死期が迫っていると
診断された場合には、徒らに[illegible]
と引き延ばすための延命措置は
一切おこなわないで下さい。

図14　守山市Mさんの「人生最期の要望書」

Mさんの「人生最期の要望書」には次のような記述がある。まずは要望書の意味として「この要望書は、私の精神が健全である状態にあるときに記したものであり、私の人生最期における人間としての尊厳と有終の美を念願する次第である」とし、「人間としての尊厳」を高らかにうたっている。そして医療や治療については、「死期が迫っていると判断された場合には延命措置はおこなわないこと」「苦痛をやわらげる措置はじゅうぶんおこなってください」「いわゆる植物状態に陥ったときには一切の生命維持装置はとりやめてください」とあった。

「人生最期を迎えたとき（いざに備え）」として、「死が確認されたら」として、「枕元にM家伝来の短刀（魔よけ用）を置く」「近親者に連絡、枕元へ集まる」「ねがい寺（専光寺様を枕元へ）に連絡」「葬儀式について、いろいろと詳しく協議（写真、粗飯料他）」とあり、このあと連絡するべき先、行事内容、昼夜の食事注文の方法、弔辞、お礼の挨拶、受付、責任者など、細かく指示が書かれている。きわめて具体的に、死の瞬間をイメージし、残された家族が迷わないように「死のだんどり」が示されているのだ。

なぜ、このように人生の最後を自覚しながら備えることができるのか。二六〇ページほどのMさんの自伝を読みこんだ。そこにはご自身のライフヒストリー（人生史）が、人生の折々の職業意識や人生観とともに記されていた。昭和四年、琵琶湖近くのK村（現在の野洲市）の農家に生まれたMさんは、父親が大志を抱き、父母に連れられ、四歳でブラジルに渡る。しかしうまくいかずに二年後には幼い子どもたちを連れて野洲に戻るが「貧乏の底なし生活」で、家族はバラバラになり、Mさんはあまりにつらくて五歳半でカマスに入った塩をかぶり自殺しようとしたという。そして何としても病弱の母を助けたくて、仕事に精を出しながら小学校から上級学校へ進学できた。昭和十七年だった。

戦争中の苦しい生活は敗戦後も続いた。幸い昭和二十二年、十八歳で小学校教諭になることができ、その後五十一歳で退職するまで三十二年間の教員生活に励んだ。その教えぶりが、自伝に記録されている。毎日のクラス通信も含め、一〇〇ページ以上にわたる。その内容はほとんどが具体的な学校生活での指針であるが、人生のリスクに対する感覚がはっきりあらわれる記述が、昭和五十四年四月十三日の「あゆみと芽」という記録の中にある。

子どもの安全性指導について、校長先生の言葉を引用するかたちで、「これからは危険予知能力養成をしなくてはならぬ」「これから外で元気にとび廻る子供が増えてきます。危険なスリルを味わい遊びに夢中でけがをする子が多くなります。『あぶないから、じっと内にいて本でも読んでいない』と言って外へ出なくなったら、さぁ大変です。とびまわって、けがをして、次はそのときの経験から、機敏に身をかわす能力、体力が備わってくるでしょう。絶対に命があぶない事には手がけないよう、判断し行動させねばなりませんが、少々のかすり傷位は認め、どのようにけがに至ったのか反省させ、自分はどのようにして防げばよかったのか、話合ってやってください」と記している。

この内容がＭさんのリスクに対する考え方の基本とみられ、五十歳で退職してからの地域活動で、高齢者の食育や、スポーツ活動、そして趣味の菊花育てなどに精力を注ぎ、自分が大往生できるようにと、折おりに記録している。そして、先ほど紹介したように、大変自覚的に自らの死を迎えるための備えをしている。近所には息子さん夫婦とお孫さんが住んでおられるが、食事などはほぼ独立しているという。

Mさんを二〇一九年四月末に、十年ぶりに守山の自宅に訪問した。八十九歳になられたMさんは、元気にかいがいしく家事をこなしていた。地区の役職や畑仕事はすでに引退しているというが庭の花は美しく手入れされている。少し足を痛めて歩くことに不自由があるが、生活はきちんと独立しているという。ご子息さまとお孫さんはご近所に住み、最近お孫さんが結婚をしたと喜んで、お孫さんの仕事ぶりなどを話してくださった。

改めてこのエンディングノートの内容について一言ずつ確認してもらったが、「今の気持ちもこのままだ」とはっきり答えてくださった。そして「いつお迎えが来てもこのやり方で子どもたちに従ってほしい」と。Mさんの要望書は明らかに自宅での最期が想定され、そして地元のねがい寺での供養を想定し、この地での最期に何の迷いもないようだ。

今、人類として経験したことのない超高齢化社会を迎え、日本の医療システムは大きな転換期にある。高齢者の死や医療の問題とどう向き合えばいいのか。この分野で日本の医療システムを変える大変革をなしとげたのが日野原重明さんではないだろうか。もちろん一人の医師ができる仕事は日本全体の巨大な制度や政治の動向をみたとき、そんなに大きく取り上げるべきではないかもしれない。しかし、日本の医療システムに潜む基本的考え方を、医師として、また人間として大きく変えてきた先導者として日野原重明さんのお名前をあげたら、多くの人が賛同してくれるのではないだろうか。日野原さんは老いることの人生訓を二五〇冊もの著書で示されており、日野原哲学の全貌は奥深く、計り知れないが、今の日本社会にとっての日野原さんの貢献は三点あると私は考えている。「人間ドックの提唱」「生活習慣病の名づけ」「新老人の会と命の授業」の三点だ。

日野原さんの人生史をたどりながら紹介したい。明治四十四年（一九一一）に山口県でキリスト協会牧師の息子として生まれ、大分県を経て、高校は兵庫県で卒業し、一九二九年（昭和四）に旧制第三高等学校（京大）に入学。一九三二年（昭和七）、二十一歳のとき、京都帝国大学医学部に入学した。しかし二十二歳のときに結核にかかり療養生活を送らざるをえず、医学部の内科教授になる夢を断念する。二十三歳で大学に復学し、二十六歳で医学部を卒業後は大学院に進学し、三十二歳で、「心音の研究」という論文で医学博士号を取得する。その前三十歳から聖路加国際病院に内科医として勤務をはじめ、このあと一〇五歳の人生最期まで聖路加国際病院を基盤として医療活動を進めることになる。

四十歳でアメリカに留学し、アメリカ医学の影響を受け、四十三歳で聖路加国際病院に日本で初めての人間ドックを開設するメンバーとして奔走する。日野原さんの日本の医療世界に刻んだ大きな影響のひとつがこの治療の前に予防という、リスク管理を埋め込んだ「人間ドック」開設の仕事だ。その後、現在にいたるまで、予防医療の重要性はますます高まり、医療の内部で制度化されてきた。

五十九歳でよど号ハイジャック事件に遭遇し、事件を機に内科医としての名声を追究することをやめ、他人のために生きることを決意する。そして六十二歳の一九七三年に、「ライフ・プランニング・センター」を設立した。目的は「一人ひとりが与えられた心身の健康をより健全に保ち、全生涯を通して充実した人生を送ることができるように共に歩む」ためである。そして一九七七年、六十六歳のときには当時高齢化に伴って増える病が「成人病」と言われていた名づけを、「生活習慣病」と改称することを提唱し、日々の生活を健全化することで日常の生活習慣を立て直そうと、①食事、②正しい働き方、③運動と休養、④精神衛生という四点の重要性を指摘した。これが日野原さんの二点目の日本社会にもたらした貢献だ。

三点目の貢献である「新老人の会と命の授業」とは、子どもから高齢者まで、よく生きてよく死ぬことを広めるための社会的活動である。「命の授業」は七十六歳のとき（一九八七年）、NHKの番組で母校の小学校を訪れたときに始まった。子どもたちに命の大切さを伝える方法として、聴診器で心臓の音を聴き、この音が三分以上止まると人間の脳が死んでしまうといい、死について語りはじめた。その経験から小学生に命の大切さを伝える授業をはじめ、一〇五歳の死の直前まで続け、二三七回の授業をおこなった。

「新老人の会」は八十八歳のとき（二〇〇〇年）に、「世界で一番早く長寿国となった日本の高齢者が、世界のモデルとなるべく健やかで生きがいを感じられる生き方をしていただくために」具体的な組織づくりを提案した。そして半世紀前に国連で定めた「六十五歳以上を老人」とする捉え方はすでに実態に即していないとして、老人は七十五歳以上として、自立して生きる新しい老人の姿を「新老人」と名づけた。そのために「生き甲斐の三原則とひとつの使命」「五つの行動目標」を掲げた。三原則は、①愛し愛されること、②創《はじ》めること、③耐えることであり、ひとつの使命は「子どもたちに平和と愛の大切さを伝えること」。五つの行動目標は①自立、②世界平和、③健康情報を研究に、④会員の交流、⑤自然に感謝、だ。

実は私が日野原重明さんに初めて出会ったのは二〇一二年十月一日だった。すでに全国に支部ができていた「新老人の会」を滋賀県で設立しようとした総会で、当時の現職知事としてトークをさせていただいた。そのとき、「あなたは琵琶湖の研究をしていたのですね。琵琶湖というと思いだすのは京大医学部時代のスキー船のことです。浜大津から海津へ夜行の船に乗り、海津についてから朝日をあびてマキノスキー場まで歩きました」と。その後、毎年滋賀県にお越しいただいたが、二〇一六年九月二十五日に長浜での「一〇五歳」記念講演会が最後の出会いとなってしまった（図15）。二〇一七年七月八日には一〇五歳の命を閉じられてしまったからだ。

「新老人の会」は発足から十七年を経た二〇一七年には会員数は約一万五〇〇〇名、地方支部は四十六カ所になった。しかし、日野原さんが亡くなってから求心力は次第に弱まり、全国組織としては二〇一九年九月に解散し、地方組織としてそれぞれの都道府県支部が独立して動くことになった。

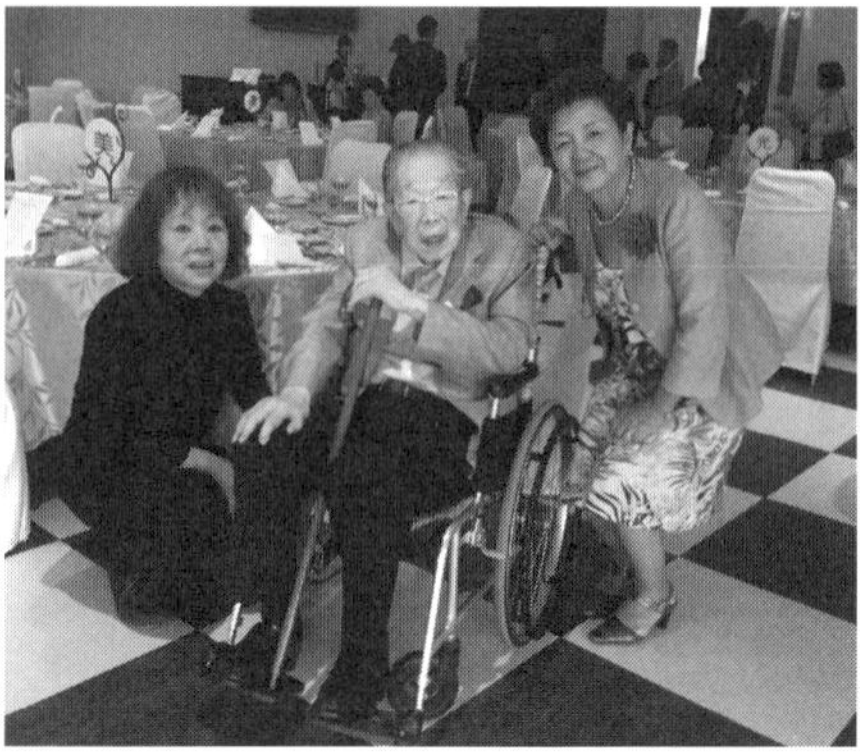

図15　長浜を訪問された日野原重明さんと（2016年9月26日）

滋賀県では、二〇一八年十月に、日野原重明記念新老人の会「滋賀の会」を発足し、私が初代会長についた。そして最初の講演会を十二月二十三日に近江八幡でおこない、「滋賀県がなぜ長寿日本一になったのか」として、今後このテーマで継続して講演会を開くことで動き出した。第一回目としては、馬場忠雄滋賀医科大学名誉教授から「健康は腸内細菌叢との共生から」として、いかに腸内環境が免疫力の維持に大切であるかを消化器系研究者として発表していただき、また堀越昌子滋賀大学名誉教授からは「発酵食品は健康をサポート」として、フナズシに代表される滋賀県の郷土食は、昔から滋養食でもあり、栄養学的にみて健康長寿に貢献していることを解説した。

今後「滋賀の会」は二つの目的をもって活動していくことになる。ひとつは、右のように、滋賀県特有の健康・長寿の問題を講演会などで学び、高齢者の生活習慣や生活環境の改善に貢献することである。もうひとつは、二〇一七年七月に一〇五歳の生を閉じられた日野原重明さんの遺志を継ぎ、その思想や哲学を後に続く者たちがそれぞれの人生の中で受け止め、消化し、発信していくことで、日野原哲学の深化をはかることだ。

今、超高齢化社会を迎えて、日本の医療介護システムは大きな転換期にある。社会的に整備される医療介護資源の充実は重要だ。しかし一方で本人も望まない、家族も望まないような医療介護行為には見直しが必要だろう。そのようなときにはまさに日野原イズムが教える個人としての自覚を社会的に育てていく必要があるだろう。その点からみるとMさんのような人生は、特別の人だから叶えられるものではなく、誰もが到達できる人生訓といえるのではないだろうか。人はいつかは死ぬ。そのことを行政として政治としてとらえながら滋賀県では、何よりも地域住民が主体的に動く中で、日本一、あるいは世界一かもしれない長寿社会を築いてきた。この動きは、ある意味、日本のモデルといえるものかもしれない。超高齢化社会の不安に対する〈新しい答え〉を滋賀県から、という挑戦がどこまで評価できるかは、読者の皆さんの判断にゆだねたい。

第4章　災害多発不安に対する〈新しい答え〉

二〇一八年七月の西日本豪雨で見えてきた流域治水政策の必要性

多くの日本人の記憶に新しい水害が二〇一八年七月の西日本豪雨での被害だろう。岡山県倉敷市真備《まび》地区では、梅雨末期の豪雨が襲った七月六日から七日にかけて、小田川など中小河川の堤防が決壊した。一面が水についてしまい、四六〇〇戸以上が浸水被害を受け、その中で五十一名が命を落とした。死亡者のうち四十五名は六十五歳以上で、そのほとんどが自宅での溺死だった。

地元での被害者家族への聞き取りなどをした私は大変ショックを受けた。死亡した人たちのほとんどは「まさか自分の家が水につくとは！」と自宅が浸水することはまったく想定していなかったようだ。死亡者のほとんどは昭和四十年代以降真備地区に居住しはじめた、いわゆる

図１　小田川の切れた堤防が見える（岡山県倉敷市真備町、2018 年 7 月 8 日撮影、毎日新聞社提供）。河川決壊で 4600 戸が浸水、51 名が死亡した

新住民だった。自宅にいた五十一名もの人たちが溺死するというような水害被害が、これだけ施設整備が進んできた今、起きていいのだろうか？　私は大きな憤りとともに、亡くなられた方たちの無念の思いを想像し言葉がなかった。高齢の両親を浸水する実家から助けだすことができずに、無念の思いを胸に秘める若い家族もおられた。

実はもともと真備地区は高梁川《たかはしがわ》と小田川が合流する地形の中で浸水しやすい地域だった。古くから水害被害に苦しめられ、一八九三年（明治二十六）には高梁川沿いの集落で三八四家屋中三六五戸が流出し一八〇名が死亡したという記録もある。この甚大な被害をうけて、翌年一八九四年には地元住民による「水害予防組合」が結成され、河川改修や堤防強化に必要な費用負担や、日々の高梁川・小田川の河川水位の測定や堤防監視、大雨のときの住民の避難支援をおこなってきた。それゆえ、一九三四年（昭和九）の第一室戸台風や、一九七二年（昭和四十七）、一九七六年（昭和五十一）の豪雨でも、一部家屋浸水はあったが、死者は一人も出ていない。

しかしちょうど昭和四十年代末から昭和五十年代にかけて、瀬戸内海の埋め立てが進み、倉敷市沿岸部の水島工業地帯の開発により、労働者用の住宅が必要となってきた。そこで車で三十分ほどである真備地区の住宅開発の需要が高まり、この時期に三〇〇〇を超える住宅区画が開発され、一万人近くの居住者が増えた。今回自宅で溺死した人たちの多くはこのときにマイホームを求めた新住民で、今高齢化した人たちが多い。

図2　現地での聞き取り調査する筆者（2018年10月20日）

そして、このような動きと併行して旧小学校区単位の町が真備町に合併した。あわせて、国では河川法が改正され、できるだけ多くの河川を上位の自治体や国が管理する一級河川化が進み、小田川は国の管理となっていった。「水害予防組合」は一九七四年（昭和四十九）に解散。河川の堤防管理や水害時の堤防監視、避難体制を総合的に扱い、被害の最小化をはかる組織がなくなってしまった。

私はこれまで河川と人とのかかわりを歴史的に検証し、かつて住民自身が自らの命を守るために自主的に管理してきた「近い水」が、県や国などの上位の行政管理となる「遠い水」になってしまったと分析してきた。まさに真備の河川は住民にとって「遠い水」化してしまい、そこで死者被害が出てしまったということになる。

「遠い水（川）」「近い水（川）」とは何か。この象徴的な言葉の意味について、先に説明しておきたい。ここには三つの意味がある。ひとつは、「物理的距離」ではかれる何キロメートル何メートルという距離である。これは、知的概念でいうと、たとえば「水量を測る」という自然科学的な知識、いわば「科学知」に通じるものである。それに対して、二つ目は「社会的距離」である。社会関係の中に潜む参加度や親近性の程度で、社会参画、自治の仕組みにかかわる「社会関係の知」が前提になる。これが制度として表現されると「地域自治」や「地方分権」などの問題となる。社会のどの領域で意思決定をするのかということともかかわってくる。三つ目は「心理的距離」である。人が主観的に感じる近さの程度でもある。人びとの行動の動機づけや、そして参加意識、満足感、幸せ感という主観をかたちづくる距離であり、ここでの大事な知識体系は「共感的知」あるいは知識とはいいにくい「感性」ともいえよう。

さて、真備町の例は、河川の堤防破壊による水害被害だが、西日本豪雨では、治水用のダムが大雨に耐えられず、一気に多量の水を流したがゆえに、直下の町が「ダム津波」のような洪水に襲われ死者が出てしまった例もある。愛媛県の肱川《ひじかわ》の野村ダムとその直下の西予市《せいよし》野村町の事例を紹介しよう。

図3がその経緯をまとめたものである。二〇一八年七月七日の未明（二時三十分）に国土交通省野村ダム管理事務所から地元西予市にダム放流量の増加が示された。真夜中で真っ暗だということで、西予市が市民への避難指示（緊急）を出したのは午前五時十分だった。行政無線には屋内受信機と屋外スピーカーがあるが、住民には両方で情報を流した。またダム管理事務所も放流合図のサイレンを五時十五分に鳴らしはじめた。

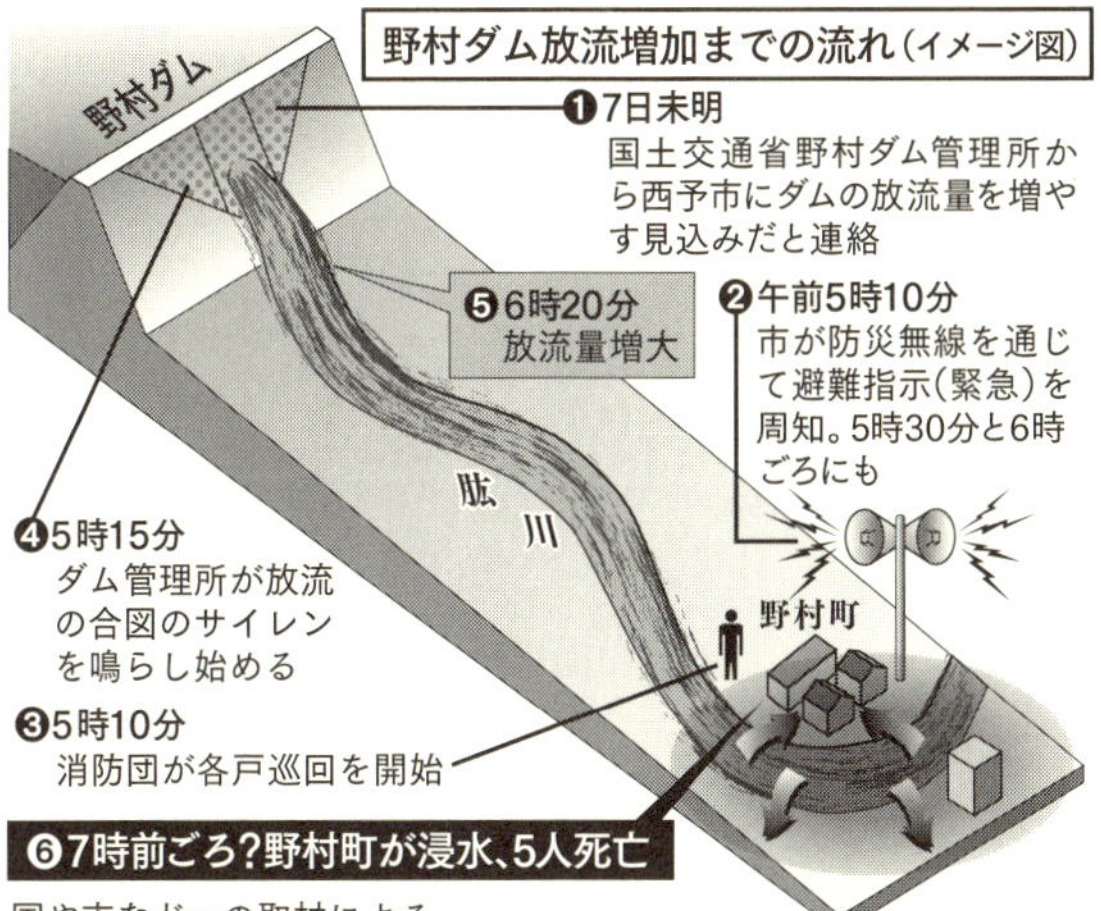
野村ダム放流増加までの流れ（イメージ図）
野村ダム
❶7日未明
国土交通省野村ダム管理所から西予市にダムの放流量を増やす見込みだと連絡
❺6時20分
放流量増大
❷午前5時10分
市が防災無線を通じて避難指示（緊急）を周知。5時30分と6時ごろにも
肱川
❹5時15分
ダム管理所が放流の合図のサイレンを鳴らし始める
野村町
❸5時10分
消防団が各戸巡回を開始
❻7時前ごろ？野村町が浸水、5人死亡

国や市などへの取材による

図3　愛媛県肱川上流部の野村ダムでは「ダム津波」が発生、5人が死亡した（「朝日新聞」2018年7月11日掲載の図をもとに作図）

しかし住民にとってこれらの情報の伝達力は

図４　現地での聞き取り調査をおこなう筆者（2018年12月１日）

弱かったようだ。ダムの放流後、大量の水が七時頃に野村町を襲い、自宅や自宅周辺の道路で五名が溺死してしまった。浸水家屋数は約六五〇戸でそのうち床上浸水が約五七〇戸、床下浸水が約八十戸だった。野村ダムの放流量は正常時毎秒三〇〇トンであるところが午前六時すぎには一六〇〇トンを超え、午前八頃の最大放流量は一七八七トンにあがり、肱川周辺部の住宅や商店を襲ったのだ。配偶者が車で逃げるときに溺死してしまった入江すみさんは、「ダム津波のようだった！」と述懐していた。ダム直下の肱川周辺での聞き取り調査では、昭和初期に生まれた人も「あんな大量の水を見たことがない」と言う。「ダムが建設されてから洪水はない、と言われていたので安心しきっていた」という声もきいた。

「野村の未来を考える会」が被災後、二一〇名の住民に直接聞き取り調査をした結果では、「避難指示」を知った方法としては、ダム管理所のサイレン等では十名、行政無線では三十一名であり、一一七名の方は「消防団の直接の呼びかけ・働きかけ」だったという。ある消防団員の証言によると、「〝これまで川は溢れたことがない〟〝昨日ダム事務所に電話をしたらダムは溢れることはないといわれた〟というような安心感が強く、自宅からの避難を嫌がる人たちを無理やり消防自動車に乗せこんで高台に避難をさせた人も数多かった」という。ダム津波のような巨大な水が襲ってきて五七〇戸もの家が早朝に床上浸水してしまった。ということは、もしも消防団員による直接の避難補助がなければ、死者は何百人にものぼってしまったかもしれない。背筋が寒くなる思いだ。

岡山県倉敷市真備町の被害と、愛媛県西予市野村町の水害被害の実態を調べていくと、改めて日本の治水政策の三つの弱みがみえてくる。真備町や野村町は決して例外ではない。日本中で同じような時代の変化が起き、水害に弱い地域社会が増えてきた。

弱みのひとつは、過去の水害の歴史が今の居住者に正しく伝わっていないことにより、無防備な土地利用による都市開発が進んできたことだ。ここには長年の自治体や国の開発政策が深くかかわっている。自治体自身も、人口増加や開発のために水害被害を想定せずに都市開発を進める傾向にあった。

二つ目は、河川を管理する国土交通省系列の河川内部（堤防管理も含めて）の政策が、人が暮らす側の市町など自治体側の防災や避難体制とむすびついていないことだ。ここには縦割り行政の問題が潜んでいる。

三つ目は、住民自身も住宅を求めるときに、水害被害などを想定していないことだ。日本の国土の七割が河川の洪水はん濫など、はん濫原であることが、国民の知識としても広がっておらず、防災・減災リテラシーが高まっていないことだ。

まさに真備の河川は水害予防組合が自主的に防災や減災を担っていた「近い水」の時代から「遠い水」化してしまい、そこで死者被害が出てしまったということになる。都市化が進み、人の移動がはげしくなると土地にまつわる記憶は弱くなっていく。そのような状況では行政自身が地域のリスクをあらかじめ調べて住民に伝える必要があるが、このリスク情報づくりやその情報共有の回路がなかなかできていない。

次節以降では、日本の水害対策の歴史をたどりながら、滋賀県が全国で初めて制定した、施設だけに頼らない流域治水条例の展開について触れてみたい。

明治時代以降、「近い水」はなぜ「遠い水」に変わったのか?

山岳地帯が多く、降雨量の多い日本は古くから水害被害に悩まされてきたが、室町時代から江戸時代にかけて、社会経済の基本が水田稲作にあった時代には、水害被害の最小化をはかる地域ごとの工夫がなされていた。水害を受けやすいところは村落などをつくらず湿地として残し、また河川の堤防をつくっても、堤防から溢れることを前提に土地利用の工夫をしてきた。溢れても死者を出さないという「流域受け止め治水」がつくられた。それが大きく変わるのが、明治時代以降の近代化・産業化の時代である。そのプロセスを四つの時代変化としてみてみよう。

最初の第一期が「近い水共存期」である。江戸時代から明治時代中期、一八九六年（明治二十九）に近代河川法ができるまでの状態である。河川法ができるまでは、流域として共同体で洪水を受け止め、川べりに樹林帯や霞堤をつくりながら、自分たちで対処した。治水に必要な費用も農地所有者や住宅所有者に賦課されていた。同時に、自分たちで水をとる利水、あるいは漁業の権利も自分たちで守る。多様な横つなぎの仕組みが活きる「はん濫織り込み型の治水」と言える。

第二期として、明治の近代化の中で、「遠い水」「遠い川」の仕組みが出現し、次第に中央管理型になってくる「遠い水の出現期」と呼ぶことにした。一八八九年（明治二十二）の町村合併で、それまでの藩政村という小さな自治コミュニティが制度外の存在になり、行政組織の合併がなされる。淀川や利根川などの大きな河川は、一八九六年（明治二十九）の河川法ができてから、国が河川管理の責任を直接もつようになってくる。この時代の河川法の最大目的は「治水」である。大きな堤防をつくり、川の中に水を閉じ込める「河道閉じ込め型治水」と言える。川の内と外が分離され、技術系官僚（テクノクラート）が河川を管理する制度を産み出したのである。技術系官僚が頼りにする知識体系は「川の水量を計測して制御する」というまさに近代科学主義である。

明治二十年代だと水を測る単位は「一個二個」である。一尺は約三十センチであり、一尺立方が一個である。今は一トン、二トン、三トンと測る。明治時代にすでに水量を測るという概念が出てきたのだ。この概念が官僚支配の大事な論理的道具だてになる。水量計算に基づく治水政策により、淀川など大河川の改修が進められ、大阪では町中を流れていた淀川は、北側に流路が変更され今の淀川がつくられた。

同時に真備の例をみると、明治時代の近代治水管理が始まった後でも、水害予防組合のように、国の推奨により江戸時代以来の村落共同体の「近い水」組織を引き継ぐ団体が生まれたことも注視する必要があるだろう。つまり、堤防強化など、施設が追いつかないことを知る明治中期の河川管理者は、江戸時代以来の住民による自主管理組織の重要性に気づき、それを被害軽減に埋め込んでいったのである。

第三期が、昭和二十年代から三十年代の戦後に広まってきた「遠い水完成期」である。一九六四年(昭和三十九)に新河川法が制定された。高度経済成長期をひかえ、経済活動や都市の水利用の拡大を目指して、「利水」機能が強化されたのである。あわせて治水政策も財政的、技術的に変わってくる。戦後、昭和二十年代には大変な水害が全国各地で頻発した。当時、GNPの一割が水害で失われる状態にあり、洪水災害を抑えることが国の悲願となっていた。それまでは、治水工事のかなりが直接の住民負担でなされていたが、財源としては規模が小さく治水事業が進まない。そこで「治水公費主義」という財政基準が生まれてくる。また、技術的にはこの時代になって初めて、洪水をダムで調節する、という治水ダムの発想が実現されてくる。

さらにこの頃には、治水単独ではなく、多目的ダムとして利水機能をダム建設の目的に含むようになった。高額なダム建設費の多くを水利用者（主に水道料金）から徴収できるため、多目的ダムではスケールメリットが働き、治水容量分の建設コストも安くなる。まして治水にかかる費用が公費で担われるようになれば、住民は自己負担せずに、政治家に「陳情をする」だけで安全を担保できるという社会的構図が生まれる。「ダムができたら枕を高くして眠れる」とその効果を過大に宣伝し、ハード施設誘致が政治家にとっても地域に「アピール」する手段となる。こうして、政治的、社会的、財政的、そして技術的に、住民の行政依存、とくに予算配分権をもつ与党政治家への依存度が強まる。琵琶湖周辺では、一九六四年の河川法改正を経て、琵琶湖にそそぐ小川まで、国や県管理の「一級河川」と化していった。

考えてみれば、確かに住民による治水対応は大変な負担である。しかし、当時は自分たちでやるしかほかに手段がない。私が一九八〇年代以来調べてきた滋賀県内の多くの河川近くの集落では、コミュニティが（洪水に対して）自衛してきた。しかし、昭和から平成にかけて、だんだんに、「コミュニティが自衛しなくてもいい、一級河川だったら県や国がやってくれる」と、「遠い水」「遠い川」の仕組みが浸透してきたのである。右肩あがりの高度成長期、行政の公共投資費用も増大し、多目的ダムの建設もどんどん進んだ。日本全国で三〇〇〇近くのダムが計画され、次々と建設された。もちろん、それによって治水安全度があがり、多くの貴重な命や財産が救われた。利水機能も強化され、日本の産業振興や都市化に大きく貢献した。しかし、いつしか人びとの意識が川から離れ、町づくりでも川を暗渠化し、橋を取り払い、川を見えないところに閉じ込めた。川は忘れられていった。

その反省がみえはじめたのは平成に入ってからである。この時期を第四期として、「行き過ぎた遠い水への反省期」と私は名づけた。川の中に閉じ込めて制御管理するだけではなく、「近い川」が生きていた時代のように、もっと生き物を大切にして、人びととの川とのかかわりの文化を取り戻そうという動きが出てきたのである。その象徴が長良川河口堰建設に向けられた反対運動であろう。一九九七年の河川法改正では、「治水」「利水」にプラスして「河川環境の整備と保全」と、「住民意見の反映」という思想が埋め込まれた。法制度的にはかなりあいまいなものではあるが、少なくとも河川法一六条の二の中に「住民意見の反映」という条項が入ったことは、それまでの日本の道路や河川などの公物管理の中ではきわめて民主的な制度改正であった。

新しい河川法実践の幕明けとなった淀川水系流域委員会

一九九七年に改正された河川法での、「利水」「治水」「環境保全」という三つのねらいと「住民参加」の手法を河川整備計画に活かそうと真摯に取り組んだのが、国土交通省近畿地方整備局が二〇〇一年に設置した淀川水系流域委員会だった。私はこの流域委員会には最初から参加し、二〇〇六年の滋賀県知事選挙に立候補したときまで委員として活動した。それまでの河川政策ではかかわりえなかったような多様な人と一緒に川の現場を歩きながら共に学び、考えた。

行政の委員会というと、ともすれば、委員の選択から、議論する内容まで行政側が決めるため、委員や住民は受け身のことが多い。しかし淀川水系流域委員会は違った。まず、委員を選ぶ準備委員会が設置され、そこで委員の人選をした。具体的な審議も、委員自らがまず自分たちの知っていることから発表しあう。そして、提言も自分たちが書くという画期的なものだった。ここには地域住民も、「地域に詳しい委員」として研究者と同列の扱いで参加した。科学的専門家だけでなく、地元の住民、活動家や、学校の先生など、多様な住民がかかわる舞台が準備されたのだ。

私にとって、この委員会での学びは何にも代えがたい経験の源泉となり、知事になってからも意思決定するうえでの拠り所となっていた。環境問題には賛否両論、さまざまな見方が表出する場合が多い。未来にどんな影響が出るのかなど、たとえば洪水被害などの予測をするときには、科学的技術的なデータはもちろん必要だが、地域の歴史的経緯や、場合によっては住民の感性や直感で判断しなければならない場面もある。そのような意味で、ここで出会った多様性は、委員会の仕組みを考えるうえでも、歴史的に大きな転換点となった。

私は、人と川のかかわりを専門とする環境社会学の立場から、この委員会で主に六つの主張をした。

ひとつは「川と人のかかわりの再生」である。環境は化学的な水質や生物学的な生態系など自然の仕組みだけを意味するのではない。とくに日本では「里川」「里湖」という表現があるように、人とかかわりながら守られてきた自然の意味が深い。先に示した「近い川」の具体的事例をいくつも紹介した。

二つ目は「地域から学ぶ」という姿勢である。行政が教える、科学者が教えるというのではなく、地域の生活者の歴史や経験から学ぶ。川の長い歴史を知っているのはそこに住んできた住民である。また渇水のとき、増水のとき、「川の三六五日」について最も詳しいのは住民である。

三つ目は「住民と市民の違い、その両方が必要」ということだ。一般に共通した考え・思想に基づく運動的側面が強い市民活動は、当時、自然保護に重点を置く傾向にあり、地元で暮らす住民の歴史や日常生活に配慮がいかない場合が往々にして起こりがちだった。そしてこのような人たちには、都市部の知識層も参加していることも多く、発信力・発言力がある。一方、地域でずっと暮らしてきた住民たちは、自分たちの歴史や経験などを語ることをはばかり、口をつぐむ場合も多い。こういうときには、私はつとめて声なき声になりがちな住民意識を丁寧に掘り起こし、住民意見には多様性があることを指摘するようにした。

四つ目は「専門家的業界用語の払拭」である。代わりに暮らし言葉を提案した。たとえば「水害ポテンシャル低減化手法」という表現は、科学的には厳密で正しい表現であるが、これでは一般には伝わらない。少しあいまいになるかもしれないが、暮らし言葉を使うと、「水害に強い地域社会づくり」という表現が可能だ。

五つ目は、「公私二元論」、つまり公か私かという考えに対して「公共私の三元論」を社会学的に提出した。洪水対策も自分で守る「自助」、地域の皆で守る水防などの「共助」、それにプラスして行政が予算をつけて公費で担う「公助」である。

六つ目は、川と住民をつなぐ「河川レンジャー」「川守り人」の提案である。これはもちろん流域委員会の中で、皆で議論させていただいた項目であるが、私がとくにこだわった点である。

淀川水系流域委員会での四〇〇回の議論の後、「ダムは原則つくらない」と決定

淀川水系流域委員会での議論で最大の焦点となったのがダム問題だった。平成に入って、製造業では循環水利用が進み、都市用水の需要も増えず、一九六四年（昭和三十九）の河川法改正前後に計画した多目的ダムの利水目的が大きく失われてきた。利水機能の必要性がなくなると、ダムの建設費、維持管理費などの費用負担者がいなくなることになる。利水がなければ、治水はほかの手段がある。日本人は代々水害と闘い、多様な手段を編み出してきた。前述のような「はん濫織り込み型治水」などはその典型だ。それに、ダムは河川の流れを切断するため、河川の生態系を根本から破壊をしてしまい、環境面では望ましくない。そして住民側から財政負担問題が指摘されるようになった。環境を重視する国内外の流れとともに、多目的ダムの見直しの機運が一九九〇年代、平成の時代には高まっていた。そのような中で淀川水系流域委員会は、「いかなる洪水からも人の命を守ることが最優先である」ことを治水の原点とし、まずは脆弱な堤防を強化し、壊滅的な被害を避けることを求め、ダムは必ずしも有効な手段ではないと主張した。

淀川水系流域委員会では、現地視察や部会を含めて四〇〇回を超える委員会を経て、二〇〇

五年に「ダムは原則として建設しない」「ダムは最後の手段であり、どうしても必要な場合には、説明責任を果たしてから建設をする」という提言を示した。その提言をうけて、国土交通省近畿地方整備局も「淀川水系五ダムについての方針」を二〇〇五年七月一日に発表した。この方針では、大戸川ダム（滋賀県大津市）の計画について、大阪や京都など、利水者が撤退し、治水だけが目的となっては「経済的に不利になる」などとし「当面は建設しない」とされた。

しかし、二〇〇五年当時の國松善次滋賀県知事は、七月一日の一週間後には、国に対して大戸川ダムの建設を陳情したのである。淀川水系流域委員会には、滋賀県在住の委員もいれば、琵琶湖博物館をはじめ滋賀県に属する組織からも委員を出していた。淀川水系流域委員会で四年間も議論してきた、その意見をまったくかえりみない國松知事の姿勢に、私は大きな疑問をもたざるをえなかった。一方で、琵琶湖の環境保全を主張している滋賀県知事が、どうみても環境破壊とならざるをえない、また、国民経済的にも巨額の財政負担を伴うダム建設になぜ傾いているのか？　もちろん、議論をして、ダム建設以外に命を守る手段がなくて、ダムがどうしても必要だというダムなら建設は認められるであろう。しかし、十分な議論もせず、建設推進になびくことへの疑問が大きく膨らんできた。

しかし残念ながら、淀川水系流域委員会がダムの問題点をいくら突いても計画を見直しする力にはならなかった。洪水被害の調査を全国で手がけ、委員会設立時から委員だった私自身は

「委員会の結果を活かすも殺すも行政と政治次第では？」とこのとき思い知らされたのである。このダム建設への滋賀県の対応が、翌年、二〇〇六年に知事選挙への立候補を決意する理由のひとつとなった。

大戸川ダムの必要性はなぜ低い？

なぜ私が大戸川ダムの必要性は低いと考えたのか。それは、ダム以外に治水手段があるからだ。河川環境へ影響を及ぼし、財政負担も大きく、未来の世代にその負担を先送りする「ダム」という手段を選択する必要がないと判断していた。

しかし、国はダムこそが水害を防ぐ最善の方法だと主張してきた。二〇〇一年に淀川水系流域委員会が始まった頃、近畿地方整備局の担当者が、大戸川ダムの必要性を説明する中で、「昭和二十八年に四十四名もの死者を出した水害を防ぐため」という理由がたびたび説明され、配付資料にも印刷されていた。現場の事情を知らない委員は、「なるほど、それほどの人的被害が出たならダムも必要だろう」と納得するかもしれない。だが私は納得できなかった。大戸川ダムが計画されているのは大津市と甲賀市（旧信楽町）の境目の中流部だ。昭和二十八年の水害は「多羅尾水害」と呼ばれる、大戸川の最上流部、三重県境に近いはるか上流の山崩れが

図5　大戸川ダムと上下流の位置関係

原因である。私は一九八〇年代から各地の水害被害の実態調査をおこなってきたが、多羅尾水害は、昭和二十八年八月十四日の真夜中の三〇〇ミリを超える集中豪雨による山崩れで、集落全体が流されて埋まってしまうことで四十四名もの犠牲者を出したものである。これは滋賀県内での戦後最悪の水害でもあった。

　人間の健康でも、なぜ病気になったのか、その要因を探る診断なしに治療方法はみえない。災害も同じだ。自然の仕組みを診断して、さらに社会的条件をふまえて、対策をたてる。そのために最も有効なのが、過去の水害被害の背景を、地形、気象条件や地域社会条件を徹底して調べ、その診断をおこない、対策をたてることだ。それゆえ、私自身は、環境社会学的調査の柱のひとつとして水害調査を位置づけ、実践してきた。「多羅尾水害」についても当時の被害写真や地図類を収集し、被害者の話を詳しく聞き取りする中で、山上の土地開発が進み、山が荒れていたことがひとつの原因ではないかと推測していた。そもそも最上流部の土砂災害を中流部のダム建設で防げるはずがない。

しかし、国の出先機関（近畿地方整備局）の担当者には、意図的悪意はなさそうだ。とくにキャリアと言われる上級職の担当者は二〜三年で任地を替わる。地域ごとの過去の水害被害について単純に知らないのである。また、知らなくてもよかったのである。なぜなのか？

近代技術主義的教育の中では、「基本高水」や「計画高水流量」という計算された洪水を、川の中に閉じ込めることで水害を防ぐことが説かれてきた。そして、その論理の中で育つ技術系官僚は、あたかも自分たちで想定した「机上洪水」さえ抑え込めば治水を全うできると信じてしまうのである。私が地道に手がけてきた地域ごとの水害調査をもとに、過去の水害被害とその背景要因について説明し、川の中に「机上洪水」を閉じ込めるだけでは被害はゼロにできないこと、堤防強化や土地利用への配慮、避難体制づくりなど、社会的条件も含めて総合的かつ重層的に対策をとるべしと、いくら説明しても、彼らの耳に入らない。洪水は自然現象だが、水害は社会現象であり、いかに社会的条件を加味するか、人びとの暮らしのありさまや心に寄り添ったかたちで危機対応を、と言っても聞く耳をもってくれない。そして地元の経験に向き合うことなく、同じ水量計算の説明を続ける。近畿地方整備局の担当者が替わって何度、私自身が地元委員として同じことを伝えても、また元の木阿弥……。

このような国・県の担当者とのやりとりを何年も経て、私は理解した。国は最初から、「大戸川ダムは必要だ」「ダムなしに治水対策はできない」と信じているので、その信じたうえでの方針をいかに地元に承知させるか、地元を説得するか、ということを考えていて、それが彼らの使命感であり、手柄なのだ。そして、自分のところの省益を高めていく。省益重視の政策となる。無理もない。河川局は堤防の外にまで権限が及ばず、土地利用や町づくりまで口が出せないのである。

実は、国の役人の中にも、本当に命を守るにはどうしたらいいのか、「ダムに頼らない治水」を主張する人たちもいなかったわけではない。その象徴が、淀川水系流域委員会を最初に提案した当時の近畿地方整備局の河川部長であり、当時の淀川河川事務所長の宮本博司さんだ。彼らは「ダムに頼らない治水」の先導者だった。それゆえ、二〇〇五年にはいったん大戸川ダムは凍結という判断を近畿地方整備局自身が公式におこなった。しかし、このような考え方をもつ官僚は組織からはずされていった。宮本さんは二〇〇六年七月に、五十歳の若さで国土交通省を退職する。

二〇〇六年知事選挙でのダム見直しマニフェスト

二〇〇六年七月の滋賀県知事選挙の「かだマニフェスト」では、まさに私自身の言葉で、問題意識を提起した。

「丹生、大戸川、永源寺第二ダムの県支出金合計二〇〇億円以上が、県営の芹谷ダム、北川第一、第二ダム建設についても今後数百億円以上の県支出金が必要です。この六つのダム建設計画について凍結します。そして、以下の代替案を提案して県民の皆さんとの対話を通して見直します。治水については、ダム以外の方法（堤防強化、河川改修、森林保全、地域水防強化）、すなわち『流域（地域密着）型治水』により対応します。利水についても、ダム以外の方法、水の循環再利用システムを構築します。また、公共事業の地域振興効果として、ダムのような大型公共事業は必ずしも地域経済を長期的に潤すものではありません。流域（地域密着）型の河川改修や農業水源確保事業の方が迅速な対応、地元の業者が直接工事に参加でき、しかも費用が安くて済むなど脱ダムに関する代替案を提言します。あわせて、ダム建設を前提に集落移転を余儀なくされた地域の人びとへの謝罪と、社会的配慮を十分におこないます」と示した。

とくにこの後、私が知事職を続けている間に一貫して批判されたのが「経済破壊」の問題だ。

県内の土木関係者から「嘉田はすべての公共事業を〝もったいない〟の一言でつぶして経済を破壊した」と批判され続けた。しかしすでにこのマニフェストの公表時点で、地域の土木事業の持続性には心をくだいてきた。河川改修や堤防補強の工事は地元の中小の土木業者が担うことができる。地域社会で長く土木事業の需要があることで、地域社会に若い人が住みつき、家族もも て子育てもできて、消防団員の確保や、産土神の祭りでの若者参画が可能となることを訴え続けてきた。ダム建設では中央からのゼネコンしか建設受注の資格がとれず、短期間に飯場ができてもダム建設が終わると労働者の集落は失われる。つまり人と組織の地域社会での持続性がダム建設では担保されないのである。

二〇〇六年の知事選挙中には、新幹線問題について多くの人が関心をもってくれたが、ダム問題は、現場の対話集会でも関心は低く、質問も少なかった。そもそもかなり専門的領域とみられ、ダム問題にかかわる人は「環境主義派」としてイデオロギー的にみられがちだった。

知事就任後、二〇〇六年九月には、早速、川の中の対策に加え川の外、つまり人間が暮らす流域での対策を中心に各種ハード・ソフト対策の検討をおこなうための「流域治水政策室」を設置し、既往資料の調査や代替案の検討を開始した。十月には、関係する部局が横断的に検討をおこなうため、琵琶湖水政対策本部に流域治水推進部会を設置し、さらに十一月には、推進部会にワーキンググループを設置した。担当組織は知事の権限でつくることができた。そして二〇〇七年四月からは予算も確保され、本格的に流域治水政策が動きはじめた。

洗堰の全閉解消と大戸川ダム建設のかかわりをこじつける国の方針

滋賀県内のダム問題は、下流部の河川管理と深くかかわっている。図6と図7を参考にその構図を示しておこう。まず琵琶湖から流れ出る瀬田川、宇治川は京都府八幡市のところで、京都市右京区から流れてくる桂川と、京都府木津川市の方から流れてくる木津川と合流する。ここを「三川合流部」と呼ぶ。近畿圏に大雨が降ったとき、桂川と木津川はかなり早い段階で大水が三川合流部に到達するので、まずはこの二川の水を淀川から大阪湾に向けて流す。

一方、琵琶湖周辺は、一〇〇本を超える河川が琵琶湖に流れ込み、そこでいったんたまるので、琵琶湖の出口にある瀬田川洗堰を閉じれば、下流に流れる水量を減らすことが可能となる。桂川、木津川の水が淀川を大阪湾まで流れ出て、下流の安全を確保してから、洗堰の水を下流に流すことで、近畿圏全体としての安全度を高めることができる。いわば「時間差管理」だ。そのために、瀬田川洗堰からの流れをある時間すべて締め切る、というのが「全閉操作」だ。

大戸川ダム建設により、大戸川が合流する下流の瀬田川／宇治川に流れる水量をいったん止めることで、同じ瀬田川に流れ込む洗堰の全閉操作を回避でき、琵琶湖水位の上昇を抑えて、

図６　琵琶湖淀川水系の河川網図
（財団法人琵琶湖・淀川水質保全機構 http://byq.or.jp/kankyo/k_01.html、一部滋賀県にて加筆）

琵琶湖・淀川の洪水と洗堰操作

琵琶湖・淀川流域で台風などによる大雨が降ります。琵琶湖では湖の水位がまだ上昇していません。宇治川・木津川・桂川、そして淀川の水位は上昇しはじめます。

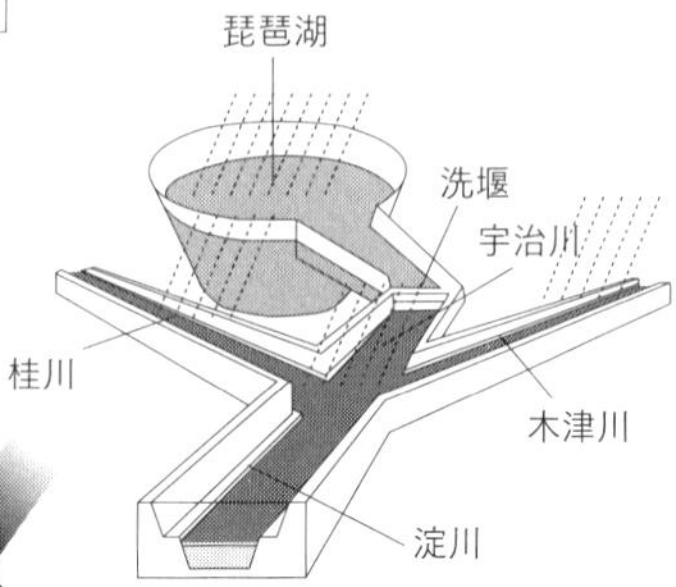

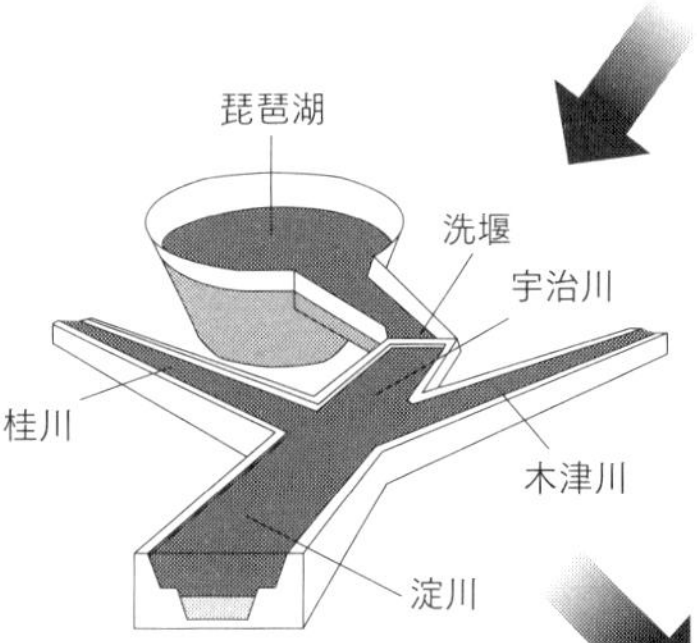

琵琶湖では湖の水位はほとんど上昇していません。しかし下流では木津川、桂川の流量がとくに増加し、淀川の流量がピークを迎えます。このため、洗堰は放流量を制限します。

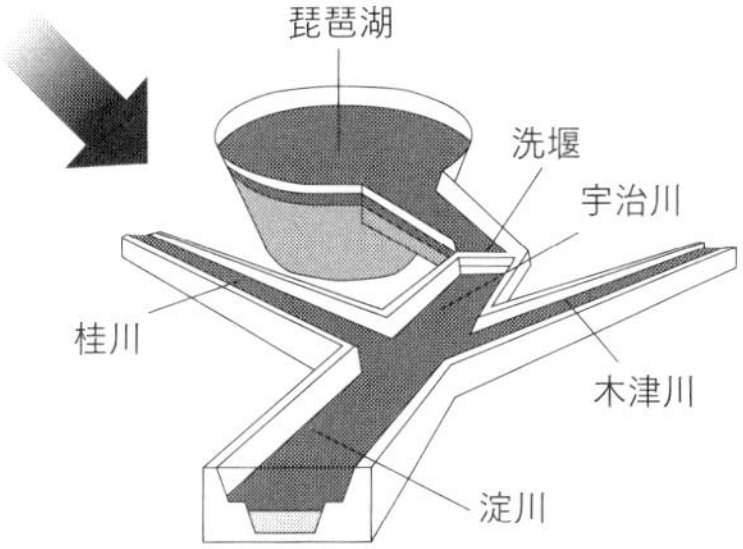

下流では流量が減少しはじめます。琵琶湖では水位が上昇し続け、洗堰を開け琵琶湖の水位を下げます。

図７　大雨のときの瀬田川洗堰の操作イメージ図
みずの恵みアクア琵琶（http://www.aquabiwa.jp/aqua/emb-guard.html）をもとに作図

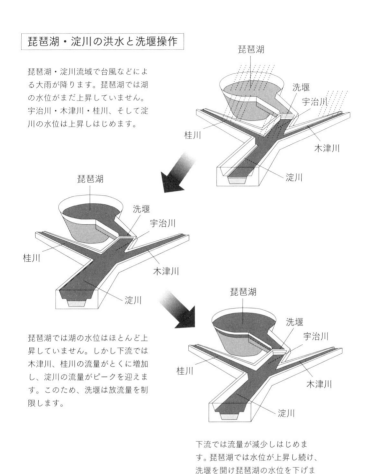

湖辺の農地などへの水害を防ぐことができる、というのが、「大戸川ダム建設による洗堰の全閉解消」である。

確かに滋賀県には、江戸時代から明治時代以降も、琵琶湖水位の上昇による水害に苦しんできた歴史がある。私自身も、琵琶湖辺の水の歴史を丁寧にたどる中で、江戸時代の村落記録をみて、湖辺の村では三年に一度ほどの水害に遭い、米の不作に苦しめられてきたことを確認した。過去最大の水位上昇記録は、一八九六年（明治二十九）九月十二日の三・七六メートルである（鳥越皓之／嘉田由紀子編『水と人の環境史――琵琶湖報告書』御茶の水書房、一九八四年）。淀川改良工事の一環として、一八九五年（明治二十八）に人工的な堰（南郷洗堰）がつくられ、琵琶湖の水位が人工的に管理されるようになった。

河川の上流と下流は、地勢的に対立が埋め込まれている。「ライバル」という言葉がリバーを語源にしているように、河川の上下流では、大雨、渇水、いずれのときにも対立することになる。瀬田川洗堰も例外ではない。洗堰は、一九一七年（大正六）の大雨のときなどには「下流を守るために滋賀県を犠牲にする」構造物で、「滋賀県民にとっては爆発したいほどにくい」と言われてきた。そして「洗堰」が人為的に締め切られ、自分たちが一方的に犠牲を強いられる、この社会的なシステムを解消することが滋賀県の悲願とされてきた。

では実際の水害被害はどうなっているのか。私は過去三十年ほどかけて、琵琶湖周辺だけでなく、京都府や大阪府、三重県、兵庫県など、四十カ所以上を選んで、琵琶湖・淀川水系の明治以来の大きな水害について、その現地を訪問して、なぜ水害が起きたのか、被害は、水害からの立ち直りは、という事象を中心に「水害被害史調査」をおこなってきた。その中でわかってきたことは、琵琶湖辺の水害は、河川の堤防が破れてあっという間に洪水が広がる、という河川周辺の水害と性格が異なるということである。周辺から流れ込んだ一〇〇を超える河川から琵琶湖に流れ込んだ水がじわじわとたまり、一時間で最大二〜三センチあがる、という性格だ。地元ではこのような水害を「水込み」と呼ぶ。水込みは、水位があがるのには時間がかかるが、同時に、水位が引くのも時間がかかる。一八九六年（明治二十九）の大洪水も、水位が平常に戻るのには半年以上かかっている。もちろん、琵琶湖水位が上昇することで流入河川の水位があがり堤防に影響することはあるが、下流大河川の堤防決壊のような事象とは性格の異なるものである。

一方、琵琶湖辺の水込みは、春から夏にかけての時期には温水性のコイ科魚類の産卵、秋には冷水性のアユ・マスの産卵時に必要な水位の変化を促し、水量を維持することで魚の生態系には有利に働く。水位が上がるのは悪いことばかりではないという意見書を、私は二〇〇五年に淀川水系流域委員会へ提出していた。そもそも、琵琶湖にすむ魚類たちは春から夏の梅雨の時期、秋の台風時期にあわせて産卵するように、何万年もの間生物の種として進化し、適応してきたともいえる。突如として人為的に水位が操作され、生活史の前提が劇的に変わってしまうと、この変化に魚たちは適応できないのである。魚たちにとっては生物種の絶滅をも意味するほどの大変化でもある。生物多様性が注目されるようになった近年、とくに古代湖としての固有種を大切にする滋賀県としては、産卵条件にも配慮した洗堰操作が今こそ求められているのである。

それゆえ、琵琶湖淀川水系全体の住民の命と暮らしを守るためには、それぞれの河川の地勢的個性を活かして、治水、利水、環境保全をうまく組み合わせながら、「上流は下流を守り、下流は上流に感謝をする」という共生型、補完型の仕組みが有効であると、私は研究者の時代から、そして知事になった後も繰り返し提案してきた。そして宇治川や淀川に堤防決壊の危険が迫ったときには、互いを思う絆、信頼の中で、洗堰全閉を含む放流制限は上流県としては受認すべきと考えていた。

しかし、二〇〇六年七月の県議会最大会派の代表質問では、「知事は水位が上がったらコイ科魚類の産卵が促されるので望ましい、というようなことを淀川水系流域委員会で意見書を出しているがそれは本当か、そもそも琵琶湖の水位は一センチも上げてはいけないのだ。水位を一センチでも下げることが滋賀県知事の仕事なのだ」と強く言われた。私には大変意外な質問だった。そもそも湖岸で暮らす人たちの間には、多様な意見があった。農家の人はどちらかというと水位が低いのを歓迎する。湖辺の農地が水につくのを嫌うからだ。一方、漁師さんは水位が高い方を歓迎する。産卵を促し、ヨシ帯を含め、魚類の生息場を拡大するからだ。いずれにしろ水位問題には一方的に有利な答えはない。「トレードオフ関係」が存在するのだ。それを、一方的に、「知事は一センチたりとも琵琶湖の水位を上げてはいかん」「水位を下げることが知事の仕事だ」「水位を上げて水害が出たらどうするんだ」と大変な批判が議場にとんだ。そのとき、私は何か政治的意図を感じざるをえなかった。

その政治的意図がみえてきたのが、二〇〇六年～二〇〇七年にかけてだ。二〇〇六年の十二月頃だった。元近畿地方整備局長のAさんの関係者が、「洗堰の全閉解消という、後世に残る政策を知事として実現できる機会がきました」と売り込んできた。「全閉解消」を実現することは、県民の悲願を実現できることであり、知事として後世に残る業績であり、私自身を売り込むことができるという説明だった。この流れが、二〇〇七年一月の、霞が関での「河川整備基本方針検討小委員会」が開催されるための布石となったのだ。Aさんたちにとっては、県民が選んだ知事が出したマニフェストの方針よりも、琵琶湖総合開発時のやり残しを全うしたい思いの方が寄るべき指針だったのだろう。県民が選ぶ知事ではなく、まさに〝霞が関知事〟（泉田裕彦元新潟県知事の表現）の方針にしたがって仕事をする。私はこのような状況を信じたくないし、考えたくないが、このような政治力学が少なくとも、二〇〇六年七月の知事就任直後から、かなり後まで生きていた。

いずれにしろ、上下流連携の焦点は「瀬田川洗堰」の存在であり、その操作規則であった。

「洗堰全閉解消」を下流への脅しとしない知事としての決意

二〇〇六年の知事就任後、全国知事会議で山田啓二京都府知事と隣り合わせに座ったことから、手書きのメモを渡した。そのメモには、琵琶湖と大戸川、瀬田川、宇治川／桂川／木津川三川合流点の地図をまず書いた。そのうえで、「大戸川ダムの二二〇〇万トン容量は、琵琶湖水位の約三センチ分に相当します。それ以上に大戸川ダムの巨額の建設費用とそれに伴う下流京都府、大阪府、両府県の直轄負担金、自然環境破壊への影響を懸念します。治水も、堤防強化や河川改修などさまざまな方法があります」という内容のメッセージを送った。

これは後から山田啓二知事からうかがった話だが、大戸川ダムの必要性の中に突然「瀬田川洗堰の全閉解消」が、下流への脅しのように出てきたのは最近になってであり、驚いたということであった。確かに河川の上流は、治水的にも利水的にも有利だ。しかし、日本の場合、下流部は都市的産業的発展をして、ともすれば上流は社会的にも、文化的に軽視されてきたフシもある。たとえば滋賀県は、残念ながら京都や大阪の人たちにとってあまり存在感のある場所ではなかったし、今もその傾向は残っている。しかしだからと言って、「瀬田川洗堰の全閉は一方的な犠牲だ」と主張し、その代償となる大戸川ダム建設をおこない、その負担を下流に求めることが、上流の存在証明だろうか。

私はまったく別のことを考えた。生活様式や文化的違いについては、これはこれで受け入れよう。農村部は都市部のまねをしなくてもいい。そもそも都市は農村なしに成り立たない。食料供給や人材供給、そして自然や風景の楽しみ。都市は都市だけでは存立できない。一方、農村も都市のきらびやかさや商業的機能に依存している。都市と農村はそれぞれに「ハーフソサエティ」(「部分社会」)であり、相互に尊重すべきだ。それゆえ農村は農村のよさがある。それを誇りとしよう。地勢的にみれば、やはり上流は下流に対して、有利であるのだから、ましてや人為的に洪水を流す危険性を下流にちらつかせて、下流から何らかの見返りを要求するような政治的立場はとらないことにしよう。特定の地域の繁栄だけを求め上下流の対立関係を煽るのではなく、琵琶湖淀川水系全体として繁栄できるような、「全体最適」を求めるべきだ。それが、これまで蓄積してきた河川研究を通して考えた私なりの「上下流相互繁栄体制」の結論だった。

そして、豪雨のときに瀬田川洗堰の流出量をすべて止めて下流の人たちの命を守る「全閉操作」は研究者時代から認めようと主張してきた。比叡山をひらいた伝教大師の「忘己利他《もうこりた》」の哲学が重要であると思想的には考えてきた。それが下流に対して自然の力をもつ上流の責任でもあろうと。しかし同時に、下流を守るために発生する琵琶湖周辺の暮らしへの被害に対しては、何らかの共済制度や補償制度などの仕組みは必要である。

知事就任後の二〇〇七年八月に、大戸川ダム計画は急展開を迎える。近畿地方整備局が「淀川水系河川整備計画（原案）」を提示したのだ。ここには、大戸川ダムを治水専用ダムとして整備するとの記述があった。この背景には、私が滋賀県知事として二〇〇七年一月に「基本高水」を承認した、という国土交通省の理解がある。私は「基本高水」の決め方に大きな疑問をもち委員会で発言をしてきたが、手続き的には「滋賀県知事は基本高水を承認」と寄りきられてしまった。そのうえ、大戸川ダム建設の理由が、大戸川ダムは「洗堰の全閉解消」のために必要という言い方から「下流桂川の安全確保のため」という言い方が強調されていた。なぜだろうか？　実は「瀬田川洗堰の全閉解消」の効果は琵琶湖水位六〜七ミリ分しかなかったのだ。一センチにも届かない。琵琶湖水位六〜七ミリ分のために一〇〇〇億円もの投資が必要な大戸川ダム建設は、多額の負担を強いられる京都府民・大阪府民にも説明がつかない。

一方で、確かに、琵琶湖・淀川水系全体をみたときに、桂川の下流部は洪水の危険性が高いことは、私も現地調査をしてよく知っていた。たとえば二〇〇四年十月二十日の二十三号台風のあと、すぐに調査に行ったが、堤防天端ぎりぎりまで水があがり、まさに堤防上から手が洗えるほどだった。その下には新興住宅街が堤防ぎりぎりのところに建ち並んでいる。

こわいのは、それほど水があがっても住民の人たちはその事実を知らなかったということだ。私が調査で「十月二十日の晩に堤防が溢れそうだったのを知っていますか」ときいても、住民はほとんどその事実を知らなかった。それどころか、「堤防は完全でしょう。溢れるなんてないですよね」という声もきいた。背筋が寒くなる思いだった。万一のときに最も大きな被害をうけるかもしれない住民当事者が、川のことに関心もなく、知識もない。地理的に目の前にあっても、心理的に「遠い川」となっていた。

ダム建設の根拠が何度も変わる。近畿地方整備局によるまさに便宜的な説明。大戸川ダムは、まさに「つくりたいからつくる」という状態ではないか。そこに専門的、科学的といわれる数値操作を巧みに入れこんでくる。国民の税金を投入するべき公共事業の必要性の根拠が揺らいでいた。本来公僕であるべき知事としての私の大戸川ダム建設への疑問はいよいよ決定的なものとなった。

上下流の四府県知事連携で大戸川ダム建設の緊急性を先送り

二〇〇七年八月に大戸川ダム建設を含む淀川水系河川整備計画が国から府県に示され、二〇〇九年三月三十一日に整備計画が国により公式に策定・公表されるまでの一年半は、まさに淀川水系の最上流の滋賀県と中間の京都府、最下流の大阪府との河川管理をめぐる流域自治の発展のプロセスでもあった。

河川の上下流は地勢的にもライバル関係にあり、利害関係の調整は上位の行政機関が担うのが前提だった。日本で最も重要な河川流域である淀川水系では、太古の時代から上下流の対立は厳しく、その都度上位の行政機関が調整を果たしてきた。滋賀県、京都府、大阪府の三府県を調整して国の国土交通省が意思形成の方向を決めてきたのだ。

しかし、二〇〇七年八月からの一年半の動きは、上下流に位置する自治体同士が自主的にライバル関係をのみ込んで、相互に助け合える真の流域自治の判断を示したのだ。この詳細な経過は、前著に示したのでここでは時系列的に箇条書きで紹介したい（嘉田由紀子『知事は何ができるのか』風媒社、二〇一二年、一一二―一三四ページ）。

・二〇〇八年四月三日：大阪府、京都府、滋賀県の三府県知事が、近畿地方整備局と淀川水系流域員会、双方の意見を聴く場を設定した。三知事の基本的意見表明
・四月二十五日：淀川水系流域委員会が大戸川ダムについては緊急性が低いと意見書提出
・六月六日：京都府、大阪府、三重県知事が加わり四知事が、近畿地方整備局と淀川水系

流域委員会から意見を再度聴取
・六月二十日：地元知事意見はまったく無視され、近畿地方整備局より大戸川ダムを含む河川整備計画案が提示
・八月二十三日：嘉田が山田京都府知事と橋下大阪府知事を滋賀県の環境学習船「うみのこ」に招待し、琵琶湖上での三者会談。上下流共同で意見書を出すことを合意
・九月二十二日：京都府が「淀川水系河川整備計画案に対する京都府域への効果等に関する技術的評価（中間報告）」の中で「天ケ瀬ダムなど既存施設利用で大戸川ダムの緊急性低い」と公表
・十月十八日：山田、橋下、嘉田の三知事会談。大戸川ダムの必要性低く、「上下流助け合いプラン」を提示
・十一月八日：四知事会議、「大戸川ダムは整備計画に位置づける必要はない」意見書合意。
・十一月十一日：「四府県知事合意」を記者発表
・十一月二十八日：滋賀県議会定例会開始
・十二月一日、十二月三日、十二月八日、十二月九日、十二月十二日、十二月十六日、十二月十八日と、本会議と特別委員会で、大戸川ダム問題を審議
・十二月十九日：特別委員会の採択直前に委員長の体調急変、救急車で運ばれ、委員会は

延期。

・十二月二十二日：県議会最終日。委員会、本会議とも開催されず流会。（一三〇年の滋賀県議会で初めての事件）

・二〇〇九年一月八日：橋下知事、山田知事とで大戸川の現地調査。道路予算は下流二府が負担することを記者会見

図8　4府県知事合意の記者発表（2008年11月11日）

・一月十六日：滋賀県議会臨時議会で、「大戸川ダムの必要性は低い」という意見書を議決（賛成二十四、反対二十、棄権・欠席二）

・二月十三日：近畿地方整備局長に意見書を提出

・三月三十一日：近畿地方整備局が「淀川水系河川整備計画」を公表

三月三十一日の整備計画では大戸川ダムが「河川整備計画」に位置づけられているが「当面は実施しない」とし、「実施するときには改めて知事等の意見を聴く」となった。同時に、県道工事は継続する、となった。

【大戸川ダムに関する考え方：国土交通省近畿地方整備局】
①大戸川ダムの本体工事は当面実施しない（凍結する）。
②将来、ダム本体工事に着手する場合は、改めて知事等の意見を聴き、河川整備計画を変更する。
③大戸川ダムの準備工事として県道大津信楽線の付替工事はダム予算をもって継続する。

二〇〇八年四月からほぼ一年をかけて、京都府、大阪府、滋賀県、三重県の四知事が調査し、意見交換をして提出した、「大戸川ダムは河川整備計画に位置づける必要はない」とした、四府県知事合意に基づく知事意見の半分は無視され、計画本文にはダムの整備が明記されたものであった。下流域である京都府、大阪府の知事と滋賀県知事とが、江戸時代以来の永い地勢的な宿命である上下流という対立の歴史を乗り越えて、「上流は下流を思い、下流は上流に感謝する」という上下流連携をおこなうことにより、大戸川ダムの政治的凍結ができた意味は大きい。この経験は後に二〇一〇年十二月の関西広域連合設立の原動力のひとつとなった。

滋賀県独自の命を守る流域治水政策は生活環境主義を基調とした新しい答え

滋賀県がこだわった河川政策は、ダムの是非だけを問うこと自体を目的としていたのではない。私たちが目指す治水対策の目標は、「近い水」を復権し、水害に強い地域社会を再生し、本来の意味の治水政策、命と暮らしと財産を守る河川政策を進めることにあった。滋賀県では、個別ダムの議論と併行して、いかなる洪水であっても命を守ることを目的に、水害に強い地域社会づくりに力を入れてきた。ここに、「ダムだけに頼らない治水」の本質がある。

近代日本の治水レベルは、主として個々の治水施設の安全性によって評価されてきた。個々の施設の安全性は「治水安全度」と呼ばれる。たとえば「この堤防は十年に一度の洪水を防御できるので『治水安全度』は十分の一です」などと用いられる。要するに「治水安全度」は、各施設の性能を評価する指標である。いわば、施設管理（者）向けの指標である。政策を供給する側からの視点といえる。

一方で、洪水を受けるかもしれない当事者、需要側である生活者の立場からは、個々の治水施設の安全性よりも、それらに囲まれた自分たちの家や土地の安全性を知りたいはずである。これは生活者目線で環境政策をつくってきた生活環境主義の思想に基づくリスク評価でもある。図9を見ながら説明しよう。

自分の家の周りには県や国が管理をする一級河川A川があり、ここの施設整備基準は三十分の一としよう。一方、近くに市が管理をする二級河川B川があり、ここの施設整備基準は十分の一とする。町の中には下水道も通り、ここも大雨では溢れるおそれがあり、その施設安全度

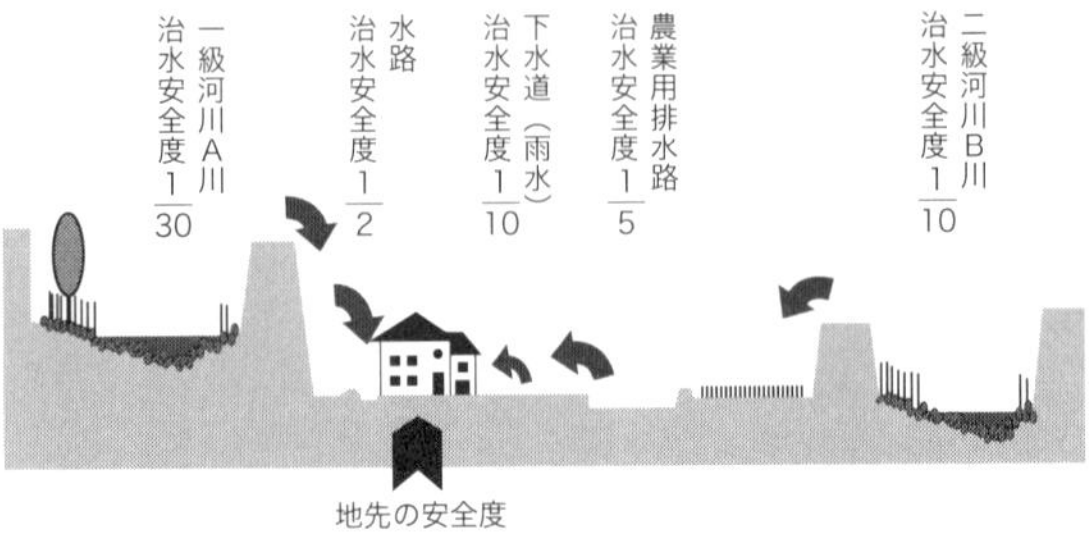

図9　地先の安全度マップは生活者目線でのリスクを総合化

は十分の一である。近所の農業排水路は五分の一、近くの溝は二分の一としよう。すると溝は二年に一度くらいは溢れるが、一級河川は三十年に一度くらいしか溢れない。住民にとっては水害被害は三十年に一度くらい、と安心していいものか？　実際の降雨のときには、一級河川が溢れるかもしれないし、農業用水路が溢れるかもしれない。そもそもこの場所は土地が低いかもしれない。このような施設ごとの安全基準や土地の高低などのすべての要素を重ね合わせて反映して、居住者目線で水害リスクをあらわしたのが、「地先の安全度マップ」である。

　滋賀県全域でこのマップをつくり公表できるようになったのは二〇一一年である。作成には県職員と民間とが協力して数年をかけたが、この発表にあたっては、県議会や滋賀県内の市長会などから大きな抵抗を受けることになった。主な抵抗は「地価が下がる」「知事は地価が下がる責任をとれるのか！」という意見が多かった。私は知事として、住民の皆さんに危険性を知らせることは、土地を購入したり、家を建てたりする人たちにとっては望ましいと考えてきたが、どうもそうではなかった。一生に一度、家が買えるかどうかという新住民や労働者の立場からはリスクの高い土地を知らずに購入したくないのは当然だ。しかし、昔からその地域に住んでいる人、つまり本家筋の旧住民の人たちにとっては、危険な地域はすでに知っており、あえて地図にしなくてもいい、地図にしたら土地を売却するときに不利だというのである。県議会議員や市長会などのメンバーの多くは本家筋の旧住民の方たちが多かった。

このような議論を経て、「リスクを知らせないのは行政の不作為ではないか?」という知事としての決意により、安全度マップの公表を二〇一〇年から二〇一一年にかけて、十三市六町のうちで了解を得られた市町から順番に公開してきた。

「地先の安全度マップ」は、自助・共助・公助が一体となって水害に備えるための生活者にとっての基礎情報でもある。たとえば、「地先の安全度」に関する情報は、地域の避難の場所・経路・タイミング・避難方法の検討に活用できる。また、個人の不動産取引や転居・建替え、災害保険加入時の判断材料として、自分事として生活者視点から役立てることもできる。

滋賀県では被害を、①家屋流失、②家屋水没、③床上浸水、④床下浸水に分類し「地先の安全度」を「十年確率」「一〇〇年確率」「二〇〇年確率」という発生確率により表現することにした。この指標は、生活者の立場からみると、万一被災した場合の生活復元力・回復力（レジリエンス）の指標とも言える。

一方、縦割りで硬直化した行政機構の中で、生活環境主義に基づく新機軸の政策を議論するのには大変苦労した。その検討経過と結果を簡単に紹介したい。

滋賀県では、二〇〇六年に私が知事に就任以降、流域治水政策の構想・実現化を目的として流域治水政策室を事務局とし、①関係各課で構成される琵琶湖流域治水推進部会、②市町（副市町長レベル）で構成される流域治水検討委員会（「行政部会」）、③公募の県民で構成される流域治水検討委員会（「住民会議」）、④学識者で構成される流域治水検討委員会（「学識者部会」）という四つの組織を新たに設置して流域治水に関する議論を進めてきた。二〇〇六年度には、①琵琶湖流域治水推進部会での議論を開始したが、「県の各課が所掌する法令の目的や権限の範囲では対応できない」「財政難で、所掌事務の履行もままならぬ中、責任範囲外のものまで実施する道理がない」といった意見が各課から相次いだ。議論はNo, because（やれない理由）に終始した。二〇〇七年度には、「行政部会」を設置し、市町との議論を開始したが、やはりここでも議論はNo, because に終始した。「被害を受けるのは住民であるため、住民の同意がないと市町としては議論できない」「学術的・制度的な側面からも実現可能性が確認されていない」という。

たとえ首長のマニフェストに示された公約であっても、地域住民の同意や法律、技術の各論を盾にすれば、拒絶するのはかなりたやすい。「危険がわかっているならまず行政的に対処しろ」「そもそも住民はリスクがあることを納得しない」という過剰な行政依存体質、過剰な行政の無謬性の追求がもたらしたひとつの不幸な結果とも言えよう。

　これらの経過を経て、二〇〇八年度には「住民会議」を、二〇〇九年度には「学識者部会」を設置し、具体的で実践的な議論を開始した。「住民会議」、「学識者部会」での議論は、それまでのNo, because 的議論とは違ったものとなった。二〇〇八年十月には「住民会議」から、翌二〇一〇年五月には「学識者部会」から、「できない理由ではなく、できることからはじめよう」という前向きの議論が出されてきた。とくに二〇一一年の3・11の大震災や、二〇一一年九月の十二号、十五号台風の被害をうけて、滋賀県としては、一刻も早く基本方針を条例化して予算確保し、流域治水政策に取り組みたいと意欲をもやしていた。二〇一一年十一月議会で、「市町の理解が得られず」という理由で、基本方針（案）審議は「継続審議」となったが、翌年の二〇一二年三月の滋賀県議会でようやく、基本方針が議決され成立した。この基本方針の中には、「条例を設置する」という一行を入れた。

　そこで、二〇一三年九月には「滋賀県の流域治水を推進する条例」を提案し、十一月県議会での継続審議を経て、二〇一四年三月にようやく議決を経て、日本で最初の土地利用規制や建物規制を含む、「いかなる洪水であっても命を守る」、住民目線に則した治水条例が成立した。二〇〇六年に私が知事に就任してからまる八年がかかったことになる（表1）。この条例の設立を

表1　2006年から2014年までの流域治水条例政策のあゆみ

2006.7	嘉田知事誕生
2006.9	流域治水制作室設置
2006.10～	水政対策本部琵琶湖流域治水推進部会　庁内組織
2007.7～2011.5	流域治水検討委員会（行政部会）市町
2008.2～2009.3	流域治水検討委員会（住民会議）提言（2008.12）
2009.1～2010.5	流域治水検討委員会（学識者部会）提言（2010.5）
2011.3	パブリックコメント（東日本大震災、「想定外」という逃げ）
2011.4	流域政策局設置（流域治水政策室、広域河川政策室、河川・港湾室、琵琶湖不法占用対策室、水源地対策室）
2011.5	流域治水検討委員会（行政部会）および、琵琶湖流域推進部会の承認を得て、『滋賀県流域治水基本方針（案）』を策定（滋賀県議会）
2011.6	報告から議決事件へ変更
2012.3	議決、『滋賀県流域治水基本方針』の策定
2013.9	『滋賀県の流域治水を推進する条例』上程、継続審議2回
2014.3	『滋賀県の流域治水を推進する条例』制定（全国初）

きっかけとして嘉田は二期八年の知事職を勇退することにした。

次にこの条例の骨子を簡単に解説したい。

滋賀県における流域治水対策の四つの枠組み

図10に示したように、滋賀県の流域治水条例では、①人的被害の回避を最優先として、②床上浸水のような甚大な資産被害の回避を目的に、流域・はん濫原における治水対策に関する基本目的を掲げている。ここでは、各対策を次のように分類し、計画洪水の処理を目的とした河川整備（川の中で「ながす」対策）とあわせて「ためる」「とどめる」「そなえる」の三つの領域により重層的に推進することを規定した。

「ながす」対策では、河川の土砂よけや樹木伐採などの「維持管理」にプラスして、大規模な河道掘削や堤

目的	①どのような洪水にあっても人命が失われることを避ける（最優先） ②床上浸水などの生活再建が困難となる被害を避ける
手段	川の中の対策だけではなく、「ためる」「とどめる」「そなえる」対策（川の外の対策）を総合的に実施する

河道内で洪水を安全に流下させる対策（これまでの対策）	ながす	河道掘削、堤防整備、治水ダム建設など
＋		
流域貯留対策（河川への流入量を減らす）	ためる	調整池、森林土壌、水田、ため池、グラウンドでの雨水貯留など
はん濫原減災対策（はん濫流を制御・誘導する）	とどめる	輪中堤、二線堤、霞堤、水害防備林、土地利用規制、耐水化建築など
地域防災力向上対策	そなえる	水害履歴の調査・公表、防災教育、防災訓練、防災情報の発信など

図10　滋賀県が進める流域治水の4つの枠組み

防強化など、洪水時でも雨水が下流にスムーズに流れるような政策とした。滋賀県の流域治水推進条例では、これらの目的は最初の基本方針の中で明記した。本章の最初に紹介した倉敷市の真備地区を流れる小田川では、河川の樹木伐採がほとんどなされず森林公園のようなありさまだった。また、堤防も大きく破壊してしまった。つまり、真備の例では「ながす」対策が追いついていなかった可能性がある。

二つ目の「ためる」政策では、流域での貯留対策として、住宅地内での調整池やグラウンドなどに加えて森林や水田・ため池での雨水貯留などを進め、河川や水路等への急激な洪水流出を緩和する手段を入れこんでいる。滋賀県の条例では十条と十一条に明記した。

滋賀県の流域治水条例で最も大きな議論となったのは「とどめる」対策である。ここでは、いかなる大洪水があっても命を守る仕組みであり、土地利用と建物規制を含むものである。ここでは、人が暮らす場を「はん濫原」として、人が暮らす場での減災対策を埋め込んだ。実は古くから水害に悩まされてきた地域では、集落を囲む「輪中堤防」づくりや、堤防を二重につくる「二線堤」や、河辺に竹藪などをつくる「水害防備林」、あるいは堤防の途中に意図的に切れ目を入れて洪水を住宅などではなく農地や藪地に導く「霞堤」などの工夫がなされてきた。またそもそも洪水が起こりやすい河川の合流地点などには住宅をつくらない、という土地利用の工夫もなされていた。また、万一そのような危険度の高いところに住宅をつくる場合には、建築物をかさ上げして、「耐水化」するなどの工夫をしてきた。それゆえ、洪水は多いが意外と人は死なないという水害対策が実現していた。これを私は前述のように「近い水」の時代と分析してきた。

図11には「近い水」の時代の住民の間に生きていた「災いをやり過ごす知恵」のイメージを示してある。これは伝統的に蓄積されてきた災害文化ともいえるものであり、ある意味、住民自身による「レジリエンス＝災害復元力」の担保ともいえる。つまり、河川・水路の施設能力を超える洪水によりはん濫が生じた場合にも。まちづくりや建物づくりの中で被害を最小限に

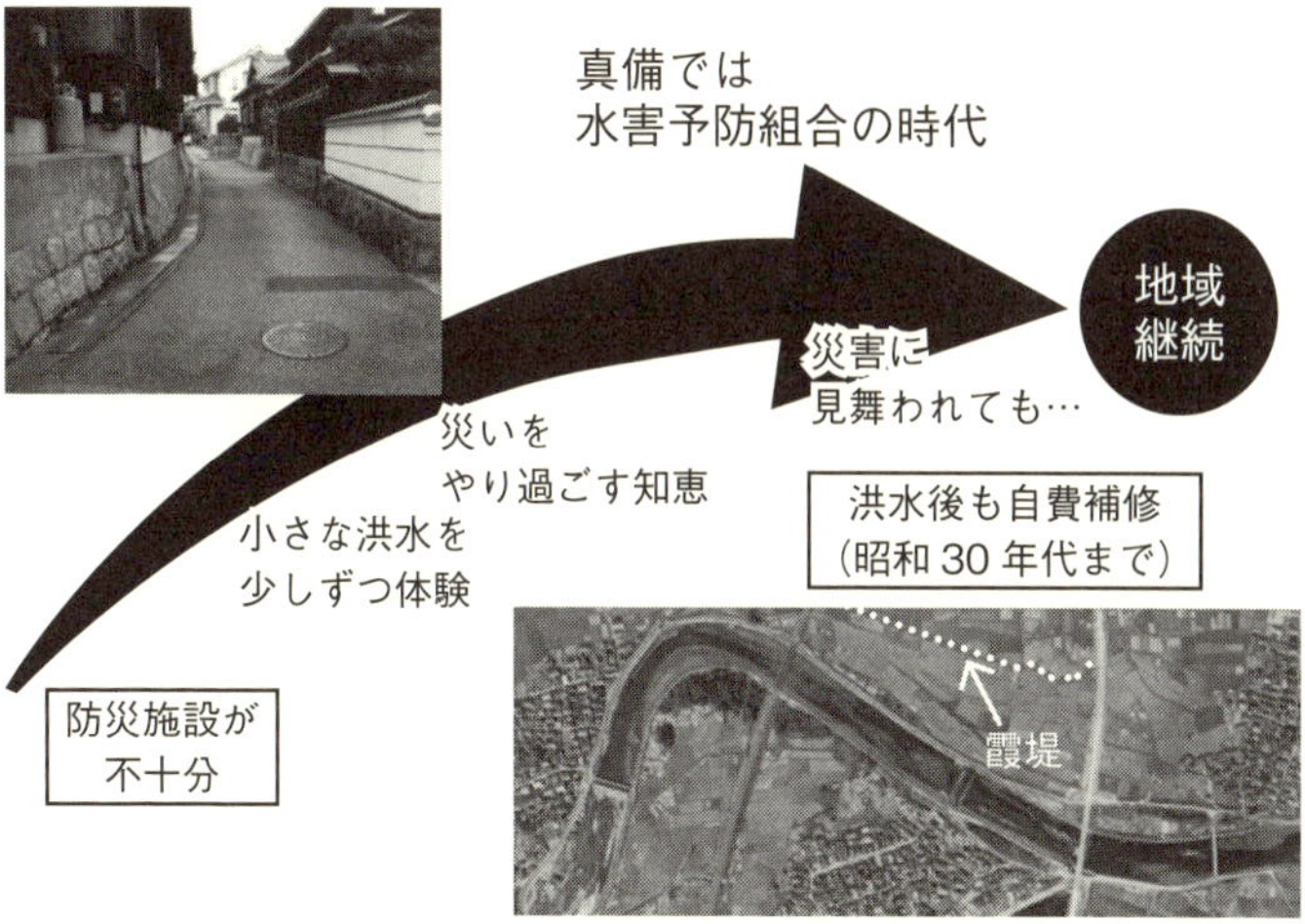

図11　伝統的知識の中にあった災害をやり過ごす知恵（災害文化）（滋賀県流域政策局の資料をもとに作図）

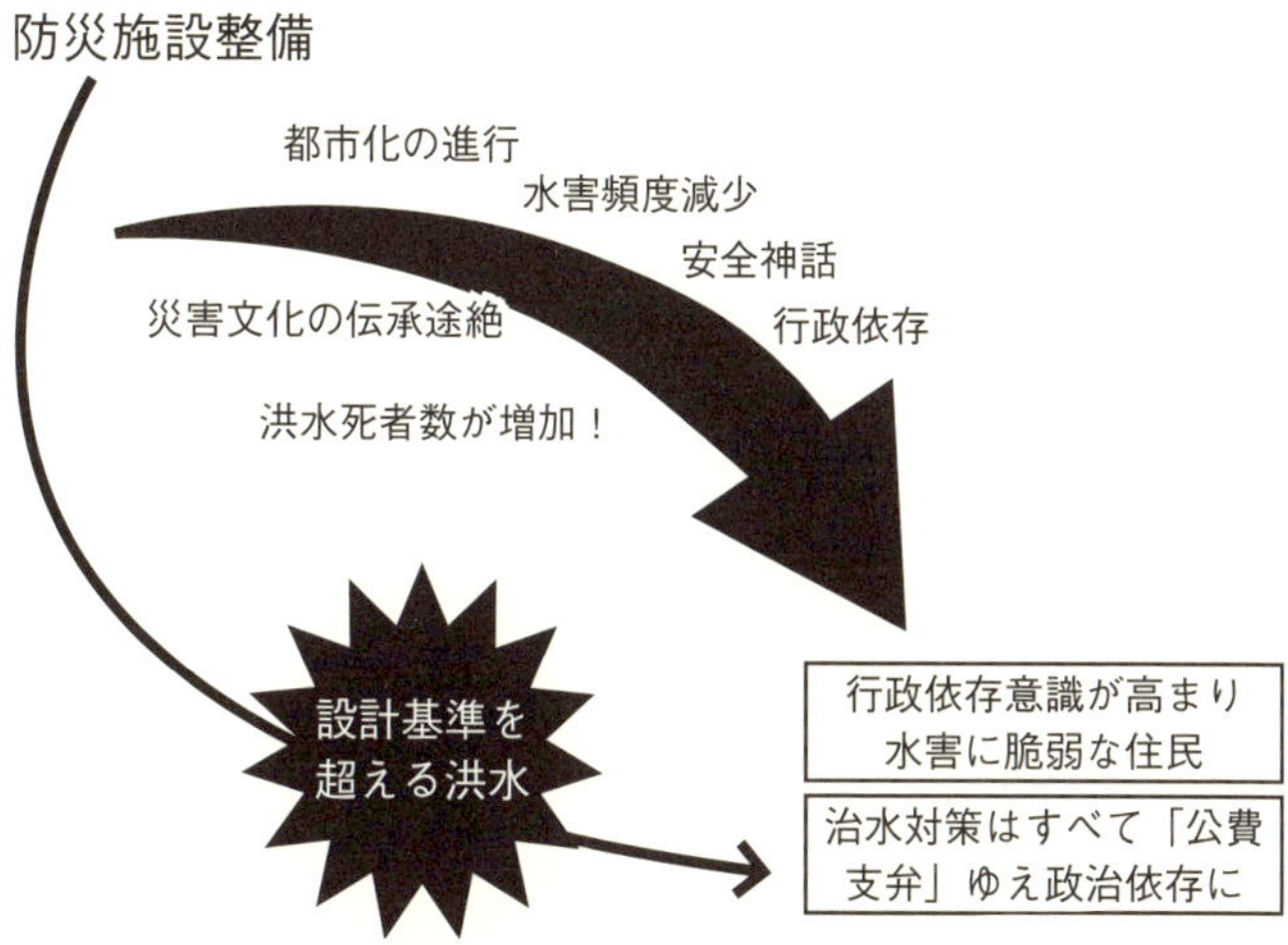

図12　都市化・近代化の中での行政依存度の高まりと水害脆弱住民の増加（滋賀県流域政策局の資料をもとに作図）

抑え／とどめる対策が伝統的になされていた、といえる。

しかし都市化が進み、河川や国土の行政管理が進んでダムや河川改修などの施設が整備されると、それにより新たに開発された土地を利用できるようになった半面、災害文化の伝承も途絶え、施設の設計基準を超える「超過洪水」が起きると想定外の被害が起きることになってしまう。それが最初に紹介した二〇一八年七月の西日本豪雨の倉敷市真備町や愛媛県の野村ダム直下の野村町における死亡被害といえる。

そこで滋賀県の流域治水条例では、かつての「近い水」の時代の土地利用や建物の耐水化の工夫を現在に活かすために、「とどめる」政策を明示化して条例に入れた。具体的には、「地先の安全度」の評価結果に基づき、①床上浸水の頻発が予見される地域においては、〝甚大な資産被害〟を回避するため「原則として新たな市街化区域に含めない」とした。この定めは、都市計画法ですでに、一九七〇年（昭和四十五）に通達で出されていたものであり、滋賀県独自の法令ではないが、具体的に総合的な条例の中で明示化された事例は少ない。具体的には条例二十四条で、十年確率の降雨（時間雨量五十ミリ、二十四時間雨量一七〇ミリ）の際に五十センチ以上の浸水が予測される区域は、新たに市街化区域には含めない、と規定した。ただし、土地のかさ上げなどの対策がなされていれば許可を出す、ということとした。

さらに「とどめる」政策では、水害リスクの高い区域を「浸水警戒区域」に指定をして、区

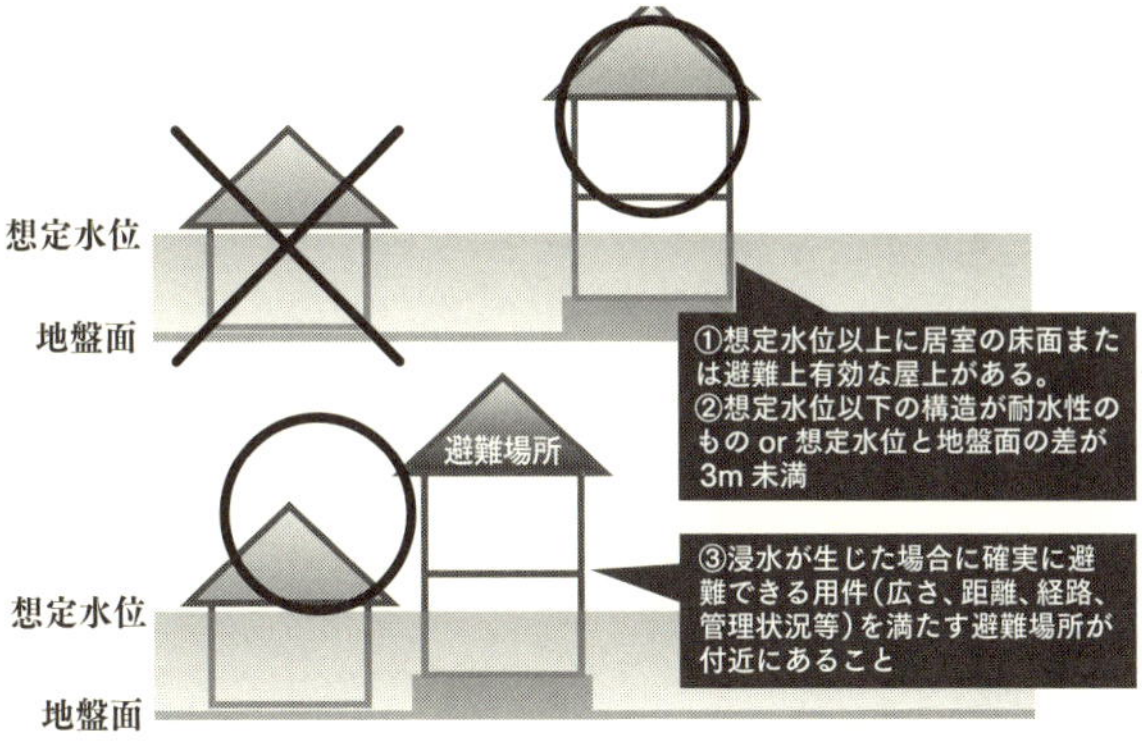
想定水位
地盤面
①想定水位以上に居室の床面または避難上有効な屋上がある。
②想定水位以下の構造が耐水性のものor想定水位と地盤面の差が3m未満
避難場所
③浸水が生じた場合に確実に避難できる用件(広さ、距離、経路、管理状況等)を満たす避難場所が付近にあること
想定水位
地盤面

図13　縦方向に避難するための建築規制イメージ図（滋賀県流域政策局の資料をもとに作図）

域内での住宅等の建築に際しては、「耐水化」構造をチェックし、〝人的被害〟に直結する家屋流失・水没が予見される地域においては、被害を回避するため、「避難可能な床面が予想浸水面以上となる構造」あるいは「予想される洪水流の力で流失しない強固な構造」を建築許可条件とした。この規定も、建築基準法の運用を定めた通達（一九五九年（昭和三十四））に順じるものである。具体的には条例の十三条から二十三条で、最悪の浸水時でも縦方向に避難が可能となる構造を建築基準とした。また、既存住宅の場合には、建て替え時に嵩上費用を補助する制度を用意した。

　本章の最初に紹介をした倉敷市真備町では、昼間の明るい時間に、家の中に迫る水中で、自宅の一階で溺死した高齢者が多かったが、これらの人も二階に逃げることができれば命を救えたかもしれないのである。滋賀県の条例での建物規制では、真備町のような不幸な死者が出ないよう、最悪の大雨時でも自宅内に避難できる空間を確保することを目的

図14　東近江市内の集落では高齢者が子どもたちに伊勢湾台風での被害を伝えるワークショップを開催（滋賀県流域政策局提供）

図15　近江八幡市内の小学生は通学路周辺の水路の危険性を調査
（滋賀県流域政策局提供）

としている。

「そなえる」対策としては、地域防災力の向上が目的であり、「地先の安全度マップ」を活用して、避難行動や水防活動の具体的な案づくりをおこない、防災訓練などを進め、命を守ることを目的としている。ここではとくに地域自治会内部でのかつて水害を経験した高齢者から子どもへの情報伝達や（図14）、学校内での防災学習など（図15）、すべての世代をまきこんだ備えの仕組みづくりに力をいれている。この地元の訓練でも、個別の家々の浸水リスクがみえる「地先の安全度マップ」は大変有効に機能している。

流域治水条例制定が何度も県議会で継続審議になった大きな理由は二点あった。憲法問題とダムとの関係の二点だ。日本国憲法との抵触問題では、ここで認められている、個人の私有財産保有に一定の規制をかけることになるため、行政としては規制の根拠を厳密に求められることになった。これまで日本で滋賀県のような条例がつくれなかったのは、広範囲にわたる水害リスク情報が整備されておらず、公平性の観点からこれらの運用が困難とされてきたからだ。しかし、「とどめる」政策の土地利用規制や建物の耐水化は、①都市計画法、②は建築基準法にのっとった行為であり、すでに昭和三十年代～四十年代にかけて、国も適切な法律の運用等について通達していた。滋賀県では、「地先の安全度」に関する情報が科学的根拠をもって整備されたことを契機に、これらのかつての国からの通達が具体的に運用可能になっただけである。新しさを主張しない、ということで憲法問題を回避したのだ。

二点目は、河川内部でのダムなどの施設建設とはん濫原での各種対策を併行して進める、という方向を示したことだ。流域治水政策を、河川整備等のハード対策の代替案と扱わず、「重層的に」進めるとした点も特徴的であった。数十年来、はん濫原減災対策の必要性も広く指摘されてきたものの、今日まで本格展開には至っていなかった。これには、リスク情報の不足とともに、わが国の治水制度が有する特性が主な要因となっていた。河川管理に対する縦割りの行政責任が強調される現行法制度下では、〝河川整備〟と〝はん濫原減災対策〟とが二者択一になった場合、河川管理者の責務とされる河川整備が選択され、はん濫原減災対策が選択される余地はほとんどなかった。

そのため滋賀県では、はん濫原減災対策を積極的に展開するための政策的戦略として、河川管理とは分離してはん濫原管理を所管する組織である「流域政策局」を新設し、河川管理とはん濫原管理とを「二者択一」ではなく「重層的に」推進する行政システムを構築することを考えたのである。これは縦割りがちな国の組織ではできにくいことを、河川整備や土地利用、そして建物規制という部局を横断的につなぎ、横串政策が可能となる自治体ならではの強みともいえる。

これが、ダムだけに依存しない、総合的な横串政策を実装した流域治水へと転換をはかるために滋賀県が考えだした処方箋（新しい答え）である。なお最新の地先の安全度マップは滋賀県のホームページにアクセスして「地先の安全度マップ」と入力したら市町別の地図が表示されるので、活用を推奨したい。

民間的な土地取引を扱う宅地建物取引業者に対しては、条例の制定により、二〇一四年九月以降、水害リスク情報の取引時の開示が努力義務となったが、地先の安全度マップの活用は比較的前向きに受け止められている。たとえば、宅地開発業者の中には、リスクマップを活用してあらかじめ地盤のかさ上げをした住宅開発をして「安全住宅」として売り出している事例も出始めた。

民間銀行でも、「流域治水推進住宅ローン」の工夫をする銀行も出現した。地先の安全度マップで水害リスクを回避できる住宅建設に対しては、ローン利率を低くする特典を付与する仕組みを産み出している。

アメリカやヨーロッパでは、過去の水害被害情報を開示しての不動産取引や、水害リスク情報ぬきには保険がかけられないという制度をもつ国がほとんどである。滋賀県で成立した「流域治水推進条例」は、水害多発時代に命と財産を守るため、また甚大な被害を予防するためにようやく国際的なレベルにまでアップしたものである。これまで縦割りの河川政策の中で、本質的に命を守る政策が実現できなかった国での取り組みも期待したい。

国のほうでも「水防災意識社会づくり」が二〇一六年に始まっている。ぜひとも全国に広めていただきたい。最後に述べるように、河川部局だけではなく、人が暮らす地域での防災や減災、また避難体制づくりの実効性を高めていただきたいと切に願うものである。

浸水警戒区域の指定第一号の米原市村居田の覚悟と防災省の提案

二〇一四年三月に制定した「滋賀県の流域治水推進条例」に基づいた「浸水警戒区域」の第一号は、米原市の村居田地区である。この地域は姉川の中流部にあり、集落の最下流部に山が迫っていて、地勢的にも水害が起きやすい場所でもある。この地域は、滋賀県がつくった「地先の安全度マップ」で最悪の場合、四・三メートル水没するおそれがあることが判明した。そ

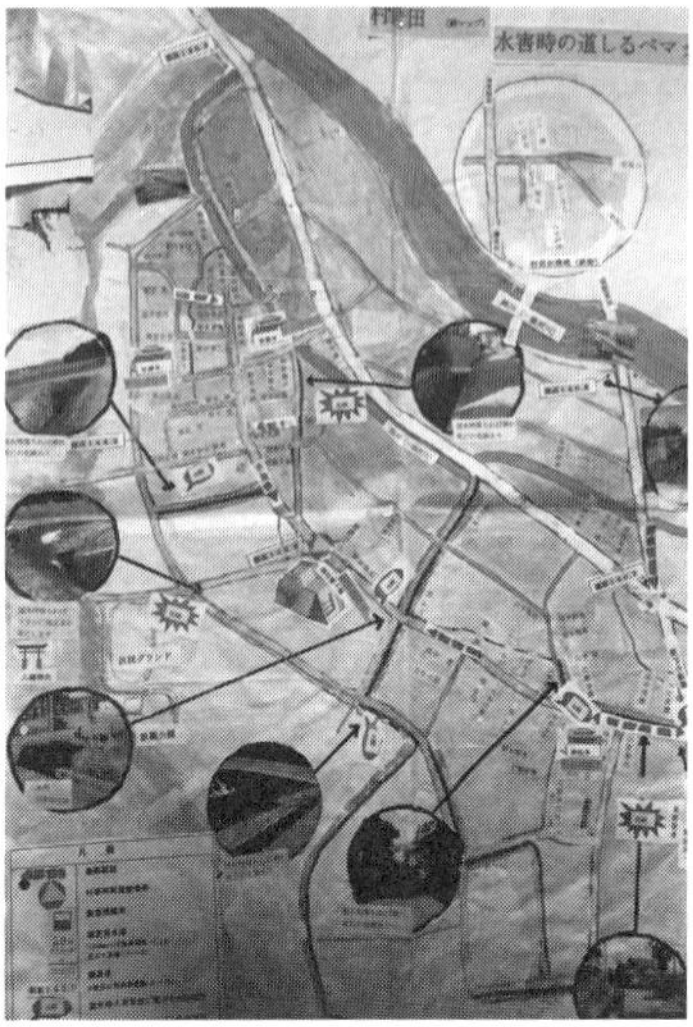

図16　村居田の人たちが自分たちで作った地先の安全度マップ

図17　村居田の中心道路の電信柱には「まるごとハザードマップ」の水位が示されている

こで、浸水予測を自分たちで住宅地図に書きこみ、同時に地域の中の電信柱に、最悪の場合の浸水リスクを掲示し、まちまるごとマップ化をおこなった（図16、図17）。村居田地区では、地域自治体での丁寧で慎重な議論を経て、二〇一七年六月十六日に計画区域指定を受け入れることにした。「警戒区域指定」が必要な地域は滋賀県内では五十カ所を超えるが、村居田地区が最初に受け入れた理由としては、村落内の皆さんの地道で濃密な話し合いの結果である。また県職員の積極的な参加も地元では評価されていた。とくにこの地域でリーダーシップをとられたTさんは「自分たちのこの地域には若い人たちに帰ってきてほしい。そのときに安全な町を残してやりたい」という次世代へのあつい思いを語ってくださった。

村居田地区では、新築の家ではすでにかさ上げによる住宅建設が始まっている（図18）。また、一〇〇名ほどの住民一人ずつの「個人別避難カード」がつくられ、毎年更新されている（図19）。たとえば浸水深が四メートル以上の住宅に暮らすBさんについては、前の年までは自力で動けたが、今年は車椅子利用になっている。それで必ず近所に車椅子避難を助ける人を決め、また避難所である集落内のお寺の階段を、車椅子仕様のスロープにつくりかえて、いざというときの避難の備えをしている（図20）。これこそ、最悪の場合にも、自分たちで命を守ることができる近隣避難システムの実践といえるだろう。まさに自治会としての「共助」と、隣近所での「互助」が活きているといえる。

流域治水条例では、二〇〇年に一度の大雨で三メートル

図18　マップ情報を参考にかさ上げしている新築家屋もでてきた

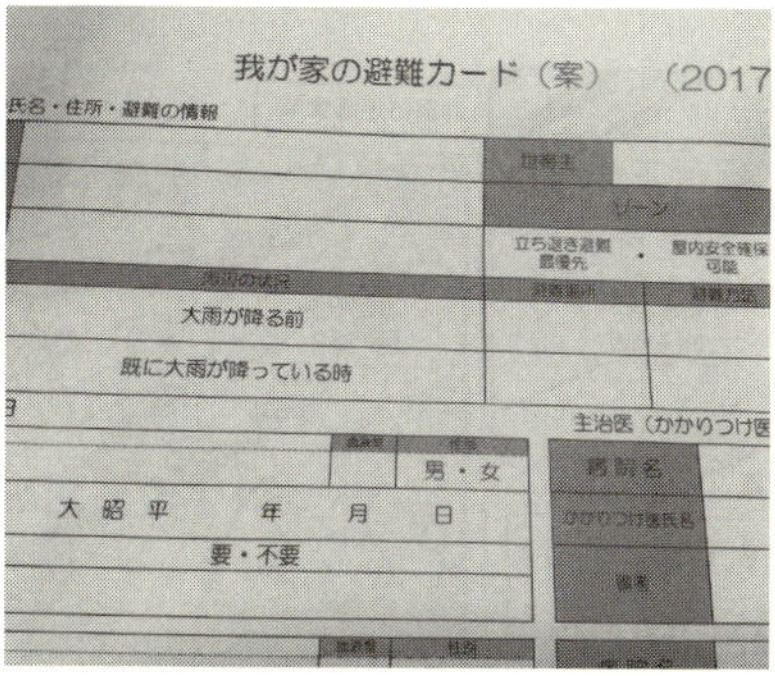

図19　個人別避難カードは毎年更新している

図20　車椅子で通行できるように階段をスロープ化した避難所となるお寺の入口

以上の浸水が予測される地域を浸水警戒区域に指定をし、住宅を新築・増改築する際、敷地をかさ上げするなどして水位より高い位置に住宅を設け、命を守る避難空間をつくるよう義務づけるほか、区域内に避難場所を確保することも必要となる。これらの措置には県としての補助金も支給できる仕組みであるが、村居田について二カ所目は、二〇一八年十一月に甲賀市の黄瀬地区の一部が指定された。

　現在、湖南地域一カ所、甲賀地域六カ所、東近江地域三カ所、湖北地域十カ所、高島地域二カ所の計二十二地区で指定に向け具体的な調整が進んでいるが、一部からは反対の声が上がっている。「河川整備に（予算を）まわしてもらいたい」「指定によって地価が下がるのではないか」などが反対の理由である。こうした各地域の住民に対し、県は、行政によるハード対策だけでなく住民主体のソフト対策の重要性を訴えている。警戒区域指定は、同時に住民自身が危険地域を把握し、避難場所や経路を確認する契機となっている。県流域治水政策室は、「河川を整備しても一〇〇パーセント安全とは言い切れない。地域ぐるみで安全に取り組むという意識が大切」と話している。

近年温暖化の進行により、ゲリラ豪雨などの危険性はますます高まっている。同時にダムや河川改修など施設整備への住民の要望はますます高まっているが、施設だけでは守りきれない、という現実をみなければならない時代になってしまった。前述のように、倉敷市の真備町のような水害被害も出てきている。その際には住民主体の防災対策が必要だ。

そのような面からみると、滋賀県の場合、地先の安全度マップで二〇〇年に一度の豪雨で三メートル以上の浸水が予測されている五十地区については、たとえ警戒区域に指定しなくても、建物の安全管理のため、また住民の命を守るための補助制度などが必要となっているのではないか。特定河川の特定ダムに一〇〇〇億円もの予算をつぎ込む河川政策はすでに時代遅れとなっていないか。あぶないと判明した地域ごとに建物の耐水化補助などの予算を入れて、命を守る治水政策こそ、これからの令和の時代の「新しい答え」ではないだろうか。財政的にも十分に理にかなった政策といえるだろう。滋賀県としてはこのあたりの財政論も真剣に議論を進めていただきたいと願う。

国の縦割りを乗り終え、予防から発災後の復興・再生を一貫してできる組織を

先に二〇一八年七月の西日本豪雨による愛媛県肱川流域のダム洪水で死者が続出してしまっ

た例を紹介した。その同じ肱川の下流部の大洲《おおず》市で、川のはん濫により集落が屋根まで水につかってしまったものの人的被害がまったくなかった事例がある。あらかじめ住民全体を高台に避難させて死亡事故を防いだのである。大洲市の三善地区だ。二〇一八年十二月初旬、三善地区を訪問し、自治会長のAさんに七月豪雨の様子をうかがった。

七月七日午前七時頃、大洲市から避難勧告が発令され、有線放送で知らせを受けた約六十人の住民が「避難カード」持参で一時避難所の公民館に集まった。上流の鹿野川ダムが放流を続けていると知ったAさんは「このままでは公民館も漬かる」と感じ、車が通れるうちにと、公民館より高い位置にある四国電力変電所内に全員移動した。変電所とは前々からいざというときの避難ができるよう約束ができていたのでスムーズに動けたという。七日午後には大洲市がつくっていた「浸水マップ」に記されていたとおりの浸水がおき、一面が湖のようになってしまったという。幸い浸水前に避難が完了して人的被害は受けずにすんだという。そのときの写真を提供していただくと、この地域でもやはり新興住宅地の方が水についたようだ。いわゆる「分家」の水害だ。自治会長さんからは、「三善地区防災計画」により、これまで数年かけて地域ぐるみで学んでいたノウハウが役立ったという。

二〇一五年八月に作成された『三善地区防災計画』では、その目的として「この計画は、三善地区における防災活動に必要な事項を定め、地震その他の災害による人的、物的被害の発生及び拡大を防止すること」とある。基本方針として「大洲市地域防災計画にある〝減災〟の考え方をふまえて、地区住民一人ひとりの自覚と努力により、できるだけ被害を最小限にとどめ、人命が失われないことを最重視した対策を講じる」とある。

自治会長のAさんは二種類のカードを示してくれた。ひとつはA3の大きさで『大洲市　三善地区災害・避難カード　「私の避難活動」』である（図21）。真ん中に地区全体の地図があり、「避難場所」「持ち出すもの」「気にかける人」「自分の避難からの合図」が記入できるようになっている。裏側には「災害時に気をつけるべき情報の入手先」等が丁寧に記されている。もうひとつのカードは手のひら大で、『「災害・避難カード」―わたしの情報』（図22）とあり、表には「名前」「性別」「血液型」「生年月日」「住所」「電話番号」「留意事項（持病など）」とある。裏には「家族（頼りになる人）の緊急連絡先」があり、災害用伝言ダイアルの使い方も記されている。これは避難時の首かけカードとして個別に配布されている。

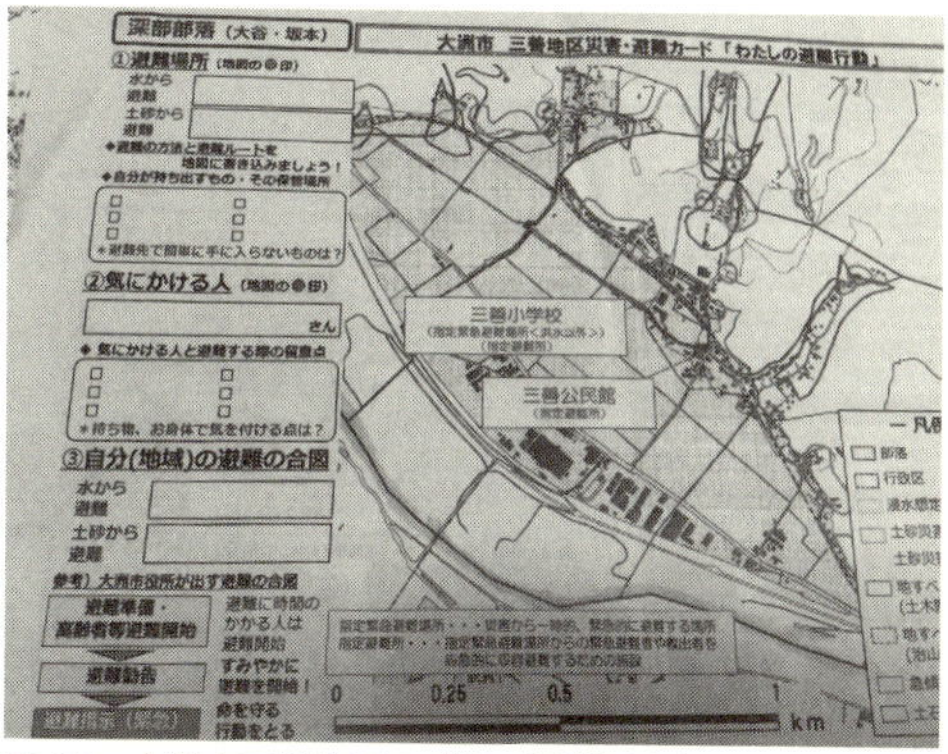

図21　大洲市三善地区の「私の避難活動」

三善地区では、このカードを使って、ワークショップを

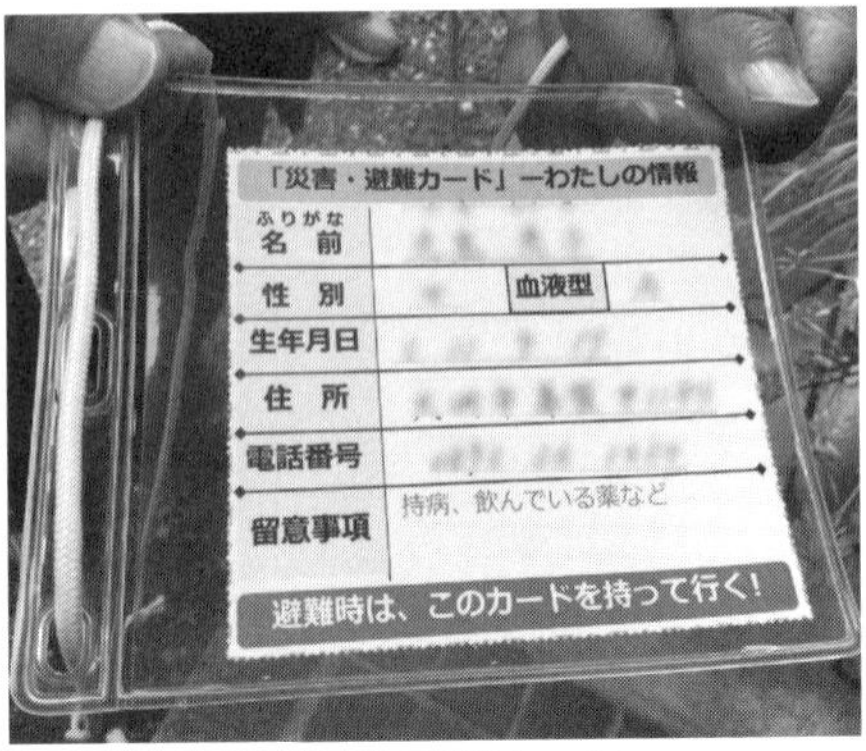

図22　個人別の「災害・避難カード」

何度も開き、またワークショップごとの報告もミニレポートとしてまとめ、全戸に配布をしてきた。この地区の活動は、国の内閣府の「災害・避難カードモデル事業地」として指定されてきた。もともと肱川に近い地区住民には水に対する危機意識があり、それが内閣府のモデル事業で顕在化し、実際の避難行動につながったようだ。しかし内閣府での「みんなでつくる地区防災計画」のモデル事業では、二〇一四年から二〇一六年までの三年間で、全国で合計四十四地区でしかない（みんなでつくる地区防災計画：内閣府ホームページ）。三善地区はそのうちのひとつだ。今回の西日本豪雨では土砂災害での被災も多かった。日本全国には公立小学校だけで二万校を超える小学校区がある。せめて小学校区ごとに三善地区のような防災ノウハウを蓄積する必要がある。

そのためには、現在の国の縦割り行政である、ダムや河川の施設整備は河川局、水防は消防庁、避難計画は内閣府をという縦割りを超えて、「横串をさす」責任担当部局が必要だ。滋賀県では、後で詳しく紹介するように「防災危機管理局」を知事の直轄でつくったが、国も「防災・復興省」のような、災害予防から発災時の緊急対応、災害後の復興を担う省庁が必要だと思う。復興や災害後の対応の実態を知る人材や部局だからこそ、事前の予防体制もきめ細やかない対応ができるというのが大きなねらいであり、仕組みへの提案でもある。

三日月知事の大戸川ダム建設推進は「忘己利他」ではなく「忘他利己」か？

二〇一九年四月十六日の定例記者会見で、三日月大造滋賀県知事は大戸川ダム建設の必要性を表明し、ダム建設の母体である国に建設推進を求めた。大戸川ダムは必要というその理由は「大戸川ダムは、大戸川流域においては、計画規模の洪水に対して、はん濫を抑制する効果や、超過洪水に対しても被害低減やはん濫を遅らせる効果があることが（勉強会で）明らかとなった。瀬田川洗堰操作においては、全閉を含む制限放流時間が短縮できる場合が多いことが判明した。それゆえ滋賀県知事としての判断は大戸川ダムが必要だという意思表示をしたい。滋賀県としての判断を国や下流がどう判断するか、それはそれぞれの組織の段階に任せたい」という。

三日月知事のこの判断の政治的流れは二〇一七年十二月の滋賀県議会で自民党が中心に提案した大戸川ダムの早期着工を求める決議案が伏線としてある。自民、公明等の賛成多数で議決は通った。実はこの直前十月の衆議院選挙で滋賀県全域の四区で自民党が勝利し、とくに滋賀県一区の大津・高島選挙区で自民党現職に挑んだ嘉田が惜敗した。大戸川ダムは滋賀県一区の田上地区で計画されていたダムだ。二〇一七年十二月の県議会での議決を受け、三日月知事は二〇一八年四月に大戸川ダムに関する勉強会の設置を表明し、七月の二期目の知事選挙を迎えた。知事選挙で自民党から推薦をもらうための「踏み絵」だったという見方もあるが、その真偽のほどは不明だ。

そして二〇一八年五月三十日、十二月二十日、二〇一九年三月二十五日と三回の勉強会を開いた。大戸川ダムの治水効果を考える二回の勉強会に私も一県民として参加した。大戸川ダムが田上の治水に一定程度有効という結果とあわせて、浸水時間が長引いたりするマイナス影響のケースもあることも勉強会では指摘されたが、このマイナス面は三日月知事の最終表明では無視されていた。

また、三回目の勉強会の結果、琵琶湖治水への効果については、四つのケースいずれも水位低下効果は一から二センチで、計画どおりに(二八〇ミリ立法メートル毎秒)放流をおこなう場合には、水位が上昇してしまうこともわかった。勉強会で示されたデータを素直に読めば、大戸川ダム建設は琵琶湖治水にマイナスの影響を与えてしまうが、「瀬田川(鹿跳)改修」は効果が高いということを言っている。大戸川ダムの有効性の説明になっていない。しかも、琵琶湖全体の水位操作からしたら琵琶湖水位の一から二センチの効果や全閉時間の短縮は、湖岸に暮らし、日々琵琶湖と接触している湖岸の住民や農業者・漁業者にとって死活問題の水位低下効果とはいいがたい。

ただ、私の知事就任当初に県議会から「琵琶湖の洪水位を一センチでも二センチでも下げることが滋賀県知事の仕事」と厳しく言われ続けてきた。しかし、三日月知事は「瀬田川洗堰操作においては、全閉を含む制限放流時間が短縮できる場合が多いことが判明した」と評価して大戸川ダムの建設を求めた。大戸川ダム建設で琵琶湖の洪水位が上がってしまうという結果があるのに。

今回の勉強会では、二〇〇八年の四府県合意での「大戸川ダムは、施策の優先度を考慮すると、河川整備計画に位置づける必要はない」とした当時と比べて、豪雨のケースが増えたので、新たに検証したというが、計画規模を超えた超過洪水が増えれば増えるほど、ダム施設だけでは水害被害は軽減できず、かえって被害が増大することがあることも、二〇一八年七月の愛媛県肱川の野村ダムの例で紹介した。三日月知事は三回の勉強会で、治水効果の重要性を言っているが、「四府県知事合意」の二〇〇八年当時に予想できたことがそのまま、ケース数が増えただけで結論は二〇〇八年と変わらない。

そもそもダム建設は副作用も含めて大きな影響を地域社会や地域環境にもたらす。淀川水系流域委員会で議論してきたとおりだ。その必要性を主張するには、①地元田上での治水効果や全閉時の琵琶湖の水位低下効果とともに、②建設投資の財政負担（最小の費用で最大の効果）、とくに建設国債は六十年償還であり、孫子に大きな負債を残すことになる、③ダムの維持管理（とくに土砂が多い大戸川流域での堆砂対策に巨額の経費が必要）に伴う財政負担、④環境破壊への影響、とくに河川の流れを切断することによる河川生態系への影響、⑤景観・風景破壊、穴あきダムとして計画されている大戸川ダムは、土砂堆積による景観破壊のリスクが増大、⑥ダム撤去時の負担をも考慮したライフサイクルアセスメントなど、地域社会や県土に対する総合的で長期的な影響全体の調査をして判断する必要がある。熊本県の荒瀬ダム撤去の困難さは、民主党政権時代に三日月知事も当時国土交通相の政務官として経験しているはずだ。県土の健全性や県民の総合的な福祉の向上をはかるべき知事としては、今回の勉強会のテーマ自体が、局所的であり、知事として総合的な判断をするべき材料となっていないのではないか。

とくに「健康しが」を標榜し、その中に「自然の健康」も言っている知事が、河川の流れを切断し、河川環境を致命的に破壊する治水専用ダムを、今回の勉強会が示すような局所的で部分的な効果で全体の判断をするのは、近視眼的としか言いようがない。

しかし一方で、大戸川ダムの効果が直接に及ぶ田上地区や、大戸川ダム建設のために一〇〇〇年続いてきた村を捨てて集団移転をせざるをえなかった大鳥居の人たちのダム推進への思いは重く受け止めなければならない。その心情については深く共感をする。水害対策の推進を求める思いに異論はない。だからこそ、水害多発時代の、真に命を守る水害対策を田上地区の人たちのためにも、県として責任をもって進めていただきたいと強く願う。国や下流の大阪府民、京都府民の巨額の税金をかけて大戸川ダムを建設してもまだ田上地域の住宅への浸水はゼロにはできないのである。それが今回おこなわれた三回の勉強会の結果でもある。

実は田上地区は古来、大戸川の水の恵みをうけて美田を開発し、集落も発達してきたが、同時に複数の河川が合流し、地形的にも水害に遭いやすい地域だった。地元でもたとえば中野地区や芝原地区では「洪水で集落移転をして今のところに移ってから水害をうけなくなった」と今も伝承されている。『大津市史』（第三巻、三七二―三七四ページ、一九八〇年）によると、大戸川が最も荒れ狂ったのは江戸時代中期の一七〇八年（宝永五）七月十九日であり、大戸川堤防が八十間切れ、中野村では流出家屋三十三軒、潰れ家屋二十二軒、水入り家屋二十一軒の被害をうけた。芝原村でも、潰れ家屋十五軒、水入り二十四軒の被害を受けた。両村とも村落全体の戸数は不明だが、この被害を受けて中野村農民の間で「只今迄の在所堤ニテ以後心元無く」との声が起こり、当時の藩主である膳所藩に願い出て山手への屋敷替えを願い出たという。芝原村も同様の出願をして、翌年には両村とも山手に自力で集落を移転した。このとき「家引料米（移転のための費用）」として中野村には八十六軒分、七十四俵一斗、芝原村には三十八軒分十九俵が膳所藩から下付され、すみやかに家引（集落移転）が完成し、それ以降、現在まで中野村と芝原村の中心集落は水害被害にあっていないという。

このようないわば集落移転をおこない、土地利用を替える仕組みは、かつての日本の集落立地と水害対策では全国各地でみられた伝統的な水害対応の知恵である。いわば災害文化であり、レジリエンスを埋め込んだ地域政策といえる。明治時代以降の近代化一五〇年の時代変化を経て、今、日本として人口減少社会に入る中で、土地利用そのものの変更は、改めて有効で必要な地域政策となっていくであろう。

滋賀県としては淀川水系の流域管理について、二〇一〇年には「統合的流域管理」の検討チームを設け、生態系サービスを重視した「資源供給サービス」「文化的サービス」「調整サービス」を埋め込んだ「流域ガバナンス」の提案をおこなった（嘉田由紀子『知事は何ができるのか』風媒社、二〇一二年、一九三―一九八ページ）。

この方針は、二〇一〇年に関西二府四県を中心に形成された「関西広域連合」の重要な政策に展開し、琵琶湖淀川水系の流域ガバナンスの議論に展開している（関西広域連合の流域ガバナンスの研究会記録は下記にある。https://www.kouiki-kansai.jp/koikirengo/jisijimu/kengenijyo/biyodo/764.html）。そのような関西であり、滋賀県だからこそ、昭和の時代に計画された大戸川ダムの建設ではなく、現在の大戸川周辺の浸水危険家屋について、輪中堤防の建設や建物のかさ上げ、そして住宅移転なども含めて、土地利用や生態系に配慮した治水などが可能な地域であるのではないか。

「生態系に配慮した防災・減災害対策（ECODRR）」という考え方もある。世界はその趨勢であり、日本の国土交通省の一部でもそのような意見が出始めている（ECODRR の環境省の報告書PDFアクセス可能。http://www.env.go.jp/nature/biodic/eco-drr/pamph01.pdf）。

滋賀県の知事は武村正義知事以降、琵琶湖やその集水域・河川の環境保全に心をくばってきた。琵琶湖総合開発では、時代の要求から、ダム建設や河川や湖岸のコンクリート化も進めてきたのは確かだ。河川のダムだけでなく、砂防ダムも含め、県土の人工化を進め、今、琵琶湖や琵琶湖に暮らす生き物たちは温暖化の影響も加わり大きな悲鳴をあげている。今さらに琵琶湖や周辺河川の環境を痛みつけるダム建設をどう思うのか。滋賀県知事としての見識が問われているのではないか。

そもそも大戸川ダムは、地元への治水効果以上に、下流の大阪、京都への影響から計画されたものであり、地元負担金のほとんどは大阪、京都の下流域だ。下流の大阪府京都府に建設費負担金を滋賀県知事として求めるのか。二〇〇八年の四知事合意をどう変更するのか？　二〇〇八年の四府県知事合意では、淀川水系の上下流連携については以下のような基本的考え方を提示している。

「これまでの河川流域の上流、中流、下流は歴史的にも利害対立の中にあったが、私どもは琵琶湖の恩恵や上流、中流、下流が今までの施設整備において果たしてきた役割を十分理解しながら、上・中・下流が共に真に助け合える河川政策の実現を目指すものである」

ライバルという言葉がリバーからきているように、もともと河川の上下流は利害対立の関係にある。そこを、利水や治水で圧倒的に有利にある上流は下流を思い、下流は上流に感謝をする、という「真に助け合える」河川政策の実現を目指してきたのである。瀬田川洗堰の全閉は、確かに上流の犠牲のうえに下流を守る行為であるが、この全閉を容認する滋賀県の立場はまさに、一二〇〇年前に比叡山延暦寺の伝教大師が説いた「忘己利他《もうこりた》」、つまり己を忘れ他を利する行為に相当する、と私は研究者の時代から、知事に就任後も理解をしてきた。

琵琶湖の水位一メートルは日本で最大の人工的なダム、徳山ダムの容量にも匹敵する巨大な治水機能を有している。その琵琶湖の水位をあげて、沿岸部分に被害が及ぶことも自覚しながら、もし全閉しなければ下流の宇治市や三川合流地域に甚大な人的被害が及ぶことも予想される。

河川整備計画の変更に対する知事意見には議会の同意が必要である。議会審議をどうするのか。新しい県議を含め、六月の県議会本会議で十分議論をしてから、知事意見を出すことも可能ではないか。さらに万一滋賀県議会でダム建設を承認し、知事意見を出した場合、下流の二府県はダム建設に合意をして、負担金を出すのか。滋賀県だけが、国のダム建設意思に応えることは、「滋賀県として財政的負担をして進めるべき」と言われ、滋賀県の利己的判断だけが先に出されてしまうことにならないだろうか。

事実、三日月知事が大戸川ダムの必要性を表明した四月十六日に、大阪府の吉村洋文知事は大阪府として独自に効果の判断をしたいとコメントをした。京都府の西脇隆俊知事は、四月二十六日になって、「(二〇〇八年に) 緊急性が低いと判断した状況から大きな変化はない」として、改めて大戸川ダムの早期の建設に反対する姿勢を示した。滋賀県から必要と言えば、滋賀県がダム建設の財政負担をするのだろうか？

今回の三日月知事の「滋賀県の地元に少しの治水効果がある」として、下流に多額の建設費負担を求めることは、これまで二〇〇八年の四府県知事合意以降、関西広域連合の中で築いてきた上下流連携の「真に助け合える」関係をくずすものでもある。瀬田川洗堰の下流のための全閉もある意味、伝教大師の「忘己利他」の心であり、滋賀県民ののぞむところではないだろうか。私は滋賀県知事として自己納得をし、県議会でも下流のための貢献も述べてきた。今回の三日月知事の判断が、「忘己利他」に対して、「忘他利己《もうたりこ》」の判断となり、伝教大師も悲しんでいるのではないかとさえ思う。そうならないことを、前知事として、また比叡山の山と天台薬師の池である琵琶湖を愛する一県民として真に願うものである。

第5章　原発依存社会に対する〈新しい答え〉

なぜ「卒原発」を滋賀県から提唱したのか　「被害地元」知事の責任と苦悩

福島第一原子力発電所の事故からまる八年がたった。多くの日本人にとって福島の事故は決して他人事ではない。まして若狭湾岸に近接する滋賀県民の危機感は強い。私は、二〇一一年三月十一日の事故を受けて、その直後に滋賀県の知事として対応の方針をたてた。滋賀県は、若狭湾岸の原発集中立地地域に、最短距離で十三キロという位置に隣接しているからだ。すみやかに原発政策から卒業して汚染リスクの最小化をはかりたいという思いから「卒原発」を提唱した。住民の命と暮らし、財産を守るべき自治体の責任者として、できる限りの安全・安心確保の政策を進めたかったのだ。

福島並みの事故が万一、若狭湾岸の原発で起きたら、現在の地形や気象条件を前提にした場合、放射性物質による汚染がどのように広がるおそれがあるのか、拡散予測シミュレーションを科学的におこない、滋賀県として独自の「見える化」もはかってきた（後述）。その結果、滋賀県域は被害を直接受けるおそれが強いことがわかった。その意味で「地元」であることに気づき、原発施設が立地している地域だけが地元ではない、滋賀県や琵琶湖はまさに「被害地元」であるという概念を提示した。この概念は、環境社会学会の研究仲間の理論を援用したものである。そして汚染予測に基づいてモニタリング基地の設置や、住民の避難計画をつくり、実際に数々の訓練などもおこなってきた。具体的に避難訓練をおこなえばおこなうほど、その実効性の担保が難しいことも判明してきた。

何よりも近畿一四五〇万人の命の源である琵琶湖を預かり守るべき知事当事者だからこそみえてきた根源的な困難、そして苦悩は何だったか？　それは「琵琶湖には足がなく、琵琶湖自体は放射能汚染から避難できない」という隣接地域としては当たり前の結論だった。

本章の前半では、滋賀県知事として原発に向き合った四年間の経験と局面ごとに直面した責任と苦悩を振り返りたい。後半では、滋賀県として原発に依存しないエネルギー政策の〈新しい答え〉を出したい。それは再生可能エネルギーの拡大ということになる。そして、地震なども含めての防災・減災対策について、最後に触れたい。

琵琶湖の多面的価値と若狭原発地帯との近接性

琵琶湖の最大の機能は、関西圏にとっての利水・治水である。図1には、琵琶湖水を飲用水として活用している範囲と原発位置の関係を示してある。大阪府下では最南端の岬町まで、兵庫県では神戸市垂水区や北区まで琵琶湖水が届けられている。大阪府下で八八二万人、兵庫県下で二七六万人、京都府下で一八一万人、滋賀県下で一一五万人、合計一四五四万人が飲料水として琵琶湖水を利用している。琵琶湖は大雪地帯を北部に抱え、供給水量が季節的に安定している。水道が断水になるほどの渇水は、一八九五年（明治二十八）に大阪市に近代水道ができて以来、一度もない。日本で最大の水源であるだけでなく、単一水源としてみると世界的にも最大規模といえる。たとえばヨーロッパのコンスタンツ（ボーデン）湖やレマン湖などの水道供給人口はそれぞれ約七〇〇万人である。比較すると、琵琶湖がいかに大きいかよくわかる。

意外と知られていないのが、琵琶湖の洪水防止機能だ。日本最大のダムである岐阜県の徳山ダムの全容量をすべて治水に使ったとしても、琵琶湖でみると一メートルの水位しかない。下流の宇治川や淀川の洪水を防ぎ、京都・大阪を守るために、琵琶湖出口の瀬田川洗堰をすべて閉めて下流に水を流さない「全閉操作」が、二〇一三年九月の台風十八号のときになされた。十二時間の全閉で宇治川や淀川の洪水を緩和し、下流の命と財産へのリスクを低減させた。琵

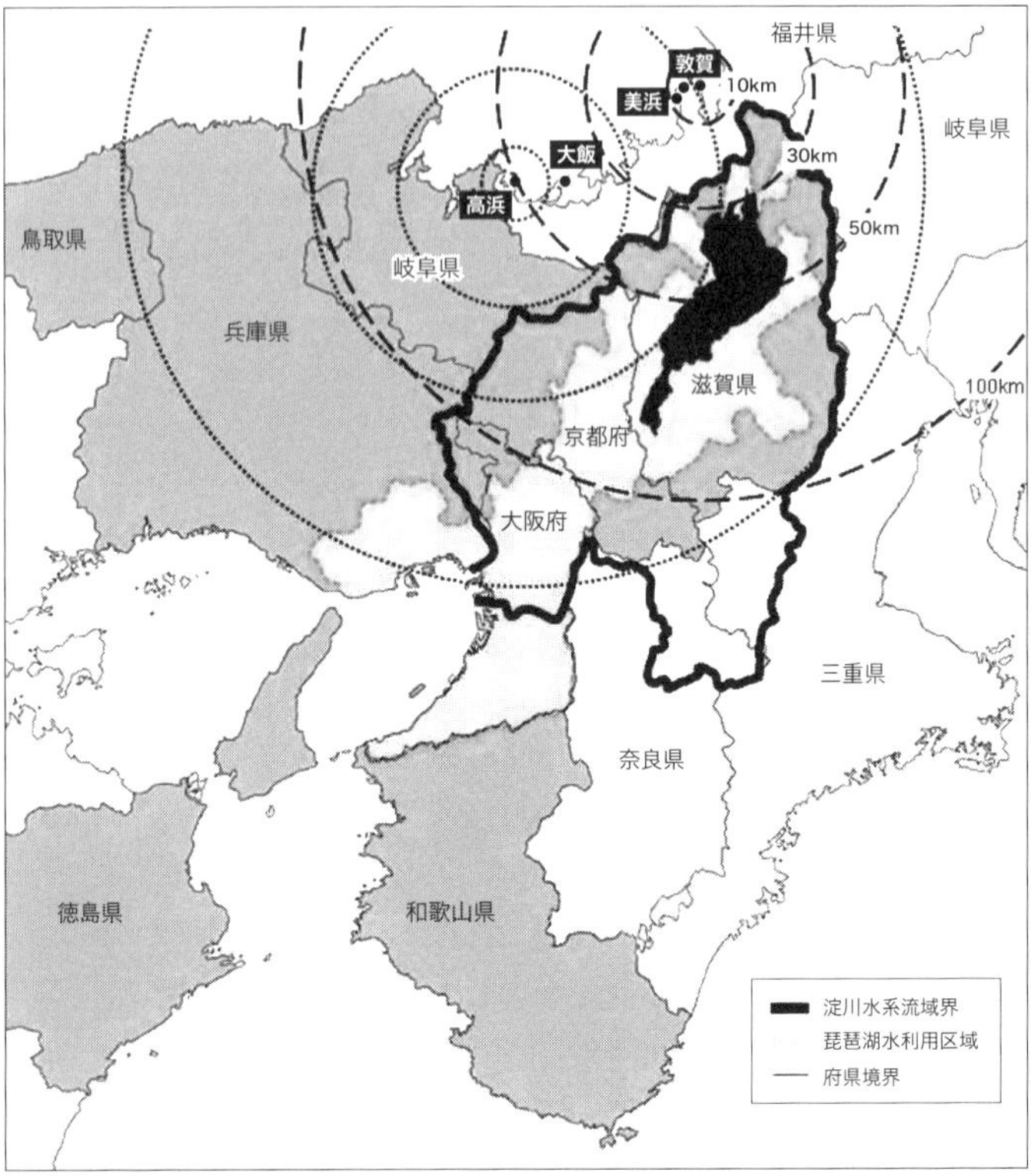

図1　琵琶湖水飲用区域と若狭湾岸原子力発電所の立地

琶湖周辺では一部、農地が水につかるという被害があったが、そのような被害を受けてでも下流のために上流の琵琶湖で水を抱えるという下流防護の機能を琵琶湖は果たしてきた。第4章でみてきた通りだ。

一方、四〇〇万年の歴史を持つ古代湖である琵琶湖は、生物進化の展覧会場といわれるほど魚介類の固有種が豊富で、生態系の価値が高い。そのうえ、縄文・弥生の時代から、湖や周辺の森林が供給する食物と淡水の水をあてにして多くの集落が立地した。人びとの暮らしの痕跡を残す貴重な文化的遺産も多い。たとえば固有種を活かした食文化がある。とくにフナズシは、琵琶湖固有種のニゴロブナを乳酸発酵させた「スシの元祖」である。あわせて、近江八景や琵琶湖八景がある。琵琶湖は観光レジャーや学術研究の場でもある。第2章でみてきたように、二〇一五年四月には「琵琶湖とその水辺景観――祈りと暮らしの水遺産」として、琵琶湖の文化的景観が日本遺産に認定された。

これほどの多様な価値を持つ琵琶湖が万一放射性物質で汚染されたらどうなるか。水道水源として利用できないだけでなく、生態系の破壊や魚介類の汚染、森林や水辺風景の破壊をもたらし、まさに「琵琶湖まるごと破壊」につながりかねない。

私は、滋賀県の知事でありながら原発問題についてはいつも忸怩たる思いでいた。地理的に近接しているのに行政境界により原発への対策がなかなかとれなかった。振り返ってみれば、今でこそ若狭地域は福井県だが、一八七六年（明治九）から一八八一年（明治十四）までの間は滋賀県に含まれていた。この境界が今も維持されていたら、どうだったろうと想像する。もどかしいのは県境だけではない。地理的にみると、高浜原発や大飯原発からは、福井県庁より滋賀県庁の方が近い。そこで、福井県が「立地地元」なら、近接する滋賀県や琵琶湖は「被害地元」であると訴えることにした。「被害地元」という概念を想起した背景には、環境社会学会で提起されてきた環境問題の「受益圏」と「受苦圏」という考え方がある。後でみるように、福井県で福島並みの事故が起きると、滋賀では人びとが住めないほどの被害が発生するというシミュレーション結果も出た。その被害は水源汚染を介して琵琶湖水利用地域である関西全体に広がるおそれがあり、一四五四万人全体が「拡大被害地元」といえる地理的構図にある。その範囲は、後ほど紹介する「関西広域連合」と重なる地理的領域である。こうして、水やエネルギーの問題を関西圏全体で考える際に、二〇一〇年十二月一日に発足していた関西広域連合が大きな役割を果たすことになった。

関西広域連合の「カウンターパート支援」と全国知事会での「卒原発」の提案

二〇一一年三月十一日以降、関西の知事としてどういう動きをしたか、紹介したい。事故直後の三月十三日には関西広域連合長の井戸敏三兵庫県知事の呼びかけで、当時の橋下徹大阪府知事と山田啓二京都府知事、そして滋賀県から私が集まった。阪神・淡路大震災の経過をよく知る井戸知事が、「津波と地震、原発災害の被害はかなり大きそうだ。被害の厳しいところはSOSを出す余裕もないだろう。被災地からの支援要請が出される前にこちらから『押し掛け支援』をしよう」と提案があった。そして、それぞれの府県が相手を決めて継続支援をする

「カウンターパート支援」の仕組みを決めた。滋賀県として、私は真っ先に福島県の支援に手をあげた。福島県が直面していた原発の問題は、若狭に隣接している滋賀県としては切実だからだ。それに、四〇〇年以上も前に蒲生氏郷という滋賀県出身の名君が会津若松の町をつくったという歴史的かかわりもある。京都府の山田知事と協働しての福島支援を決めた。

そして事故直後の四月には、私は山田京都府知事とともに、福島第一原発周辺の津波・地震・原発の複合被災地を訪問した。この世のものと思えない津波被害を受けた町や村では、桜だけが美しく咲いていた。原発周辺地域には入ることはできず、津波で崩れた町をのぞきこむしかなかった。当時、地震で亡くなった人の遺体さえ収容できない、という深刻な状態で復興どころではない問題の深刻さを肌で感じた。後から一人も人がいない双葉町での「原子力明るい未来のエネルギー」という看板を見せてもらったが、大変皮肉であった。

図2　「安全神話」で事故は起きないと信じられていた（2013年5月、飛田晋秀氏提供）

その後も継続的に知事として福島を訪問してきた。あわせて土木や環境などの技術者を中心に県職員を派遣し、二〇一九年四月段階でも農業土木二名、一般土木二名の計四名名が駐在支援をしている。また一時は、福島から五〇〇名を超える避難者たちを受け入れ、住宅や雇用・教育などの面で支援してきた。

　このカウンターパート支援は、私たちにとっては学びの場でもあった。そして、滋賀県が原子力災害対策について本当に手薄だということがわかってきた。「地域防災計画」に「原子力災害編」とあるが、事故は起きないものと想定されていたので、作文だけの形式的計画だった。この計画をできるだけ実のあるものにするために、まずは原発事故が起きたときの汚染予測をしようと、次節で詳しく紹介する県独自のシミュレーションをおこなった。

図３　震災後３年たってもまだタイベックで視察せざるをえなかった（2014 年６月 20 日、飛田晋秀氏提供）

　福島の深刻な状況を見て、私はできるだけ早く原発から卒業する「卒原発」という考えを提案した。この言葉はもともと二〇一一年六月十七日に、元滋賀県知事の武村正義さんが提案したものだが、滋賀県の方針として採用させていただいた。決断に至った理由は以下の四点だ。

　ひとつは、福島の被害を間近で見て、放射能汚染は自然だけでなく家族や地域など社会関係も破壊することがわかったからだ。まさに深刻な生活破壊、社会的破壊であり、これはできるだけ早くやめるべきだと判断した。二つ目は、もともと地震多発地帯の日本列島が地震頻発時代に入っているという、地震学者の指摘が当たってしまったからだ。一九九〇年代から神戸大学の石橋克彦さんが訴えていたのだが、彼のいうとおり「原発震災」が起きてしまった。三つ目は、石油もウランも枯渇性資源だからである。今や再生可能な自然エネルギーへ舵を切るときだろう。技術的、経済的に先手を打つべきではないか。つまり、枯渇性資源である石油からもウランからも卒業しようということである。四つ目は、廃棄物の問題が未解決だからだ。これ以上、使用済み核燃料を蓄積して次世代につけ回しをするべきではない。

二〇一一年七月、全国知事会で「卒原発」を訴えた。このとき多くの知事に呼びかけたが、最終的に同意したのは山形県の吉村美栄子知事だけで、女性知事二人の訴えとなった。それまで原発問題については、賛成であれ反対であれ、全国知事会の本会議で議論したことはなかったという。いかに知事たちが原発問題から逃げていたかがわかる。

放射性物質の拡散リスクの見える化とデータの共有戦略

さて、「地域防災計画」の中身を具体的にどうつくりあげていくか。そのときに直面したのは、形式的にコンパスで円を描き、事故時の放射性物質の濃度を無視して避難計画をつくることの非合理性だ。長年、琵琶湖の漁師から気象などについて聞き取りをしてきた経験から、琵琶湖では、秋・冬・春の三つの季節に「マニシ」「ニシビアラシ」「マキタ」などと名前がついた「卓越風」があることは知っていた。いずれも日本海・若狭地域から琵琶湖に吹いてくる風だ。

このような気象条件や地形条件を加味して、万一の事故時に放射性物質がどのように拡散してくるのか、その予測シミュレーションをおこない、避難計画に役立てたいと考えた。リスクの「見える化」をおこなうことで、原発問題への社会的意識を深めることができる。とくに京都や大阪や兵庫など、琵琶湖水を飲用水として使っている地域住民にわかりやすい被害の見える化をおこない、若狭湾岸の原発事故が決して遠い話ではなく、自分たちにも直接かかわる切実な問題だということを訴えたかったのである。

そこで、まずは文部科学省の外郭団体がつくっている緊急時迅速放射能影響予測ネットワークシステム、SPEEDI（System for Prediction of Environmental Emergency Dose Information）のデータ提供を国に求めた。ところが国は、原発の立地府県以外には提供はできないという。

次善の策として、滋賀県独自のシミュレーションをおこなうことにした。しかし、県の防災危機管理局には放射性物質の拡散シミュレーションの経験がなかった。当然のことだ。一方、環境部局も、これまで放射性物質を扱った経験がなく難しいという。これも無理のない判断だ。

というのも、日本の環境政策では公共空間の放射性物質は扱わない法的仕組みになっていたからだ。原発の敷地外に放射性物質は出ないという大前提があったのだから。放射性物質を扱えるのは、経済産業省関係の原子力担当部局と文部科学省だけで、環境省は排除されてきた。

それゆえ滋賀県の環境部局も躊躇していたのである。そこへ、県の琵琶湖環境科学研究センターの内藤正明センター長が、「知事がどうしてもというなら挑戦してみましょう」と、大気汚染モデルを援用して、放射性物質の拡散シミュレーションを独自におこない、結果を出してくれた。自治体が放射性物質拡散シミュレーションを独自でおこなったのは全国で初めてだった。私はもともと社会科学畑だが、琵琶湖研究所の研究員時代から、琵琶湖の水質モデルなどの行政への活用をおこなってきた。模擬実験の意義も限界も知っていた。担当者はかなりためらっていたが、「記者説明でも地元説明でも、最終的には知事が責任を持つ。担当者に責任を押しつけないから頼む」とお願いをした。

そして担当してくれた大気汚染専門の職員が、それまで扱ったことのなかった放射線物質の特性を考慮したシミュレーションをおこない、結果を出してくれた。これは、滋賀県が琵琶湖の環境研究のための独自の研究機関を持っていたからこそ得られた成果ともいえよう。一九八〇年代、武村知事の時代に研究機関を発足させ、育ててきたからだ。

しかし、次の問題が出てきた。シミュレーション自体は二〇一一年九月にできあがっていたが、公表に時間がかかったのだ。県の仕事は、事前に市町村の責任者と、とくに重要事項は市町長と調整するのが慣例であった。このとき一部の市長たちが、「こんな結果を出したら人心を混乱に陥れる」「対策のとれないリスク情報を公表すべきでない」という意見を出してきたのだった。

確かにリスク情報は社会的混乱をもたらすかもしれない。しかし、リスクを知らさずに被害を拡大させてしまったのが、まさに福島の事故だったのではないか。対策のとれないリスクは公表するなという主張もあったが、これが県民に配慮した行政マンの思考といえるだろうか。現に対策のとれないところで原発事故の被害が起きてしまったのだ。リスクを表に出すなという首長の主張は、いわゆる古典的「温情主義」で、「住民には知らしむべからず、寄らしむべし」という思想に通じる「おまかせ民主主義」ではないだろうか。私は、リスクも住民と共有して、共に対策をする「参加型民主主義」をモットーとしてきた。このような根強い「温情主義」が、行政や官僚機構の不作為、リスク不公表の態度を醸成してきたのではないか。防災危機管理局の担当者と協力して各市町長を説得し、ようやくこのシミュレーション結果を公表することができたのは、二カ月後の二〇一一年十一月二十五日だった。

福井県や京都府からは「公開してくれるな」ということだったので、滋賀県内の結果だけを公表した。それが図4である。シミュレーションの基本的条件として、一年を六つの季節に分け、それぞれアメダスの気象データをもとに、滋賀県への影響が最も大きい二十の気象ケースを選んだ。そしてシミュレーションの結果、最大の拡散リスクを示している。事故の規模は福島の事故を想定している。この図からわかることは、被害は決してコンパスで円を描いたような均一にはならないということだ。このうち一〇〇ミリシーベルト以上の汚染予測地域を「滋賀県版のUPZ（緊急時防護準備区域）」として「地域防災計画」において指定した。国が定める三十キロ圏にとどまらず、四十二キロまで及び、高島市と長浜市の一九六集落を含むことになった。後に紹介する「多重防護」の避難体制をつくる際に、この地

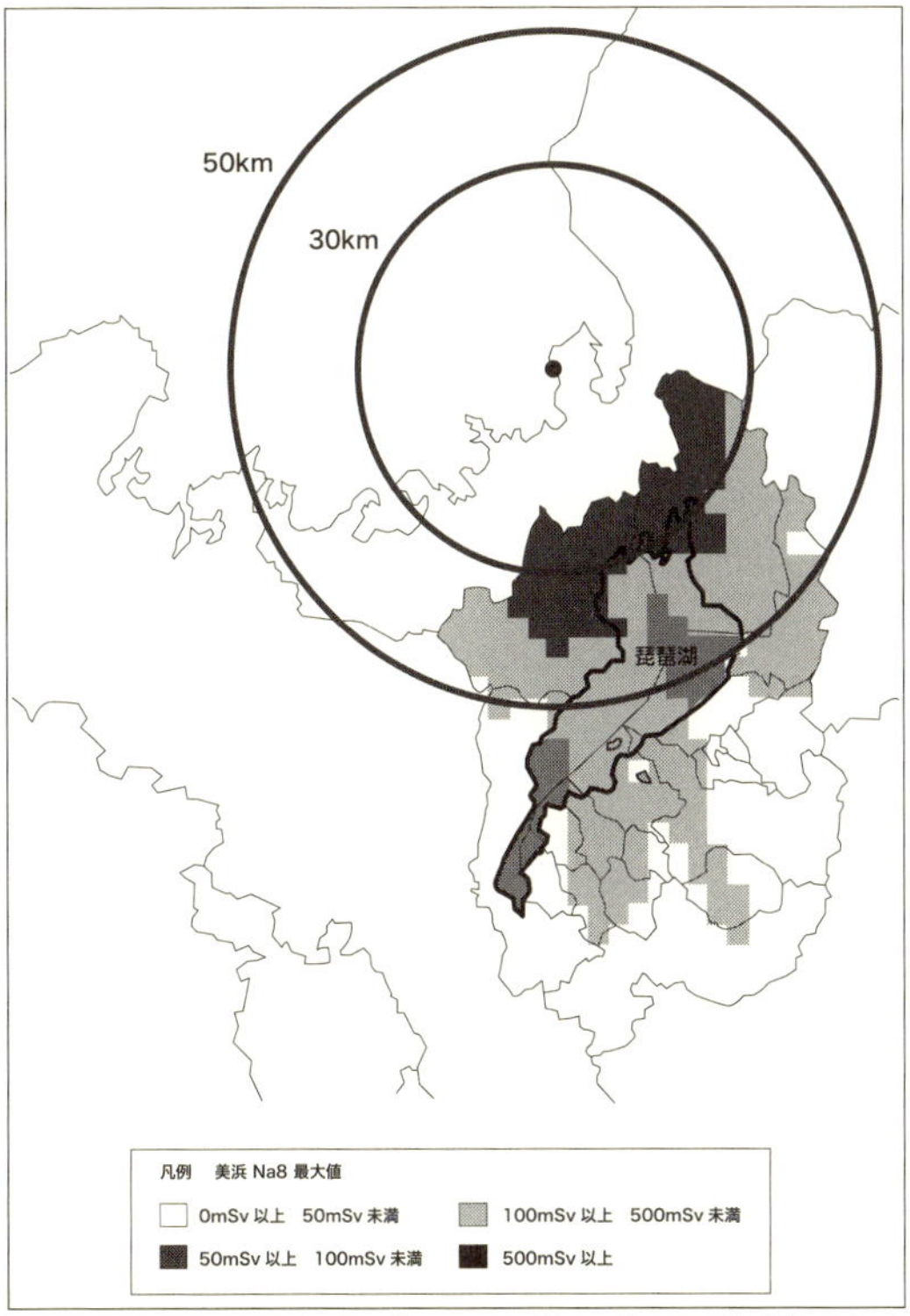

図４　福島第一原発事故想定による滋賀県内の屋外避難区域

域を基本的な地域圏とした。

次におこなったのが、大気汚染の拡散シミュレーションをもとにした琵琶湖水質への影響シミュレーションを放射性ヨウ素などで示した。放射性ヨウ素の濃度は、最初の一週間ほどは琵琶湖北湖から南湖までの範囲で六十ベクレル／Lを超えており、このままでは水道水としての供給はきわめて困難だ。八日目から九日目くらいで濃度は一斉に下がり、二十日目くらいで放射性ヨウ素の濃度は二十ベクレル／L以下となる。ここまで下がれば水道水としてなら影響は小さいといえよう。水道施設担当者の中には、そもそも浄水場の浄化技術能力を勘案したら、放射性ヨウ素がたとえ一〇〇ベクレル／Lあっても水道水の供給はできる、という意見もある。

しかし、放射性物質の人体への長期的影響は疫学的に定説がない。とくに子どもたちへの影響に不安を持つ人は多い。福島の事故の直後、二〇一一年三月中旬に、東京の金町浄水場で放射性ヨウ素が水道基準を超えて検出された。東京ではまさにパニックのようにペットボトルが店から消え、当時の石原慎太郎東京都知事が、子どもがいる家庭にボトル水を配らせたほどだ。

また、大気や水質への影響と合わせて考えるべきは、生態系への影響だ。水から植物プランクトン、動物プランクトン、魚類と、食物連鎖に沿った生物濃縮のプロセスはきわめて複雑である。福島でも、放射性物質の生物濃縮の仕組みについて研究がおこなわれているが、結果は出ていなかった。琵琶湖環境科学研究センターが中心となった生態系への影響調査は、二〇一六年十月になってようやく予測を公表することができた。前提は、美浜原子力発電所で東京電力福島第一発電所事故と同程度の事故があった場合であり、プランクトンは二種（植物プランクトン、動物プランクトン）、魚類では、アユなどのプランクトンを食べる「プランクトン食性魚」、モロコなどプランクトンも魚も食べる「雑食性魚」、ビワマスやブラックバスのように魚を食べる「魚食性」の三種に蓄積する放射性セシウムの濃度を予測した。それによると、魚を食べるビワマスなどの「魚食性魚」は事故から二年後に、国が定める食品基準値（一キロあたり一〇〇ベクレル）の一・六五倍の放射性セシウム濃度になり、事故から四年半たっても基準値を超えたままという深刻な結果になった。生活がかかった漁師の立場からみたら、五年近くも食品基準値を超えるセシウム濃度が続くということは生業をあきらめろということになり、琵琶湖漁業は完全に破壊されることになる。今福島県沿岸の漁業者がいかに苦しんでいるかを知ると、琵琶湖漁師にとっても他人事ではない。

このようにして、放射性物質の大気や水質、生態系への影響を評価し、滋賀県としてモニタリングポストなども設置し、地域防災計画の実質的な中身を検討してきた。しかし、国からはほとんど何の支援もなかった。モニタリングポストの設置費用や、原子力防災のための専門家を雇用する費用、シミュレーション費用は、基本的に県民税で負担をしてきた。山一つ越えた福井県側は、国の費用で防護体制をおこない、また地域振興の補助金なども入っている。原子力政策に国が責任を持つというならば、防災計画づくりの予算も、避難体制も、そしてリスク共有の体制も、すべてを自治体まかせにすべきではない。現実には、口先で国が責任を持つといっても、実効性ある避難体制をつくることのできる専門家は国にはいない。自治体が責任を持つしかない。

国民理解のための原発政策への七つの提言

滋賀県ではこのように3・11事故直後の一年間で放射性物質の拡散シミュレーションをおこない、防災計画などの整備を進めてきた。そこへ二〇一二年春、大飯原発三・四号機の再稼働問題が提起された。野田佳彦総理大臣のときだ。三月十六日には藤村修官房長官が、地元同意に際して「地元同意に滋賀は含まず」と発言した。これに滋賀県民は大いに怒り、「被害地元」という現実を、県をあげて発信した。また滋賀県だけでは発言力は弱いと考え、状況が近い京都府の山田府知事と「被害地元連携」をつくった。四月十二日には大飯原発を一緒に見学して社会的発信をした。つまり「社会問題化（ソーシャルイシュー化）」だ。二人の知事が連携して動いたら、それだけマスコミや世間に関心を持ってもらえる。

二〇一二年四月十七日には、山田京都府知事と「国民的理解のための原発政策への提言（七項目の共同宣言)」をつくり、六月六日にはびわ湖ホールで琵琶湖をバックに発表した。琵琶湖の存在をアピールしたかったからだ。宣言文は二人の知事で直接やりとりしてつくった。前例のないことで、政府がらみの仕事を担当者に任せるのは酷でもあり、トップが直接調整するしかない。山田京都府知事と真夜中まで直接メールでやりとりしながら七項目をまとめた。その後、原子力規制委員会が法制化されて、この七項目のうち一部が実現された。しかし、八年以上たった今でもこの七項目は有効だ。というのも、残念ながら国の原発政策と体制は、安倍政権になって逆戻りしたからだ。ここで、あえて紹介したい。

図5　大飯原発を視察する筆者と山田京都府知事
(2012年4月12日、滋賀県提供)

①原子力規制機関の中立性の確保
②情報の透明性の確保、情報公開
③福島原発事故をふまえた安全性の実現
④原発再稼働の緊急性の証明
⑤原子力政策の中長期的な見通しの提示
⑥事故の場合の対応の確立
⑦福島原発事故被害者の徹底救済と福井県に対する配慮

私は、関西の暮らしや経済の根幹となる水供給をしている滋賀県知事として、問題の広域化を訴えるべく、その後も各所で発信してきた。たとえば関西広域連合が関西電力幹部など関西経済界のトップと意見交換をおこなう場面で、「電源の代わりはあるけれど、琵琶湖の代わりはない」と覚悟の発言をおこなった。その場で賛同する人は誰もいなかった。しかし、会合が終わってから廊下で賛意を示してくれた経営者が二人いた。生命保険会社と鉄道会社の社長だ。生命保険会社は命にこだわる。鉄道会社は電気を使う立場だ。しかし、関西経済界の空気は「電力不足は経済活動を破壊する」という理由で原発再稼働推進が大勢だった。

そこで、関西広域連合としては、原発再稼働なしで省エネや節エネの実績を示す方針をとり、関西全体のエネルギー担当と節電担当を大阪府市と滋賀県が引き受けた。いかに原発停止による電力不足を回避するか、広域連合の会議では「家庭における節電対策」「産業・業務部門における節電対策」「行政における率先行動」など、夏冬と真夏のピークカットに知恵をしぼった。「自家発電」「差額料金制度」「クールファミリーライフ」なども実践してきた。とくに家庭レベルでの対策を滋賀県が提案した。知事の権限が働く分野として、真夏のピーク時に県立の博物館や美術館の入館料を無料にし、家庭でのクーラーを切って、博物館・美術館に来てくださいと呼びかけた。これはかなり成功した。「クールファミリーライフ」は、二年目と三年目には、民間のデパートや福祉施設などに広がった。高齢者への、夏に自宅のクーラーを切って公民館などでクールシェアを進めようという呼びかけは、新しい人的なつながりも生み出した。

原発再稼働なしで「電力ブラックアウト」を回避するための実践は、結果的に関西ではかなりの成果をあげた。二〇一三年には三千万キロワット近かった電力需要は、二〇一五年の夏には二五〇〇万キロワットを割り、一五％以上カットできた。企業も住民も協力しての成果が自信につながった。

琵琶湖には逃げる足がない！——実効性ある避難計画は現段階では不可能

避難計画のためには、まず第一の問題は情報共有だ。国ではSPEEDIデータを使わず、計測データで汚染の濃度が上がった時点で避難勧告を出すというが、住民は「汚染される前に避難したい」と希望するはずだ。

二点目は交通問題だ。住民避難計画における交通上の実効性について、とくに滋賀県の北西部に関しては頭を痛めた。高島市と長浜市の一九六集落に住む六万人近い住民を、いかに短時間で非汚染地域に誘導避難できるか。関西広域連合で広域避難計画をつくり、たとえばマキノ町のA村は大阪府羽曳野市のB自治会というような対応関係をつくった。計画だけはつくったが、果たして本当に動けるのか。自家用車の避難は時間がかかりすぎるのでバス避難を推奨した。しかし高島市から市外への主要道路は二本しかない。大雪や地震で寸断されるおそれがある。最も悩ましいのがバス運転手の確保だ。「労働安全衛生法」があり、事業者は安全を見越して従業員に指示しなければならないので、危険区域に送るわけにいかない。もちろん知事も、事業者の権限を超えてバス運転手を汚染地域に派遣させることはできない。高島市と長浜市で計五〇〇台のバスが必要という計画をしているが、よしんば車が確保できても運転手の確保は困難を極めるだろう。

三点目はヨウ素剤の配布だ。国は、事前配布は五キロ圏内で、三〇キロ圏は「緊急事態発生後」としている。事態発生後にヨウ素剤を配ることが可能か。また、医師や薬剤師の指示に基づいて服用とあるが、通常から医療人材が不足している地域では非現実的だ。

四点目は指揮系統の問題だ。「原子力災害対策特別措置法」では、国の対策本部が地元市町村に対しUPZの住民の避難を指示できるとしている。3・11のときには菅直人総理大臣が避難指示を出した。一方「災害対策基本法」では避難指示は市町村長の権限としている。県は情報提供の役割だ。国と県と市町村の災害時の指示系統でさえ未整理だ。いざというときの混乱を避けることができるのか。

五点目はテロ対策だ。アメリカやドイツでのテロ対策に比べ、日本ではほとんど整備が進んでいない。

寺田寅彦は『天災と国防』（岩波書店、一九三八年）という本の中で「文明が進めば進むほど天然の暴威による災害がその劇烈の度を増す」と述べている。琵琶湖は単なる水がめではない。命の水源であり、神と仏が住まう天台薬師の池でもある。その琵琶湖には足がない。いくらニンゲンの避難計画を綿密につくっても、琵琶湖自身は避難できない。これが、実効性ある避難計画は不可能だという結論に達した意味でもある。

原発は、エネルギー政策の原理に適合しているのか？——安定供給、経済性、環境適合

日本の「エネルギー基本計画」には、「三つのE（エネルギーの安定供給、経済効率性の向上、環境への適合）＋S（安全性）」を満たすことが求められている。この3E＋Sの原則の下、エネルギー政策とそれに基づく対応を着実に進め、二〇三〇年のエネルギーミックスの実現を目指すことが資源エネルギー庁が公表した二〇一八年の計画に明記されている。

この原理に照らしてみると、まず原子力発電は、二〇一一年の福島事故以降、安定的に供給できていないことは明らかだろう。国は、原発は「安定供給が可能」と強弁しているが、福島事故後、安定供給できていないどころかほとんど稼働していないことは社会的事実だ。逆に原

発が動いていなくても、他の電力で日本の経済も生活も成り立っている。

では、経済効率性ではどうだろうか。経済産業省の公式ホームページでの電力の種類別の最新価格が公表されている（https://www.enecho.meti.go.jp/about/special/tokushu/nuclear/nuclearcost.html）。それによると、原発の発電コストは「発電原価」と「社会的費用」（事故リスク対応費用＋立地交付金）をあわせて一キロワットアワーあたり一〇・一円となっている。石炭を使った場合が一二・三円、天然ガスを使った場合が一三・七円、石油を使った場合が三〇・六～四三・四円。コストの内訳をみると、火力発電は燃料費（石炭、天然ガス、石油）が高く、さらに原発ではかからないコストであるCO_2対策費が社会的費用としてかかっていると資源エネルギー庁は指摘する。一方、再生可能エネルギーを使った発電のコストはどうか。風力は二一・六円、太陽光（メガソーラーの場合）は二四・二円という。内訳の特徴として、燃料費がかからないという大きなメリットがあるが、原発や火力発電と比べて発電コストに占める建設費や工事費などの資本費が高くなっているとされる。

政府は、原発はCO_2を排出しないので、環境への適合性（Environment）があるという。同時に原発の利点として、資源のない日本では夢のエネルギーであり、使用済み核燃料を再処理する核燃料サイクルができれば、それも有効利用できると宣伝してきた。そのうえ、原発技術を輸出することで、輸出産業としても経済発展にも貢献すると……。

つまり原発は安くて、安全で、国内での資源確保ができて、温暖化対策にも効果的で、輸出産業にもなるという、良いことずくめだ。原発は火力発電や再生可能エネルギーよりも安く環境適合的で、再エネとの比較では約半分のコストに収まるというのである。このような「原発の経済性」は、国の基本的認識となっている。

一方、大島堅一龍谷大学教授によると、原発の発電コストは、発電コスト八・五円に政策コスト（技術開発費や立地対策費）一・七円、福島事故をふまえての事故コスト二・九円をたすと一三・一円となる。火力には政策コストも事故コストもなく九・九円、水力は三・九円となっている（https://news.yahoo.co.jp/byline/oshimakenichi/20161209-00065303/）。福島原発の事故コスト二一・五兆円を加えると、原発のコストが抜きんでて高いことがわかる。さらに事故コストは二〇一七年の日本経済研究センターの試算によると五〇〜七〇兆円となり、現在の事故コスト二・九円の三〜四倍にもなりかねない。となると原発の発電コストは、二〇円を超えることになる。しかも高レベル廃棄物の処理費ははいっていない。十万年も期間をかけて保管コストやテロ対策費もいれると、原発コストの単価は無尽蔵の高さになってしまうだろう。さらに言えば、ここには福島事故で失われた被害者の生活被害（健康や仕事を失い、家族がバラバラになる、など経済的計算にのらない生活と命への被害）は算定されていない。

原発が最も安い、合理的な発電方法なら、政府が後押ししなくても私企業である電力会社が独自に原発推進をすることができるはずだ。ところが、たとえば二〇一四年十二月には、電力自由化を進めるうえで、原発を持たない「新規参入の電力小売会社の電気を買う人」からも「原発の廃炉費用」を負担させることにした。東京電力を含む電力会社は、事故コストを含むすべてのコストを自分で払うべきだろう。その事故コストが国民負担になっているのである。「原発が安い」というのはつまり、電力会社にとって「安い」のであって、国民にとっては「高い」のである。原発を稼働させるということについて、資本主義のルールが働いていない。政治的な判断のみにゆだねられているのだ。

環境適合性でも問題がある。CO_2を排出しないといいながら、温排水による海洋生態系の破壊なども無視できないだろう。何よりも、事故のときの環境破壊は凄まじい。福島の森も山もそして里も町もまだまだ人が住めないところがたくさんある。環境適合的とはとても言いがたいのは明らかである。身近にある太陽光や風や水や熱などを活用できる再生可能エネルギーとは比べ物にならないだろう。

今、司法の世界でも原発再稼働について、運転差止訴訟など各地で判断が出されている。圧倒的多くの司法判決は「原発の安全性の問題はない」として再稼働容認の立場だ。ただ、中に本質的な司法判断を出された例もある。その代表が二〇一四年五月二十一日の福井地裁の樋口英明裁判官の判断だろう。

樋口裁判官は以下のように言う。

「3・11事故の後、原発の過酷事故がいったん起これば多くの国民の生活が奪われ、国土が広範囲に荒廃してしまうことは多くの国民が認識された。それゆえ現在の原発は地震に対してもそれなりに丈夫に備えていると思い込んでいた。しかしいざ裁判をはじめてみると、大飯原発の地震への耐震性（七〇〇ガル）は、自分が住むハウスメーカーの基準（三四〇〇ガル）よりも脆弱な基準の耐震強度しかないことが判明した」（『世界』二〇一八年十月号、五九ページ）

そこで、原発の危険性を社会通念上放置できないと判断し、大飯原発の運転差止を命じる判決を出したという。さらに樋口裁判官は判決文で、「豊かな国土とそこに国民が根を下ろして生活していることが国富であり、これを取り戻すことができなくなることが国富の喪失である」と延べている。この判決は、二〇一八年七月四日の名古屋高裁の金沢支部の控訴審判決で取り消されたが、樋口裁判官の国土を愛し、日本国民を愛する判決が取り消されたことは残念だ。

さらに日本経済の未来を考えると、エネルギー政策的に合理性が証明できない原発を無駄に維持すれば、古い生産性の悪い縮小する産業（原発）から、成長する次世代産業（再エネ／新エネ／省エネ）への産業構造の転換が遅れてしまう。世界各国に比べて日本経済だけが大きな損失を被ることになるのでは、という懸念も出始めている。

本来、電力サービス事業は民間事業であった。それを政府が「はじめに原発ありき」という方針で経済原則をゆがめ、国土消滅という取り返しのつかないリスクを抱え、まったく採算が合わない高コストの原発を無理やり拡大してきたことが、そもそもの間違いではないだろうか。すでに触れたように、万一事故が起きれば、住民の暮らしや経済、環境に計り知れない影響をもたらす。琵琶湖について、汚染シミュレーションを進めてきた滋賀県としても、関西全域の水供給の安全性を担う立場からしても容認できない。エネルギー政策は、地域経済の問題もある。滋賀県の地方自治の立場から、県としてのエネルギー政策を以下でたどってみたい。

自治体としてとるべきエネルギー政策とは？——地域経済振興と環境保全の両立を目指す

実は二〇一一年三月の東日本大震災での原発事故以前に、滋賀県の政策でエネルギー問題にかかわっていたのは、環境政策のごく一部にあたる「家庭系の太陽光発電の拡大」に限られていた。滋賀県だけでなく、ほとんどの都道府県でも、原発や大規模火力発電所が立地する自治体であっても、エネルギー政策は基本的に国政マターであり、自治体での役割はきわめて限定的だった。それゆえ自治体としてはエネルギー分野の専門組織もなく専門家も育っていなかった。そこで二〇一一年に私が滋賀県知事として出した方向性は三点である。

ひとつは、エネルギー問題と環境保全の関係である。とくに温暖化対策に向けての「低炭素社会づくり」への貢献が琵琶湖を抱える滋賀県としては求められていた。すでに琵琶湖水の上下循環が不完全となる温暖化影響が琵琶湖で出始めていたからである。

二点目は地域経済の問題である。二〇一一年段階での滋賀県の県民所得は約五兆円であったが、関西電力の有価証券報告書からみると、関西全体での売上高は約二兆円であり、人口比率からみて、その約一割が滋賀県での需要と考えると二〇〇〇億円と推定される。このうちたとえば三割が地域分散型で供給でき、地域にお金が落ちれば六〇〇億円の地域経済貢献が想定できる。この部分が地産・地消に転換することで、地域内部でお金がまわり、経済も循環することになる。まさに「キロワットアワーはマネー」というドイツでのエネルギー政策の先駆的な表現が日本でも適応可能だった。

三点目は、エネルギー問題は災害時の防災問題と密接にかかわっており、社会政策としての総合政策が必要だということだ。とくにそれまで国が中心に進めてきた地域独占の「大規模」「中央集中型」の電力供給体制では、災害時に供給ラインが断たれ、たちまち生活や産業が窮地に陥ってしまう。地震や津波、そして洪水時など、災害に強くなるためには、いかにして地域住民や地域の自治体、地域の企業が主導する「地産・地消型」で「自立分散型」に転換するかという構造改革が必要だった。「近いエネルギー」システムを生み出すことで、経済がまわることに加えて万一のときの防災・減災の備えにも活用できる。

滋賀県でのエネルギー方針は、図６に示すように、県民にとってはライフスタイルの転換を意味し、本書でも紹介してきたように「近い水」「近い食」にプラスして「近いエネルギー」項目を加えようという地域政策でもある。

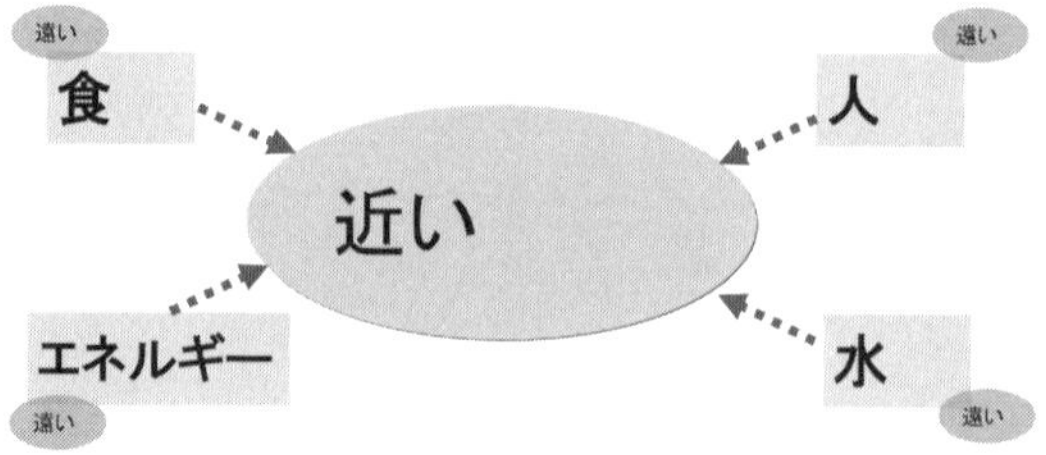

図６　滋賀県でのライフスタイルの転換を埋め込んだ地域政策の方向性

そこで二〇一一年十月にはそれまで環境政策部局にあった太陽光の普及担当を柱にして、商工観光労働部に「地域エネルギー振興室」を設置し、経済や地域振興に強い担当者を配置した。そしてまず進めたのは、再生可能エネルギー振興戦略プランづくりだ。

当時、都道府県にエネルギー政策がないだけでなく、二〇一〇年十二月に成立した関西二府五県からなる関西広域連合でもエネルギー政策はなかった。そこで二〇一一年三月の福島事故を受けて、連合共有の課題として、エネルギー政策の検討を問題提起させてもらった。二〇一一年八月にはその検討会議が発足した。ここにはちょうどサービスエリアが広域連合とほぼ重なる関西電力や大阪ガスなどの供給側にも参加してもらった。エネルギーの供給構造、需要構造の適切なマッチングにより、住民や産業にとって安全で安心なエネルギーシステムをつくりだす構造転換を、関西から求めていくものでもあった。

その研究、実践企画の責任者に、滋賀県知事として、また関西広域連合の広域環境保全担当の知事として手をあげた。というのも、関西圏一四〇〇万人の命の水を預かっている滋賀県知事として、すぐお隣の若狭湾岸に十五基立地する原子力発電所からの電力にいつまでも頼っていられない、という不安があったからである。いつかは原子力から「卒業」したい、という「卒原発」を訴える立場からも、具体的な代替エネルギー政策を進める必要がある。最初の挑戦は、滋賀県としてのエネルギー政策プランづくりだった。

エネルギー政策は地域経済振興――振興戦略プランづくり

二〇一一年十月から二〇一三年の三月までの一年半をかけて、地域エネルギー振興室が中心となってつくったのが「滋賀県再生可能エネルギー振興戦略プラン」だ。このプランには三つの意味を込めた。ひとつは「低炭素社会づくり」に貢献することである。国のエネルギー政策でいう「環境適合性」である。二点目は、地域経済の振興である地域内部でお金がまわることによる経済の循環。まさに「キロワットアワーはマネー」の政策である。三点目は、地域の中にエネルギー源を分散配置すること。これで、いざというときの災害に強い社会を築くことができる。

まずは太陽光発電の普及である。二〇一二年七月からはじまった「固定価格買取制度（FIT）」により、二〇一三年十月時点では約二十五万キロワットの新規設備が設置され、それまでの小規模な家庭規模の太陽光発電が約七万キロワットであるところと比較すると、約三・五倍の水準に達した。

二〇一二年時点で滋賀県の家庭規模の太陽光普及は、全国レベルで第六位であり、関西では最大の普及率であった。さらに滋賀県内では、すでに平成初期から福祉施設などが市民共同発電所をつくり、全国に先駆けて、身近なエネルギーの自給に挑戦していた。たとえば湖南市の「なんてん共働サービス」では、一九九七年に日本で初めての市民共同発電所を発足させ、二〇一二年には、これも日本で初めての信託方式の市民ファンド「コナン市民共同発電所」プロジェクトがはじまった。さらに湖南市では、「自然エネルギーは地域のもの」という考え方から、「地域自然エネルギー基本条例」を制定し、地域で生まれる富を地域で循環させる仕組みを制度化した。湖南市での市民共同発電所の信託方式の第一号は、二〇一三年三月十八日に、障害者福祉「オープンスペースレガート」の屋根を活用してはじまった。発電容量は二〇キロワットで、一般家庭の四～五軒分の電力量を確保することができた。

市民共同型の再生可能エネルギーに加えて、FIT制度が導入されることで、企業が小規模から一〇〇〇キロワットを超えるメガソーラーの導入を進めてきた。二〇一三年十月時点では、

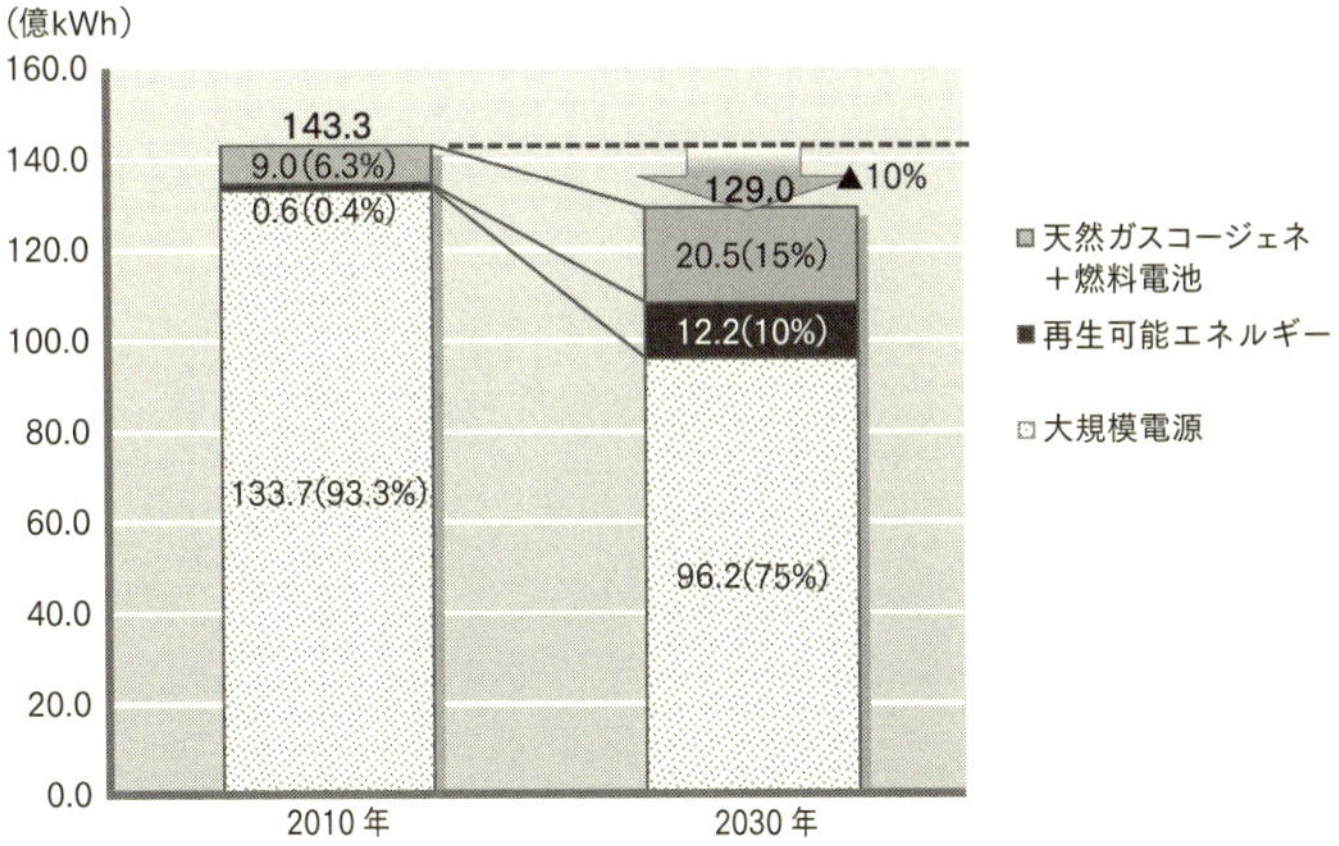

図7　「滋賀県再生可能エネルギー振興戦略プラン」による2030年目標値

十キロワット以上一〇〇〇キロワット未満の太陽光事業者は二七七九件となり、認定出力は約十三万キロワット、一〇〇〇キロワット以上が三十六件で、認定出力は八・三五万キロワットとなった。

また、地域経済への貢献と災害時の対応を可能とする電源として、滋賀県では、ガス供給会社と連携をしながら、家庭向けに「個人用既築住宅太陽光発電・コージェネ普及促進事業」を導入し、太陽光による発電に加えて、給湯におけるエネルギー効率の向上のためのコージェネ施設導入への補助金制度を新設した。さらに民間事業者への再生可能エネルギー導入や、農村部における農業用水路での小水力発電の普及や、地域エネルギー振興を担う人材育成などの総合政策を入れこんだ。

これらの施策を総合化して、二〇三〇年時点での滋賀県としてのエネルギー供給構造を示したのが図7である。ここでは二〇一〇年時点での原発依存割合の約三割の電源を、節電と分散型の電源で支えることで、「卒原発」を実現しようという目標値とした。節電が一〇％で約十四億キロワットアワー、また再生可能エネルギーが一二・二万キロワット、そして天然ガスコージェネなどが二〇・五万キロワットという構成である。

エネルギー振興戦略プランの実現を目指すためのドイツ調査

それでは、二〇一三年三月末に制定した戦略プランを実現するためにどうしたらいいか。前述のように、地方自治体にはエネルギー政策の専門部署は二〇一一年以前には存在せず、また専任の担当者も育っていなかった。そこで二〇一三年の八月に、再生可能エネルギー導入の先進国であるドイツへの調査を計画・実行した。

なぜドイツだったのか。理由は三点だ。ひとつはドイツにおけるエネルギー利用がきわめて効率的だったからだ。過去二十年、ドイツでは経済は二倍ほどに成長していたのに、利用エネルギーはほぼ横ばいだった。つまりエネルギー効率がほぼ二倍となっていた。二点目は、エネルギー自治の実績だ。とくにフライブルグ周辺では、原発に依存しないという目的から、太陽光から風力、そしてバイオマスまで、再生可能エネルギーの活用が地域ごとに推進され、地域自治の原点となっていた。三点目は、エネルギー政策の目標に「脱原発」をはっきりうたっていたことだ。二〇一一年三月十一日の福島事故のその日のうちにメルケル首相は二〇二〇年代の「原発ゼロ宣言」をおこない、政治的姿勢を明らかにしていた。

そこで私は、エネルギー政策室の担当者など数名の小規模な調査で、期間も一週間であったが、ドイツ調査に出かけた。調査の結果をかいつまんで紹介したい。

まず一点目はエネルギー効率の面で、電力だけでなく熱エネルギー利用に国土全体の政策目標が定められていたこと。具体的には新築の住宅建設は抑制されていたが、古い住宅やビルを徹底的に「耐熱化」することで、エネルギーの利用効率性を高めていた。そこでも電力以上に、熱利用が重視されていた。日本で建物の「耐震化」が常に問題にされているように、「耐熱化」は住宅や町づくりの基本的政策となっていた。特定の建物だけでなく、村まるごと、町まるごとの熱利用の効率化もはかられていた。図8は南部ドイツのある村落での地中に埋設された熱パイプの断面であるが、トウモロコシや畜産の残渣を活用して、熱エネルギーを生み出し地域全体に熱供給をしていた。この村では農作物の販売以上にエネルギー販売で経済的に潤っていた。

図８　むらまるごと再生可能エネルギー利用のための熱パイプ（2013 年 8 月 15 日）

二点目のエネルギー自治と自律についての最も重要な政策は、各地域ごとに確実に人材育成を進めていたことだ（図9）。たとえばフライブルグ郊外の人口二四〇〇人のシェーナウでは、太陽光の発電のための技術者に加えて、送電技術の担当者、そして電力会社を経営するためのノウハウをもつ技術者も、都市部との交流を通して、あるいは地域独自に養成されていたのである。また、森林政策も含めて、森から里、そして水域まで、地域全体でエネルギー政策をになう母体が各地で育っていた（図10）。

三点目はエネルギー姿勢について。私が各地で聞かれた疑問は、なぜ日本は福島での大変な

図9　フライブルグの専門学校では水力発電技術者も養成されていた（2013年8月13日）

図10　森林経営者も含めて、エネルギー自立のグループ員たち（2018年8月15日）

事故を経験しながら、原発をやめられないのか、ということだった。原発で国土を汚染し、廃棄物を溜めこんで、未来世代に負担を先送りするエネルギー政策を、多くの方が不思議に思っていた。

ドイツでの調査を経て、二〇一四年には私が引退して、それを三日月知事が引き継いだが、そこで二〇一五年四月には、知事直轄組織として「エネルギー政策室」がつくられている。そこではドイツ調査をしてきた職員が中心となって、次のビジョンづくりがなされた。

原発に依存しない新しいエネルギー社会づくり――滋賀県としての新しい戦略

二〇一六年三月には、「しがエネルギービジョン」がつくられ、図11に示したように、「原発に依存しない新しいエネルギー社会の実現」を目指して、三つの目的が定められた。ひとつは環境への負荷が少ない低炭素社会づくりだ。二つ目は、地域内経済循環による地方創生だ。そして三つ目は、分散型エネルギーによる災害時のリスクに強い、安全・安心社会づくりだ。

具体的には四つの方法を埋め込んだ。ひとつは省エネでエネルギーを「減らす」政策だ。二つ目は、太陽光など再生可能エネルギーを「創る」ことだ。三点目は天然ガスコージェネなど「賢く使う」だ。そして四点目は上の三つの方法を支える技術開発や産業振興だ。

そのためには八つの重点プロジェクトを推進することとした。減らすための①省エネ・節電

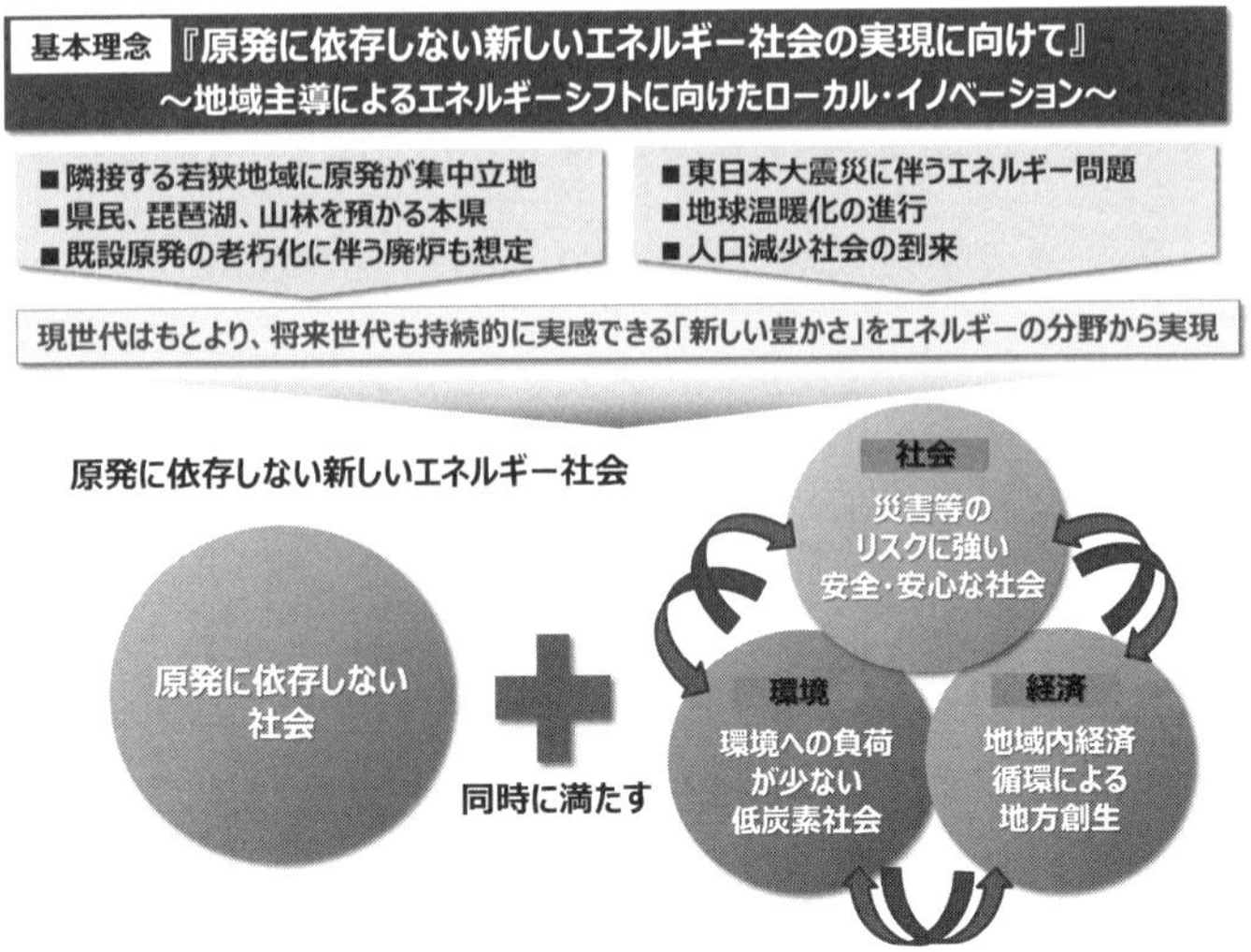

図 11　原発に依存しない新しいエネルギー社会（滋賀県）

推進プロジェクト、エネルギーをつくるための②太陽光や太陽熱など総合的なエネルギーづくり、③小水力発電の促進、④バイオマス発電の促進、⑤エネルギー自治と災害対応、⑥天然コージェネ利用、⑦スマートコミュニティ推進、⑧産業振興、技術開発である。そして二〇三〇年を目的として、二〇一〇年段階で原発に依存していた三割の電源のうち一割を省エネ・節電で、二割を再生可能エネルギーとコージェネーションなどの分散型エネルギーで賄う計画とした。この数値的目標をまとめたのが、図12だ。つまり数値上は、これで「卒原発」ができることになる。口先だけで「卒原発」をいいながら、実態は原発頼みという批判に、滋賀県全体として応えることができることになる。

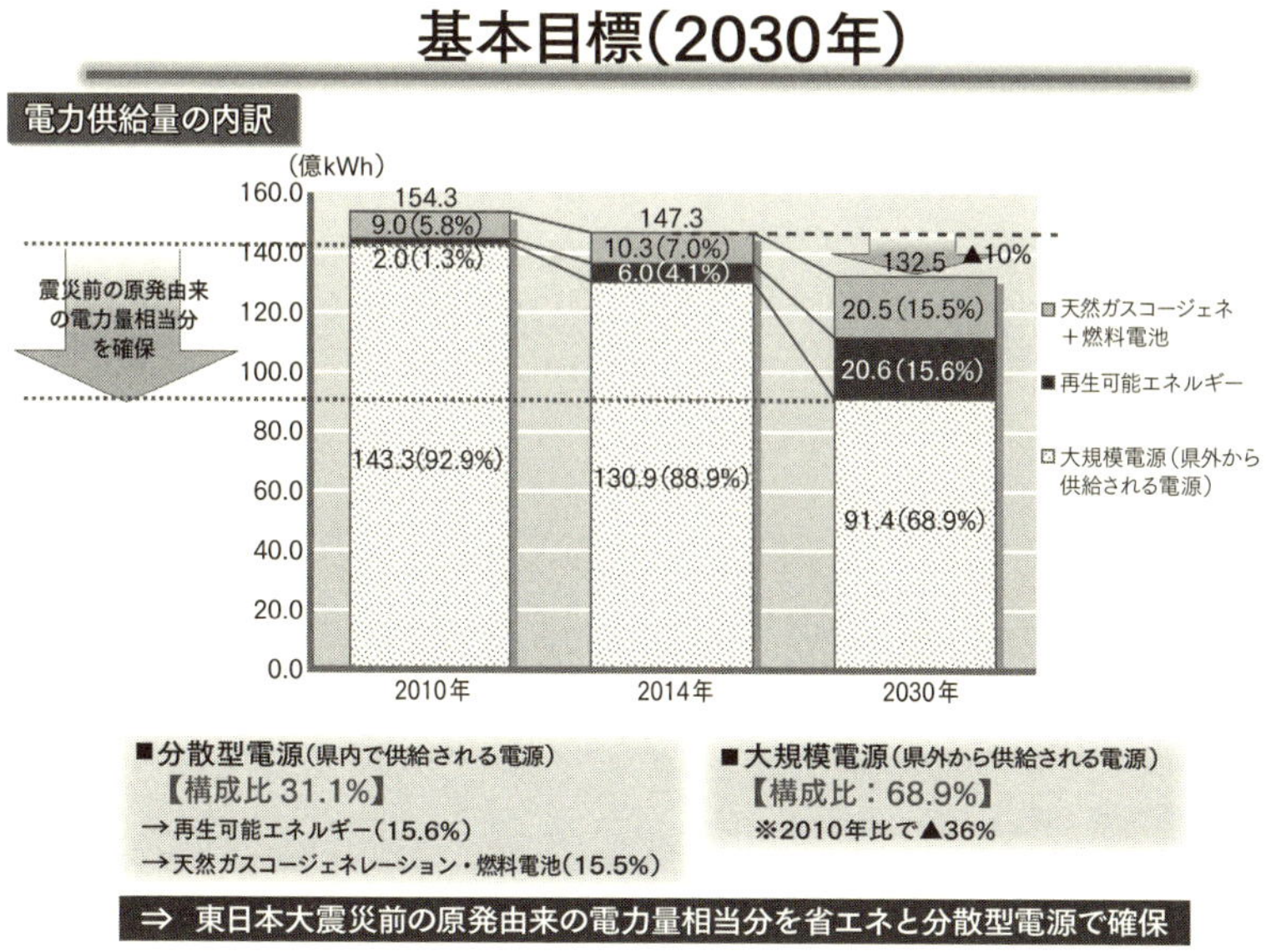

図12　2030年には、原発に依存しない分散型エネルギーの地域自給計画(滋賀県)

「電源の代わりはあるけれど琵琶湖の代わりはない」と言い続けてきた私としても、このような再生可能エネルギーや分散型エネルギーによる代替エネルギー活用ができることを何よりも切望するものである。

具体的な地域ごとの活動モデルは二〇一九年三月段階で、二十四の「しがエネルギームーブメント」として、住民自身によるユニークな挑戦がなされている。ホームページで紹介されているので参考にしていただきたい。

また、滋賀県の太陽光の導入率は全国で六位だが、近畿圏では一位となっている。また家庭用コージェネの利用率は全国一位、LED照明器具の普及率は全国二位、高効率給湯機は全国二位と、省エネなどへの県民意識の高さがこれらの普及率にあらわれているといえよう。

各地の住民やNPOの活動をみていると、琵琶湖を抱える滋賀県民として若狭湾岸の原発の危険性の「見える化」を図ったことで、「被害地元」としての意識が育ち、琵琶湖と生きることは原発から卒業すること、という覚悟が生まれているのではないだろうか。

「生活防災」を入れ込んだ防災危機管理センターと「防災・復興省」(仮称)の提案

二〇〇六年に知事に就任してからの私自身の仕事を振り返ってみると、まず二〇〇七年の最初の組織改編で、「防災危機管理局」を知事直轄組織として整備し、いつでも迅速に対応できるような体制をつくってきた。とくに、本章での原発対応、また4章の水害対応でみてきたような、そして今回直接に触れていないが地震やインフルエンザへの対応など、いざ災害時に県民の命と暮らしと財産を守ることは、知事としての最大の責務であった。常に気象情報には注意を払い、梅雨時や台風時には、各土木事務所の所長を地域防災監として任命し、災害警戒本部や対策本部をいつでもつくり、対応がとれるような組織化を進めてきた。

自治体としてのリスク管理政策は、近年ますます重要性を増している。一九八〇年代に社会学者のウルリヒ・ベックが言ったように、都市化や近代化が進めば進むほど、またグローバル化が進めば進むほど、災害被害は複雑化し、リスクへの対応は困難を極める。災害現場の問題への直接対応にプラスして、情報社会としてのマスコミや情報の透明性の担保も求められる。そしていざ災害が起きたときには医療・福祉など、命に直接かかわる判断が必要となる。

実は私が知事に就任したとき、滋賀県庁には防災のための情報共有の場が知事室の横の小さな部屋しかなかった。また年に一度の大規模防災訓練のときには、議員室などに机やパソコンを持ち込んで場所づくりからはじめなければならなかった。

二〇一一年の3・11事故の直後、福島県庁を見学に行って大変驚いた。県庁そのものが半壊で使えないだけでなく、災害対策本部として使われていた会館は、普通の事務室にパソコンを入れ情報ラインを引いて、モノも人も情報も物理的に錯綜していた。災害時、そうでなくても混乱する、そのときにこれでは求めるべき情報も混乱し、担当者や知事としての判断にも影響があるのではないかと実感した。

二〇一〇年の知事二期目のマニフェストに、新たな防災管理の拠点化を意識して、二〇一一年の予算にその調査費をいれていた。その矢先での東日本大震災の事故だった。そこで3・11事故の直後、滋賀県では、新たに防災危機管理のためのセンターをつくることを決めた。兵庫県や静岡県など、先行する危機管理センターの視察を経て、滋賀県として決めたことは次の三点だ。

まず第一点目は、危機管理センターの機能としては、地震や台風・豪雨による災害、テロ、新型インフルエンザなど、県民の皆さんの暮らしを脅かすような事案が発生したときに、県庁職員だけでなく、自衛隊や警察、消防、DMAT（災害派遣医療チーム）、災害ボランティアセンターなどの防災関係機関が集結して、すばやく的確な対応をおこなう「危機管理の拠点」とすることだ。これはどこの危機管理センターでも最低限必要な機能だろう。

二点目は、ふだんから県民の皆さんや自主防災組織が、自助・共助で危機に対応できる力を高められるよう効果的な研修や交流をおこなう「情報の受信・発信の場」とすることだった。そのときの基本的考え方は「生活防災」だった。私が一九八〇年代から、琵琶湖と人びとのかかわりを調べてきてわかったことは、災害被害の最小化をはかるためには、水の恵みや災いにかかわる当事者目線が何よりも大切だということだった。いくら行政が災害対策を念入りに制度化し、施設をつくっても、最後は住民自身、当事者が自らの身を守るという行動に出ない限り命は守りきれないということを各地の災害被害調査で知っていた。それゆえ「生活防災」という考え方を重視した。

三点目は、これはあまり表に出していなかったが、県庁の行政組織、危機管理センターとあわせて、マスコミ・広報の拠点と、福祉・医療拠点を近接して整備することだった。今、急速に情報化が進むことで、災害被害のありさま、その対策はいつもマスコミを介在し、判断をすることが多くなる。マスコミ経由での判断を避けてとおれない。さらに災害が起きたら命の問題は必ず福祉・医療の分野と直接にかかわってくる。その横つなぎの仕組みをセットで埋め込んでこそ、現象対応型ではなく、予防型の危機管理が可能となると判断した。それゆえ、県庁のすぐ横に危機管理センターを建設すると同時に、県庁前に、NHK大津を誘致し、県庁西側には健康・医療・福祉の団体が寄り集まる拠点づくりを計画をした。

「生活防災」という考え方を少し説明する必要があるだろう。この概念は、防災心理学が専門の京都大学防災研究所の矢守克也さんが中心的に発信している概念で、「生活総体（まるごとの生活）に根ざした防災・減災実践のことであり、生活文化として定着した防災・減災といってもよい。すなわち、〈生活防災〉の考え方は、防災・減災を、日常生活を構成するさまざまな活動——たとえば、家事や仕事、勉強はもちろん、高齢者福祉、地域環境、子どもの安全といった社会が抱える諸課題に関する活動、個人的な趣味やレジャー、あるいは地域のお祭り、スポーツイベントなどに関する活動も含む——とともに、防災・減災に関する活動を生活全体の中に溶け込ませることを重視する」という（矢守、二〇一一年、一ページ）。

二〇〇六年の知事就任後、月一回の割合で、地域コミュニティの現場訪問をして「暮らしセーフティ」というTV番組をつくり、現場での工夫を県内で共有をしてきた。水害多発の河川横の集落での堤防見回りの習慣や、いざというときの避難場所の確保、また炊き出しの練習など、実践的な現場の工夫を広げてきた。その中でわかりやすい例として、「かまどベンチ」を紹介しよう。最初のアイディアは、彦根工業高校の先生が編み出したものだ。地震や水害などで、避難所の炊き出しが必要になった場合、温かい食べ物は大変喜ばれるものである。そこで、いつでも大きなナベが使えるように、自治会館や学校の庭などに、自分たちでレンガを積んで、かまどをつくる活動を進めた。このかまどの上に板をのせるとふだんはベンチのように懇談などに使うことができる。滋賀県としては、自治会や学校など、小グループごとに設置の材料支援をおこない、つくり方の指導もしてきた（図13）。

図13　生活防災のアイディアを埋め込んだかまどベンチを広める活動

危機管理センターの基本構想を二〇一一年五月からつくりはじめ、二〇一三年には建物の着工にかかり、二〇一五年一月には竣工して活用がはじまった（図14）。危機管理センターとしては、危機管理機能（危機事案に対して、迅速、的確に対応する機能）にプラスをして、研修・交流機能を埋め込み、いわゆる一般利用を目的として「公の施設」として条例設置とした。一階部分には、かまどベンチのつくり方などを紹介するコーナーをつくり、水害被害予防のための流域治水条例の運用に必要な「地先の安全度マップ」をわかりやすく展示をしたり、県民の皆さんに親しみやすいしつらえとしてある(図15)。

センターがオープンしてからの役割としては、以下のようなまとめが可能だ。まずは災害に強い県土づくりと自助・共助による地域防災力の向上を目指し、市町との連携を強化しながら、さまざまな危機事案への対応能力の向上をはかってきた。災害時に備えた強い交通網や避難場所となる都市公園の整備、流域治水政策、土砂災害対策などを推進するとともに、巨大地震や原子力災害への備えを充実した。

図14　県庁横の警察本部跡地に完成した危機管理センター（奥の建物）

図15　滋賀県危機管理センターの交流空間に設置されたかまどベンチの展示

さらに水害・土砂災害、地震から住民の命を守るためのハード事業に加え、市町と連携した「水害に強い地域づくり」の取り組みや土砂災害警戒区域の指定・出前講座など、地域の警戒避難体制整備のためのソフト対策についても進めることができた。さらに「滋賀県地域防災計画（原子力災害対策編）」については、訓練の結果検証等による見直しを続け、また、国、市町および原子力事業者との連携協力体制の強化に取り組むことで、原子力防災対策の防護体制づくりを進めてきた。

また、これまでの地震対策の取り組みを継承しつつ、全国各地で発生した過去の大規模災害を教訓として、今後、重点的に取り組む地震対策についての基本的な考え方やスケジュールについて定めた「滋賀県地震防災プラン」を策定した。さらに「消防団応援の店事業」を全市町で実施することにより、地域をあげて消防団を応援する機運を醸成し、消防団活動への理解の促進をはかった。二〇一六年度の利用者数は延べ四四四七人、二〇一七年度は延べ八三三三人となり、年々利用者は増えている。

地震や風水害などの自然災害をはじめ、テロや新型インフルエンザなどさまざまな危機事案に立ち向かい、被害を最小限度にとどめるには、県などの行政機関の対応はもとより、県民自らが防災対策の主体であることを認識することが大切だ。日頃から災害について備え、暮らしの中の人とのつながりを活かして共に助け合い、適切な対応をとることがきわめて重要であることは、数々の大規模災害の教訓である。しかしながら、昨今の家族の個人化や少子高齢化、人口減少社会の出現といった社会情勢の変化に伴い、地域コミュニティ機能が低下していることが課題として指摘されており、県には自助や共助につながる地域防災力を高めるための研修や交流の場の提供が求められている。

忘れてはいけないのは、多様な住民の参加である。とくにこれまでの避難所や災害現場での大きな問題点のひとつとして、被災者の中には女性が多いのに、避難所運営や組織的な意思決定場面での女性の参画がきわめて限られていることである。たとえば東日本大震災の復興委員の女性参画状況をみると、五つの委員会のそれぞれ十数名の委員の中に、女性委員は一～二名しかおらず、今後の課題とされている。とくに「生活防災」の実質的な担い手が今後はますます重要となってくるだろう。

さらに国と地方の連携も考えたい。滋賀県としては、市町村と県との連携はこれまで強固に進めてきたが、たとえば今、関西として最も危険性が高いといわれる東南海・南海地震や、それにともなう津波の被害は、内閣府の調査によると一五〇兆円を超えるとさえいわれている。ここに予防的な対応をとることで、被災人数を減らし、被害額も大幅にカットすることができる。そのためには事前のBCPプランづくりなど、進めるべき施策を国全体として強化する必要がある。とくに災害対策におけるソフト系の事業の中心は、現在は内閣府であるが、それだけでは量的にも質的にも不足しているのは明らかだろう。

第4章でみてきたように、二〇一八年の西日本豪雨時に、愛媛県の肱川はん濫に対して、大洲市の三善地区では事前の避難訓練などの効果で人的被害を阻止することができた。これは内閣府によるモデル事業の成果であった。しかし三善地区のようなモデル地域は、全国でも四十カ所程度しかなかった。日本全国をみると、小学校区だけでも二万カ所を超えている。国民全体の命を守るには、全国を面的にカバーする必要があり、四十七都道府県、一七二四市町村をすべてカバーするような組織化が必要であろう。

具体的には全国にネットワークがある国土交通省や農林水産省、また子どもたちの身を守るためには文部科学省なども含めて、各省庁の縦割りを超えて、強固に横串をさし、相互に補完しあいながら、防災・減災の組織づくりが必要となろう。あわせて、これまでの災害からの復興のノウハウをもつ組織をとりこみ、復興後の方向性をあらかじめ想定した中での予防的措置をとりこんだ防災・減災対応も有効となってくるだろう。災害被害が起きたときの事後対応だけでなく、事前の予防的措置も埋め込んだ、防災・減災・復興機能の一体化こそ、今後の日本の未来への安心づくりへの基本的方針とする必要があるだろう。滋賀県はそのひとつの先行事例といえるだろうが、各自治体が進めている事例を持ち寄りながら、国全体としてのまとめとなる「防災・復興省」（仮称）を提案するゆえんである。

参考文献

◉全体を通じて

嘉田由紀子『知事は何ができるのか――「日本病」の治療は地域から』風媒社、二〇一二年

嘉田由紀子＋未来政治塾編『若手知事・市長が政治を変える』学芸出版社、二〇一三年

嘉田由紀子＋未来政治塾編『地方から政治を変える』学芸出版社、二〇一三年

嘉田由紀子『いのちにこだわる政治をしよう』風媒社、二〇一三年

◉第1章

井手英策『財政から読みとく日本社会――君たちの未来のために』岩波ジュニア新書、二〇一七年

井手英策『幸福の増税論――財政はだれのために』岩波新書、二〇一八年

エマニュエル・トッド『世界の多様性――家族構造と近代性』(荻野文隆訳) 藤原書店、二〇〇八年

筒井淳也『仕事と家族――日本はなぜ働きづらく、産みにくいのか』中公新書、二〇一五年

筒井淳也『結婚と家族のこれから――共働き社会の限界』光文社新書、二〇一六年

増田寛也『地方消滅――東京一極集中が招く人口急減』中公新書、二〇一四年

増田雅暢『これでいいのか少子化対策――政策過程からみる今後の課題』ミネルヴァ書房、二〇〇八年

水無田気流『シングルマザーの貧困』光文社、二〇一四年
渡辺京二『逝きし世の面影』葦書房、一九九八年

◉第2章
エイモリー・B・ロビンス『新しい火の創造――エネルギーの不安から世界を解放するビジネスの力』（山藤泰訳）ダイヤモンド社、二〇一二年
金田章裕『文化的景観――生活となりわいの物語』日本経済新聞出版社、二〇一二年
小坂育子『台所を川は流れる――地下水脈の上に立つ針江集落』新評論、二〇一〇年

◉第3章
秋山正子『在宅ケアの不思議な力』医学書院、二〇一〇年
國森康弘『いのちつぐ「みとりびと」』（第1～第4巻）農山漁村文化協会、二〇一二年
辻哲夫『日本の医療制度改革がめざすもの』時事通信出版局、二〇〇八年
辻哲夫監修『超高齢社会――未知の社会への挑戦』時評社、二〇一六年
花戸貴司／國森康弘『ご飯が食べられなくなったらどうしますか？――永源寺の地域まるごとケア』農山漁村文化協会、二〇一五年
花戸貴司『最期まで笑顔で――在宅看取りの名医が伝える幸せな人生のしまい方』朝日新聞出版、二〇一八年
日野原重明『生きていくあなたへ――105歳　どうしても遺したかった言葉』幻冬舎、二〇一七年

◉第4章
今本博健『ダムが国を滅ぼす』扶桑社、二〇一〇年
内田和子「日本における水害予防組合の展開過程」『地理学評論』〇七A―三、三三五―三四六ページ、一九九四年
内田和子「岡山県小田川流域における水害予防組合の活動」『水利科学』五五巻三号、二〇一一年、四〇―五五ページ
大熊孝「西日本豪雨災害（二〇一八年七月）に思う――倉敷・小田川水害を中心に」『季論21』http://www.kiron21.org/pickup.php?100
嘉田由紀子編『水をめぐる人と自然――日本と世界の現場から』有斐閣、二〇〇三年
篠原修『河川工学者三代は川をどう見てきたのか――安藝皎一、高橋裕、大熊孝と近代河川行政一五〇年』農山漁村文化協会、二〇一八年
鳥越皓之／嘉田由紀子編『水と人の環境史――琵琶湖報告書』御茶の水書房、一九八四年
古谷桂信『どうしてもダムなんですか？――淀川流域委員会奮闘記』岩波書店、二〇〇九年
真備町史編纂委員会『真備町史』真備町、一九七九年

◉第5章
石橋克彦「原発震災――破滅を避けるために」『科学』六七巻一〇号、一九九七年、七二〇―七二四ページ
ウルレヒ・ベック『危険社会――新しい近代への道』（東廉・伊藤美登里訳）法政大学出版局、一九九八年
エイモリー・B・ロビンス『新しい火の創造――エネルギーの不安から世界を解放するビジネスの力』（山藤泰

訳）ダイヤモンド社、二〇一二年
寺田寅彦『天災と国防』岩波書店、一九三八年
鳥越皓之編著『原発災害と地元コミュニティ』東信堂、二〇一八年
内藤正明／嘉田由紀子編『滋賀県発！持続可能社会への挑戦――科学と政策をつなぐ』昭和堂、二〇一八年
樋口英明「原発訴訟と裁判官の責任」『世界』二〇一八年十月号、五八―六九ページ
舩橋晴俊「受益圏／受苦圏」、庄司洋子／木下康仁／武川正吾／藤村正之編『福祉社会事典』弘文堂、一九九九年、四六七ページ
村上敦『キロワットアワー・イズ・マネー――エネルギーが地域通貨になる日、日本は蘇る』いしずえ、二〇一二年
矢守克也『〈生活防災〉のすすめ――東日本大震災と日本社会』ナカニシヤ出版、二〇一一年

あとがき　冷静な政策議論を！——地方自治と国政をつなぐには

本書は、滋賀県政の政策形成プロセスをかなり詳しく書かせてもらった。冗長すぎて読みにくいところもあるかもしれないが、なぜ私がこの書を書くことになったのか、少しホンネベースで展開したい。ここ数年、滋賀県政に起きていることは、果たして県民にとっての最善の、合理的で未来可能性の高い政策や政治になっているのか、問題提起をしてみたいと思ったからだ。ポイントは、政策決定においては、単にイメージや好き嫌い、あるいは政局含みではなく、科学的にかつ合理的で冷静なデータに基づいて進めるべき、というごく当然の結論が重要だと思うからだ。

フランスやドイツでの地方自治やエネルギー政策、原発政策などを学ばせてもらいながら、国政と地方自治のつなぎの見事さに感銘することがたくさんあった。エネルギー政策におけるドイツの例や、子育て政策におけるフランスの例は本文でも例示をさせてもらったが、国家としての合理的な政策が成果をあげるには国と地方の連携が欠かせない。

今、日本の国政と地方自治の連携はどうなっているだろうか。きわめて個人的な例で恐縮だが、今巨大化している政権与党に是々非々で向かう政治家は、ますます息苦しくなっており、発言の場を封じられているように思えてならない。二〇〇六年の滋賀県知事選挙で、確かに私は、新幹線の新駅やダムや廃棄物処分場など、必要性の低い公共事業を「もったいない」と訴え、選挙での県民の支持を得て、これらの事業の見直しを進めた。しかしすべての公共事業をもったいないと言ったわけではない。ただ残念ながら、「嘉田は〝もったいない〟で道路もつくらず、渋滞がひどい。ダムもつくらないから洪水が増えた。嘉田は県政を破壊しつくした」と、事実に基づかない批判が未だに絶えず、政治家の発言とその重さについて、改めて問題提起をしたいと思う。

たとえば、名古屋圏域と三重県・滋賀県・京都府と大阪府と結ぶ「新名神高速道路」については、二〇〇二年、小泉内閣時代の道路公団の民営化議論の中で凍結されていた。具体的には、名神高速道路と京滋バイパスがあるので三本目の高速道路は不要だと、当時の「道路関係四公団民営化推進委員会」の猪瀬直樹委員長の判断があった。私自身は、二〇〇六年の知事就任直後から「新名神高速道路はつながらないのはもったいない」と建設を求める訴えをしてきた。

理由は三点ある。

一点目は国土の幹線道路である名神高速道路の老朽化への不安からだ。一九六三年（昭和三十八）に開通し、五十年近く使われ老朽化していた名神高速道路のリスク管理のためだ。とくに京都の山科から大津のつなぎ部分はトンネルと橋である。お盆や正月などの交通集中期にはこの一本の道路に一日十八万台もの通行車があり、日々目の前でこの道路を見ていて、地元知事としても大変な心配の場所でもあった。当時の関西経済連合会会長で、鉄鋼業の専門家の下妻博さんに「名神高速道路の鉄の橋の危険性は予測できますか」と尋ねたとき、「鉄の摩耗の予測はできません。あるとき、ポキッとこわれます」という。地震のときの耐久性も心もとない。

二点目は、猪瀬直樹委員長が、代替道路として京滋バイパスがあるということだったが、京滋バイパスは、道路の勾配もきつく曲がりくねっており、大型トラックの走行にはかなり無理があった。名神の代替道路にはなれないと判断した。

三点目は、建設費は高速道路の利用者負担が基本で税金を使わずに建設される。私は税金の無駄遣いになる公共事業は自粛するべき、と言ってきた。しかし受益者負担で、料金収入で建設される道路は前向きに進めることに異議はない。

そこで二〇〇六年の知事就任後、毎年、右のような三点の理由をつけて、滋賀県知事として、三重県知事や京都府知事と一緒に凍結の解除を求めていた。大阪の橋下知事とも考えは同じだった。本書の第4章で、経済的効果が低いとして大戸川ダムの凍結を決めた橋下知事、山田知事、そして嘉田の三人とも、新名神高速道路は必要だと判断していた。そして、二〇一二年には民主党政権下で凍結解除が決まった。本書の第2章でも述べたように、名神高速道路が亀山から草津に開通してから、並行する一号線の渋滞も緩和され、甲賀地域の企業誘致も進み、大変効果的な道路であることもわかっていた。

民主党政権から自民党政権にかわった後、滋賀県知事と三重県知事が職員をともなって、当時の国土交通大臣に新名神高速道路の建設推進を要請に行った。そのとき、滋賀県選出のある国会議員が同席しており、「嘉田知事はけしからんのです。もったいない、と言って新名神高速道路にはずっと反対しているのですよ」と大臣の前で発言をなさり、同席していた滋賀県の土木部長なども驚いていた。というのは県職員も私が二〇〇六年の当選直後から、ずっと新名神高速道路の必要性を説明するデータをつくり、知事として推進していたことは知っていたからだ。またこの後、防災大臣のところに要請に行ったとき、同じくこの議員は「嘉田知事は防災政策もしていないのです」と当時の防災大臣にコメントをしていた。私が知事就任直後から防災危機管理局をつくり、防災政策に力をいれ、危機管理センターの建設計画もはじめていたので、ここでも同席していた県職員はびっくりした。つまり、自分が選出された自治体がそれまでどのように動いてきたのか、ほとんど勉強なしに、事前の情報を得ることなしに、政治的イメージと党派性だけで知事の批判をしているのである。残念ながらこれでは冷静な政策議論はできない。

このような態度は別の国会参議院議員にも共通であった。ある時、恒例の県幹部と国会議員の意見交換会があった。そのとき開口一番ある議員は「嘉田知事は地位が低い知事です」と言われた。私は思わず「地位が低いとはどういう意味ですか？」と微笑ながら聴き返した。するとと「自民党にパイプがない知事は仕事にならないから地位が低い」と説明くださった。実はその日、国会議員の皆さんとの意見交換の後、私は滋賀県知事として、当時の二階俊博国土強靭化推進本部長とアポイントメントがあった。というのも滋賀県として進めていた「流域治水政策」について、国としても国土強靭化のソフト対策として参考にしたいので、滋賀県の事例をレクチャーに来るようにということだったのだ。国はその後、「水防災意識社会」でソフト対策を強化する政策を採用した。

確かに私は二〇〇六年の就任以降の知事時代、必要性の低い公共事業の見直しを提案し、実現もしてきた。それはやみくもにやめたのではなく、「費用便益計算」をし、将来的に効果が低い公共事業については見直しをしようと決断したのであって、何でも止めるという政策ではなかった。背景には、公共政策論としての投資効果計算があり、納税者への説明責任があった。とくに国家として借金を溜めこんでしまった今、高額のハード投資は、次世代への負担軽減という意味からも慎重になるべきだ、というのが私の基本的な政治姿勢であった。

道路政策については、たとえば名神高禄道路では道路の利用価値を高めるスマートインターの誘致をおこなってきた。湖東三山、蒲生、小谷城は二〇一九年段階ですでに完成し、今後、多賀、大津南が計画中だ。とくに、新名神高速道路の大津南インターは、もともと計画にはないいわば「地域振興インター」として、地元滋賀県と大津市からの要望で建設が決まったインターだ。実は新名神高速道路の継続が決まった二〇一二年に、大津南部にはサービスエリアしかなかった。そこに滋賀県としては地元で負担金を出す「地域振興インター」を強力にお願いした。理由は二点だ。防災対策と地域振興である。実は二〇一二年の八月十三日から十四日にかけて、大津市南部に一日で二〇〇ミリを超える豪雨が降り、土砂災害で道路も寸断され、大津市南部地域が孤立するという災害が起きた。地元では生活不安も広がった。また大津南部には、昔ながらの里山が広がり、和菓子の製造拠点などもある。今後の観光振興からみても有望な場所だった。このような目的から、何としても大津市南部のサービスエリアにスマートインターの設置をと西日本高速にお願いし、滋賀県としての名神高速道路への貢献（用地買収や環境保全など）を評価をしていただき、西日本高速道路として大津南スマートインターの建設を決定してくれた。

治水については、ダムだけに頼らす、命を守る総合的な流域治水を進めてきたのは、本書の第4章で詳しく解説したとおりだ。必要性の低い公共事業と、必要性の高い公共事業の区分けをして推進や見直しを進めたのであって、やみくもにすべてやめたわけではない。このような政策判断が一刀両断に批判されている政局含みの社会情勢は、結果として県民の皆さんのためにもならないのではないだろうか。問題提起をするゆえんでもある。

さて、本書の完成に向けては、最新の滋賀県政のデータを、各部局の担当者の力をおかりして整備してきた。子ども・青少年局、女性活躍推進課、企業誘致推進室、労働雇用政策課、健康医療福祉部、健康長寿福祉課、食のブランド推進課、エネルギー政策課、流域政策局、危機管理センター、など関係機関の皆さんにお世話になりました。記して感謝申し上げます。また滋賀医科大学の高橋健太郎教授には子産み・子育てにかかわる医療体制について、またゆりかごタクシーについては押栗泰代さん、在宅看取りの仕組みづくりでは米原市伊吹の畑野秀樹医師、東近江市永源寺の花戸貴司医師、流域政策については米原市村居田自治会の皆さん、また岡山県真備市、愛媛県肱川地域の皆さまには現地調査で大変お世話になりました。記して感謝申し上げます。

私の大量の原稿の編集の労をとってくださった風媒社の林桂吾さんには深く感謝申し上げます。

二〇一九年五月末日　琵琶湖畔の比良浜にて　前滋賀県知事

嘉田由紀子

[著者略歴]
嘉田由紀子（かだ・ゆきこ）
1950年埼玉県本庄市生まれ。京都大学大学院・ウイスコンシン大学大学院修了。農学博士。1981年滋賀県庁に入庁し、琵琶湖研究所研究員、琵琶湖博物館総括学芸員を経て、2000年京都精華大学人文学部教授。2006年7月、新幹線栗東新駅や県内6つのダム、廃棄物処分場などの高コスト公共事業の凍結・中止を含む「もったいない」マニフェストを掲げて当選。2010年、二期目に過去最大得票で当選。2014年知事勇退後、びわこ成蹊スポーツ大学学長、2017年引退。チームしが代表。
著書に、『生活世界の環境学』（農山漁村文化協会、1995年）、『水をめぐる人と自然』（有斐閣、2003年）、『生活環境主義でいこう！』（嘉田由紀子：語り、古谷桂信：構成、岩波書店、2008年）『知事は何ができるのか』（風媒社、2012年）、『若手知事・市長が政治を変える　未来政治塾講義Ⅰ』『地方から政治を変える　未来政治塾講義Ⅱ』（いずれも学芸出版社、2013年）、『いのちにこだわる政治をしよう！』（風媒社、2013年）、『滋賀県発！持続可能社会への挑戦』（共編著、昭和堂、2018年）、『子どもたちの生きるアフリカ』（共著、昭和堂、2018年）など多数。

装幀／三矢千穂

命をつなぐ政治を求めて
人口減少・災害多発時代に対する〈新しい答え〉

2019年6月30日　第1刷発行　（定価はカバーに表示してあります）

著　者　　嘉田 由紀子

発行者　　山口 章

発行所　名古屋市中区大須1丁目16番29号
電話 052-218-7808　FAX052-218-7709
http://www.fubaisha.com/　風媒社

乱丁・落丁本はお取り替えいたします。　＊印刷・製本／シナノパブリッシングプレス
ISBN978-4-8331-1130-0

中井均 編著

古地図で楽しむ近江

日本最大の淡水湖、琵琶湖を有し、さまざまな街道を通して東西文化の交錯点にもなってきた近江。その歴史・文化・地理を訪ねて、しばしタイムトリップ。〈近江〉の成り立ちが見えてくる一冊。

一六〇〇円＋税

瀬尾健

原発事故…その時、あなたは！

日本の原発で重大事故が起きたらどうなるか？　近隣住民の被爆による死者数、大都市への放射能の影響は…？『もんじゅ』をはじめ、日本の全原発事故をシミュレート。原発安全神話を突き崩す衝撃の報告。

二四八五円＋税

小出裕章／中嶌哲演

いのちか原発か

四十年にわたって〈反原発〉を貫き、現在最も信頼すべき科学者と〈西の原発銀座・若狭〉で地域の反対運動を続ける僧侶が、フクシマ後の日本を語り合う。3・11の衝撃から一年、私たちの未来は？

一二〇〇円＋税